安 徽 农 业 大 学 经 济 管 理 学 院
安徽农业现代化研究院（安徽省重点智库）
安 徽 农 业 大 学 国 土 资 源 研 究 所

献策“三农”

於忠祥 著

法律出版社 LAW PRESS · CHINA

作者近照

於忠祥

男，1959年出生，安徽省巢湖市人，安徽农业大学教授，安徽农业现代化研究院（安徽省重点智库）首席专家，安徽农业大学国土资源研究所所长、经济管理学院土地资源管理系主任、土地资源管理专业负责人、硕士点负责人；安徽省人民政府参事、民革中央“三农”委员会副主任、安徽省政协委员及省政协人资环委员会委员、民革安徽省委委员及农业与农村委员会副主任、民革安徽农业大学总支部主委。主要从事“土地资源管理”“土壤肥力”“区域经济与可持续发展”以及“生态经济”等领域的教学、科研与应用工作，并致力于科技投入对提高农用土地产出率贡献的研究，先后承担了国家财政部、国土资源部、国土资源南京督察局、安徽省财政厅、安徽省发展与改革委员会、安徽省国土资源厅等科研项目，以及市、县、乡（镇）级土地利用总体规划、土地整治规划编制等生产和社会服务项目上百项；出版了《土地管理理论与实践》《土地经济学》《中国热带亚热带地区资源节约集约利用研究》《安徽省县、乡（镇）两级土地利用总体规划（绩溪卷）》等专著4部，《土地整治学》和《土地整理课程设计指导书》教材副主编（普通高等教育“十一五”和“十二五”国家级规划教材），《土地管理学总论》教材参编（“十二五”普通高等教育本科国家级规划教材，国家精品课程配套教材），《现代土地科学研究》（论文集）副主编、审稿，《中国山区土地资源开发利用与人地协调发展研究》副主编，先后在《人民日报》《江淮》《中国农史》《应用生态学报》《农业经济问题》《技术经济》《中国土地科学》《中国人口、资源与环境》《资源科学》《乡镇经济》、*Asian Agricultural Research* 等报刊杂志上发表论文近百篇。

2011年，获中共中央统战部、人力资源和社会保障部、各民主党派中央、全国工商联授予的为全面建设小康社会作贡献先进个人称号；2011—2016年，连续6年获民革中央参政议政先进个人、民革中央全国社会服务工作先进个人等各种表彰；连续6年获民革全省社会服务先进个人、反映社情民意先进个人、优秀党员等各种表彰。

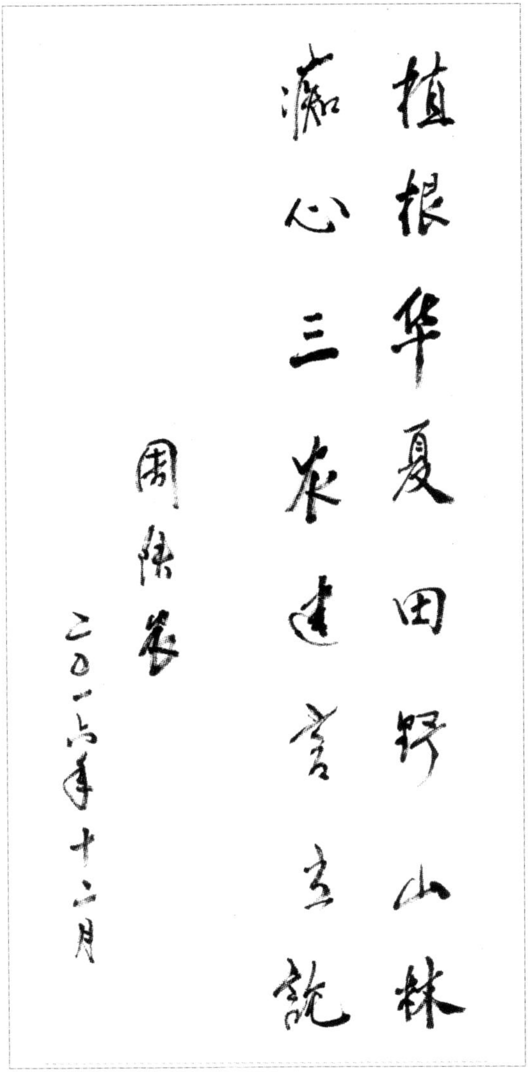

十一届全国人大常委会副委员长、原民革中央主席
周铁农题词

序

於忠祥同志是安徽农业大学的教授、安徽省政协委员、民革党员。他长期研究“三农”问题，对农民怀有深厚感情。

作为省政协委员，於忠祥同志热爱政协事业，认真履职尽责，积极为“三农”发展建言立论。无论是提案、社情民意信息，还是大会发言，都很有分量，并取得了良好效果。如今，他将这些年研究和探索的成果精选凝练，结集成《献策“三农”》出版，可喜可贺！

研究“三农”的目的，是为了促进农业强、农村美、农民富。在《献策“三农”》这本书中，於忠祥同志很好地将这三者融为一体。全书共分农民利益、农业发展、农村建设、区域经济生态协调发展、土地利用保护与土地制度改革五个部分。纵观全书，每一篇文稿都是针对“三农”发展面临的新情况新问题，在深入调查研究基础上形成的，提出问题有据，剖析问题探源，意见建议管用，有的已进入省委省政府决策，在实际工作中发挥了应有的作用,有的还在国家层面产生了一定影响,他连续 8 年获民革中央表彰。

党的十八大以来,习近平总书记高度重视“三农”工作,提出了许多新思想新理念新论断。这些重要论述着眼我国经济社会发展大局,深刻阐明“三农”工作的战略地位、发展规律、形势任务、方法举措,为新时期农业农村改革发展提供了重要遵循。今年中央 1 号文件继续锁定“三农”工作,把深入推进农业供给侧结构性改革作为新的历史阶段农业农村工作的主线,明确了农业农村改革发展的重点任务。我省认真贯彻以习近平同志为核心的党中央对“三农”工作作出的重大决策,按照总书记视察我省时作出的“加大推进新形势下农村改革力度,促进农业基础稳固农民安居乐业”重要指示,在农业转方式、调结构、促改革等方面进行积极探索,农业农村发展不断迈上新台阶,已进入新的历史阶段。於忠祥同志《献策“三农”》一书现在出版正当其时。我相信这本书,无论是对理论工作者,还是实际工作者,都有所启示。

徐立全

2017 年 5 月 19 日于合肥

目　录

第一章　农民利益

1. 关于减轻农民负担的思考*

（2000 年）

近期召开的中央农村工作会议再次强调："减轻农民负担，让农民休养生息"，然而，一些乡镇领导不知何故，却对中央有关减轻农民负担的政策置若罔闻，乱摊派、乱集资、乱收费的现象时有发

* 本文为本人围绕"三农"问题撰写的第一份提案，虽然很"稚嫩"，但说清了问题，并最终解决了问题。2000 年，安徽省政协委员、民革安徽农业大学支部主委顾谦老师要我写一份提案。当时，我长期深入农村搞农业技术推广，对基层干部的工作作风和农业、农民和农村问题十分熟悉，很多事，看在眼里，急在心里，但拿不出解决办法。经过认真思考，我就把当时农村乱收费的一个案例写了这份提案，委托顾老师递交省政协。《安徽日报》记者对事业的执着令人感动，他依据提案线索，找到了当事人。此提案等到妥善办理，除退回程姓农民的粮食外，乡党委书记领着当事干部登门向其赔礼道歉。考虑到该家庭确实困难，并给予了适当的补助。当得知办理结果后，我非常高兴，不仅使我认识到提案的意义和作用，更增加了我撰写提案的信心和主动性。此后，尤其是我当选合肥市政协委员后，结合自己的本职工作，积极献策"三农"。

生,损害了基层党组织的形象。如某乡镇一程姓农民,因为拒交一些不合理的收费,该乡镇领导竟组织了一帮人强行扒走了近1000千克的稻谷,严重影响了该农户的生活。据了解,在农村类似于"扒稻子"等现象屡见不鲜,应引起上级党委、政府的高度重视。

我国农民是淳朴的、通情达理的,但文化素质低,思想觉悟不高。乡镇领导是他们的"父母官",其主要职责是带领他们致富,减轻他们负担,向他们宣传党的各项方针、政策,提高他们的文化素质和思想觉悟。即使他们欠交一些合理的税费,也不能采取类似于"扒稻子"等强硬做法,应采取"教育、疏导、帮助"等手段加以解决,使之自觉地履行自己的义务,这样的官才称得上是好官。

2. 合肥市建设现代化大城市要注重保护农民利益*

(2003 年)

至 2010 年,合肥市因建设现代化大城市在辖区内要占用土地 130 平方千米左右,其中大部分是耕地。为了实现占补平衡,合肥市采取了两条腿走路的办法:(1)在异地购买耕地指标,如 2003 年在泗县就购买了 10,000 亩的耕地指标,并按规定支付了异地开垦费;(2)把耕地保护指标调整到三县,如区划调整后合肥市在三县增加了 60,000 亩的耕地保护指标,但并未支付相关费用,也就是说,为合肥市的发展三县做出了巨大贡献。如果按 1 亩地 3000 元计算,就是 1.8 亿元。

另外,《土地管理法》规定,建设占用菜地的,用地单位应当按照国家有关规定缴纳新菜地开发建设基金。据了解,这项基金并没有用于三县的蔬菜基地建设。这样,老菜地被占,新菜地开发建设配套资金又不到位,导致合肥市在建设现代化大城市的同时蔬菜生产基地萎缩,大部分蔬菜需要从外地调运,抬高了菜价,降低了质量。

合肥市提出提前 8 年全面进入小康社会,其中最艰巨的是农村小康社会的建设。然而,合肥市建设在很大程度上是牺牲农业在搞建设,保护耕地指标增加了,基础建设费用不配套,如何改善生产、提高产量?新菜地开发建设基金不落实,不仅妨碍了农业产业结构调整,放缓了农民致富奔小康的速度,同时城镇居民的“菜

---

* 本文是 2003 年向合肥市政协递交的提案,获 2004 年优秀提案奖。

篮子”也昂贵了,恩格尔系数上升了,同样妨碍了小康社会的建设进程。因此,合肥市现代化大城市建设,应该首先考虑农业、农村和农民问题,建议采用确实可行的措施维护农民和城镇居民的利益。

1. 实现耕地“占补平衡”以内涵挖潜为主,辅以异地购买措施

《合肥市土地开发整理》规划显示,我市待开发整理的土地总面积为 250.2 万亩,可增加农用地 57.9 万亩,其中可增加耕地 41.9 万亩;至 2010 年,合肥市建设需占地约 20 万亩,即使全部是耕地,本市的土地仍然能满足“占补平衡”的需要。但考虑到开发整理难度以及生态保护等一系列问题,可以适当在异地购买部分耕地指标,这样可保证耕地开垦费用于本市的农业发展,实现取之于地、用之于地。

2. 支付“占补平衡”费不能“薄此厚彼”伤害三县农民利益

我国加入 WTO 已一年多时间了,最起码的“国民待遇”意识应该有吧?但是,我市在支付“占补平衡”费方面,却是“薄此厚彼”,即在异地购买的耕地指标费用如数到位,而区划调整后 60,000 亩下放到三县的耕地指标没支付任何费用,建议将该支付的资金足额到位,实现专款专用,以保障农业发展,维护农民利益。

3. 注重新的蔬菜基地建设

(1)编制合肥市蔬菜基地建设规划,主要解决三大问题,即空间布局要科学合理,注重持续发展;选择土壤、大气和灌溉水源等均符合无公害农产品的生产要求,保障食品安全,维护消费者健康;按照 300 万人口大城市的要求确定建设规模,保障蔬菜充足供应,实现价格稳中有降,维护消费者利益。

(2)如数落实新菜地开发资金,保障蔬菜基地建设符合稳产、高产的标准,以及菜农丰产、丰收、增效。

4. 加大农业的科技投入

农业科技投入应该纳入合肥市现代化大城市建设的资金预算渠道,这是对农业的绿色补贴,符合WTO的农业补贴规则,除加强农业科技示范与推广等经费投入外,当前农民迫切需要建立农业"12120"(类似于医院"120"救护,寓意12个月都有"120")。

(1)建议政府有关职能部门,如科技、农业或农业开发部门,成立机构,建立专家库;或由政府财政部门根据各地情况,拨出专款,委托相关大专院校和科研院所承担这项工作,政府有关部门成立监督机构,全程监控。

(2)向广大农村发布信息,公布热线联系方式(直接用12120专用号码),欢迎并倡导广大农民参与。

(3)配置农业"12120"专车,以提高服务的时效性;农业"12120"亦应根据当地情况,及时把病虫害预报结果、家禽家畜疫情预报结果以及相关信息通报给基层政府,实现"以防为主,防治结合"。

(4)建立农业"12120"信息网站,及时向农村发布信息,或接受农民咨询。

(5)向农民做出承诺,并接受社会监督。

建立农业"12120",必将对"三农"事业的发展起到"催化剂"的作用,上可为政府分忧,下可为百姓解愁,这是一项德政工程,是"三个代表"思想在农村的具体实践。

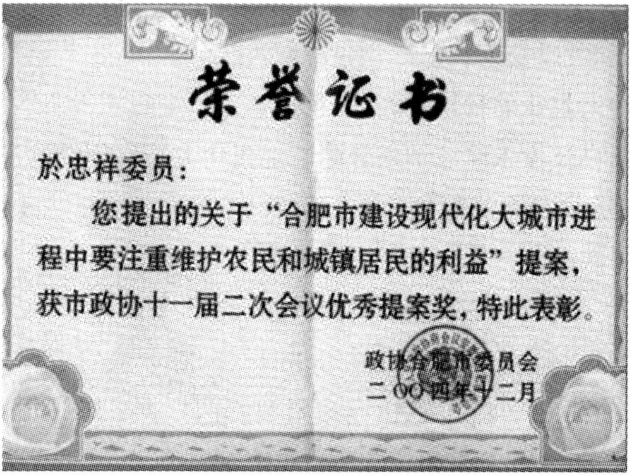
荣誉证书

於忠祥委员：

您提出的关于“合肥市建设现代化大城市进程中要注重维护农民和城镇居民的利益”提案，获市政协十一届二次会议优秀提案奖，特此表彰。

政协合肥市委员会

二〇〇四年十二月

3. 实施城镇化和工业化过程要注重"三农"利益*

（2004 年）

安徽省在全力推进农村城镇化的过程中，着力强化了中心城市在工业化进程中的主导功能，逐步把合肥建设成为以高新技术产业为重要特征的现代化大城市和全国重要的高新技术产业基地；使交通枢纽城市更好地发挥区域经济中心功能，扩大经济容量，培育特色产业，形成商流、物流中心；针对以资源开发和加工为主的工矿城市，积极发展接续和替代产业，大力培育现代城市产业，拓宽就业渠道；注重以形成特色、完善功能、提高质量为目标，大力发展小城镇，尤其是注重引导发展县城和部分基础好、潜力大的建制镇。2001 年，合肥市、蚌埠市和阜阳市等城市相继进行了区划调整，城市面积大大拓展；到 2003 年年底，安徽省小城镇数量达 2939 个，其中建制镇 939 个，城镇化率达到了 32%。

《安徽省全面建设小康社会的战略目标战略步骤及起步阶段的重点建设任务》（以下简称《任务》）提出：到 2020 年年末，全省总人口控制在 7100 万人以内，城镇化率 50% 以上，即届时安徽省城镇人口为 3550 万人，则城市与建制镇占地面积要超过 35.5 万公顷，也就是说，安徽省城镇面积要在 2003 年 10.33 万公顷的基础上，再扩展 25.17 万公顷。

---

* 本文是本人较早把"三农"利益与城镇化、工业化发展结合起来的提案。新中国成立以来，实施的基本是城市偏向政策，导致大量的资金和资源，尤其是土地资源流向城市。在城市化、工业化快速推进的同时，大量耕地被侵占，一些失地农民生活水平下降。基于此，本人提出改革失地农民的安置方式，对当今的征地制度改革仍有借鉴意义。

《任务》明确提出：以工业化为核心，加快产业结构升级步伐，力争到 2007 年或稍后一点时间，形成以高新技术产业为先导，以加工制造业和基础产业为支撑，现代农业和现代服务业全面发展的产业格局。为此，安徽省将着力建设加工制造业基地，原材料产业基地，化工产业基地，能源产业基地，高新技术产业基地，优质安全农产品生产、加工和供应基地，全国著名的旅游目的地，重要的文化产业大省 8 大重点产业基地，其占地规模不少于几万公顷。据统计，2004 年，安徽省开发区数目为 333 个，规划用地面积由 17.15 万公顷；经清理整顿核减为 111 个，占地面积也在 5.26 万公顷。

此外，为配合工业化和城镇化进程，安徽省交通将实现跨越式发展。《任务》对全面建设小康社会的具体部署中，特别强调在交通方面要实施“通达工程”。因此，2003 年交通建设进程加快，其中铁路建设占地 162.47 公顷，占用耕地 125 公顷，规划到 2007 年，即用 4 ~ 5 年的时间，新建铁路 600 千米以上；公路建设占地 1873.66 公顷，占用耕地 1455 公顷。预计以后建设速度更快，占地规模将逐年增加。

但是，在大量建设用地增加，尤其是城镇化过程中，农业人口涌向城镇的同时，形成了“城镇面积扩展，农村居民点占地面积不减”的怪圈。1996 ~ 2003 年，安徽省城镇化率由 24.40% 上升至 32.00%，上升了 7.6 个百分点，但农村居民点占地面积仍在 103 万公顷左右，保持了总量动态平衡。一方面是城镇面积扩张，另一方面是农村居民点面积不减，其结果是大量耕地被侵占，动摇了农业的基础；征地过程中，补偿不到位，安置不稳定，伤害了农民的感情。这在安徽省各市都有发生，也是农民上访频率最高的原由。为此，建议采用切实可行的措施，保护弱势产业和困难群体，真正维护“三农”利益，做到用科学发展观统领发展的全局，统筹城乡经济的协调发展。

1. 把贯彻科学发展观落到实处

科学发展观强调的是全面、协调和可持续发展。要做到这一点，搞好规划，尤其是土地利用总体规划。受拉动内需的积极财政政策、全面建设小康社会的奋斗目标、农业产业结构调整以及自然灾害等主客观条件的影响，现行的《安徽省土地利用总体规划》(1996～2010年)已经不能应对未来的社会经济发展，必须予以修编。新一轮土地利用总体规划修编之前，应停止所有的城镇和村镇规划，否则会导致土地利用总体规划围绕其他规划来进行规划，结果使之失去应有的权威性。只有通过土地利用总体规划，才能把我省有限的土地资源科学、合理地配置到国民经济各部门，预测出我省各项建设占多少地、占什么地、什么时间段占地等，为决策部门提供决策依据，为发展部门提供发展方向，为用地部门提供用地方案，尤其是提供了占用耕地的数量和补充耕地的途径，为被征地农民的补偿与安置，以及补充耕地等资金的预算提供了依据——这是稳定农业、繁荣农村经济和保护农民权益的基础和前提。

2. 改革现行的征地资金分配方案

(1)要调整分配比例，确保农民利益，由于我国特殊的国情，集体土地对农民而言不单是生产资料，还是保障资料。土地征用是对集体土地所有权和使用权的永久性转移，农民将永远失去土地的经营权，失去生活的可靠来源和保障。因此在土地补偿中应考虑这一特殊性，使补偿收益更多地偏向失地农民，并指导他们合理使用这部分收益，用于再就业及提高生活水平。农村集体经济组织所得份额应用于本集体经济组织内的生产建设，如兴修农田水利建设，购置农机具，帮助农民引进先进的农业科学技术，更新品种，提高农业单产，同时还可进行乡镇企业的建设，为失地农民提供更多的就业机会。总之，土地补偿收益必须得到合理的分配和使用，才能真正体现农民的利益。

(2)试行土地产权主体适当分解体制，让农民“保权增利”土地被征用后，土地所有权变为国有，集体可以一次性获得土地所有权补偿；土地使用权可以分解为两部分，一部分为通过出让手续获得的土地直接使用权，属于新的土地使用者；另一部分仍归原承包的农户所拥有以持续获得原来耕种这块土地所应得到的那部分收益。

土地征用后，其用途发生了改变，农民已不是直接土地使用者，直接使用土地的是新的土地经营者，他们通过土地出让程序获得了土地使用权，再进行投资开发使土地升值，收益增大。所以，新的土地经营者可拥有大部分土地使用权和收益权，农民仅拥有少部分土地使用权以获得原来每年所获得的收益。土地使用权份额分解，可依据新的土地投资者支付的土地出让金和土地开发投资总额，以及农民对被征耕地所拥有资源资产化部分，来分别测算。这种做法的实质是农民以土地使用权入股，参与土地经营如高速公路经营等，到年底按股分红，农民的权利和利益得到了永久的维护。土地将作为一种资本——农民投入的资本参与经营，新的土地使用者和农民之间形成了“风险共担，利益均沾”的利益分配机制。而且，随着经济的发展，建设用地不断增值，农民的利益也随之增加，这就是所谓的“保权增利”。可以预见，这种改革是挖掘农村“金矿”的最有前景的改革方案，它既可富裕农民，又可发展经济。

(3)明晰土地产权客体，实行“阳光征地”

①通过土地登记，对已经开展了集体土地所有权登记，土地所

有权关系明确,没有争议的集体土地,土地征用补偿安置原则上归属该土地的所有权单位。属于村集体的土地,其补偿安置费由该村集体组织掌管使用;属于村民小组集体的土地,其补偿安置费由该组集体组织掌管使用,其他集体组织无权干涉和支配。但土地所有权单位的上级组织或单位,如乡(镇)政府,可以对有关补偿安置费用的管理和使用情况进行指导和监督,实行专项资金管理制度,保证该资金用在发展生产和失地农民的生活安置上。要制定征地补偿款使用管理规定,健全征地补偿款全程监管机制,确保征地补偿款专款专用,防止挪作他用。

②依据有关法律确认农民土地使用权。《中华人民共和国农村土地承包法》第23条规定:“县级以上人民政府应当向承包方颁发土地承包经营权证或者林权证等证书,并登记造册,确认土地承包经营权。”因此,对农民享有的集体土地承包经营权,也应通过土地登记,发放土地使用权证书,从而在法律上得到有效的确认和保护,以防止农民土地承包权利的虚化,使其不被他人侵害,使他们真正享有土地使用权。

③建立从征地立项到征地补偿安置的农民全程参与机制,全力打造“阳光征地”环境,保障农村各级土地所有者和农民的合法权益。土地征用过程中,出现违规行为的总是权力部门,有些地方政府由于急功近利而不惜挥霍土地资源,在征地补偿安置款的发放上也会出现种种问题。要杜绝这些违法违规现象的发生,“阳光行政”是强化执法责任的重要一步,是治理违法违规的关键之处。要建立健全征地预告制度、征地补偿安置方案等协商与公告制度,让被征地者(包括各级土地所有者和农民)预先知晓自己的土地被征用以及征用后的用途。因为农民是集体土地所有者的主体,农民有权参与整个征地方案,尤其是补偿安置方案的制订与决策,

这样才能杜绝以牺牲农业和农民利益为代价的“征地侵权”事件。

④建立征地基金，消除“同质异途”[①]补偿安置悬殊的弊端。今后，无论是公益性用地、国家重点项目用地，还是经营性项目用地，其补偿安置应一视同仁。具体做法是，通过政府财政部门设立专门账户，建立土地征用补偿安置基金。即财政部门动员一部分经营性项目用地的土地出让金建立征地基金，再通过转移支付给国家重点建设项目用地或公益性项目用地的补偿安置，从而实现征地过程中的“国民待遇”原则。

3. 改革安置方式

安徽省共有5大自然区域，辖17个地级市、44个市辖区、5个县级市和56个县，各地经济发展水平差距悬殊，因此征地安置方式也不能千篇一律，应区别不同地区和安置对象，从实际出发，采取形式多样的安置方式，因地制宜、因人制宜、宜统则统、宜分则分。

(1)保险安置金融部门应设立征地保险险种，政府应制定宏观政策，动员适当比例的征地补偿安置费，为失地农民投保。投保比例按不同年龄段划分，即“年龄大，投保比例大”，这样既可保证不同年龄段的农民能拿到足量的养老金安度晚年，又能保障青年农民能拿到一定量的补偿安置费谋求发展，实现了“公平与效率”双赢。

(2)创业安置为了杜绝留地安置所出现的土地产权混乱状况，激励被征地单位和个人创业，今后无须把被征土地的一部分“返还”给集体，政府应该通过统一规划，采取土地置换的方式为失地农民“留地”创业，如在城镇的商业区为他们建造门面房等，如果集体通过发展企业安置失地农民，也应该通过出让的方式“转

---

① 相同质量的土地征地后的用途不同。

权留地”，即先把土地所有权转为国有，再按照统一规划和征地协议将一定比例的土地（可以是异地土地）“无偿”划拨给该集体。除此之外，政府还要动员一部分资金为失地单位和个人建立创业基金，以及制定一些优惠政策等，为他们打造创业环境。

（3）“保权”安置即如前面所述，实行土地产权主体适当分解体制，土地被征用后，农民仍然保留自己享受收益的那部分土地使用权，并以此作为股份，参与用地单位，如高速公路、工矿企业等的经营，双方建立“风险共担，利益均沾”的利益分配机制。有条件的企业还可以吸纳失地农民就业，失地农民也可自谋职业，按期获得“红利”。

（4）就业安置主要是用地单位为了扩大再生产，将失地农民吸纳为本单位职工，或者是国家为了公共利益征用集体土地，而将失地农民实行“农转非”进行统一招工安置等。后一种安置方式，明显是计划经济的模式，不宜普遍采用，只有大型、重点用地项目，国家为了实施宏观调控计划，维持社会的稳定方可实行。

（5）货币安置对有一定市场头脑和一技之长，能自谋职业且愿意自谋职业的安置对象，可向他们如数发放其应得的补偿安置费，放手让他们利用这部分资金，发展个私经济，实行自我安置，自我发展，同时自我承担风险。应该指出，这部分农民是为国家分忧、为社会奉献的弱势群体，很容易受到伤害，各级政府应当对他们给予扶持、培训和引导，使他们真正成为社会经济建设的一分子、全面建设小康社会的带头人。

（6）其他安置对一些不宜采取上述安置方式的地区，如偏僻的山区等，可以采用“征地费集体享有，土地承包经营权微调”的安置方式。即将征地费用于发展集体经济和福利，涉及被征地的农户，按照《中华人民共和国土地管理法》（以下简称《土地管理法》)第 14 条第 2 款的规定,补给被征地面积,但要对该农户的土地投资利息、地上建筑物和附属等给予合理的补偿。

4. 在建立健全城镇扩展规模与退宅还耕规模对应机制的同时,注意给拆迁户以合理的补偿

农村城镇化的规律是城镇面积扩张的同时,农村居民点面积应该大幅度缩减,最终实现居民向中心村和城镇集中,农业向规模经营集中;《国务院关于深化改革严格土地管理的决定》(国发〔2004〕28 号)特别强调"鼓励农村建设用地整理,城镇建设用地增加要与农村建设用地减少相挂钩"。但是,农村建设用地整理的费用补偿问题一直难以解决。如国家投资土地整理项目,规定农宅拆迁补偿标准控制在 100 元/平方米以内,明显过低。所以,我省应根据"土地后备资源不足但农村居民点整理潜力巨大"的土地省情,对农村居民点整理进行一次性规划,筹措整理资金,分步滚动实施,整理资金包括土地整理实际耗费资金和农户拆迁补偿资金,其来源可以是新增建设用地的出让金、土地整理项目经费等,还可以通过"建设—经营—转让"(BOT)的筹资方式融资。今后,政府应该在宏观上把握两大指标,即农村居民点缩减指标和城镇规模扩展指标,规定城镇面积扩展和对应的农村居民点缩减必须编制年度计划,具体实施时可以是城镇扩展在先,农村居民点缩减在后,最多可滞后 1 年,即城镇年度扩展规模完成后 1 年,应该完成农村居民点缩减计划。农宅拆迁补偿的标准应该依据其重置价进行核算。

4. 关于进行农村住房安全普查和农村住宅环境建设的建议*

（2005 年）

截至 2003 年 12 月，合肥市农村居民点总面积为 68,039.85 公顷，农村人均宅基地 229.53 平方米，如果按人均 120 平方米的标准，则有 32,468.41 公顷的宅基地可以退宅还耕，将近有一半的潜力可挖。而且，距城镇由近至远，居民点占地面积呈增长趋势，民房松散，土墙居多，整理难度小。经实地调查，很多居民点的空心村现象特别严重，尤其是远离城镇的穷乡僻壤，人居环境令人担忧：有的是“墙坍壁倒”；有的是小屋将倾，四周仅靠几根朽木支撑，虽濒临坍塌，却仍有人居住。一次，本人在长丰县沛河乡调研，已临近中午，见一低矮、周边有几根朽木支撑的民房，我问该县国土局的一位同志：“这应该是座空宅吧？”他说：“农村这样的房子多得很，全部住着人呢！”话还没落音，那座房子果然冒出缕缕炊烟。

调研过程中，一位农家女户主对我说：“请你给我们说说话，我们全家人提心吊胆地住着这样的房子，一旦倒塌，人命关天啊！”合肥市管辖长丰县近 50 年，至今还有如此的农村住宅，令人寝食难安！合肥市是安徽省省会，要在全省率先全面进入小康社会，但是不能把眼睛盯在国内生产总值（GDP）上，要用科学发展观统揽发

---

* 本文为 2005 年提交合肥市政协的提案。本人结合国土资源研究，深入农村实际调研，较早提出保障农民居住权和农村宅基地整治问题。

展的全局,要在统筹城乡经济协调发展的前提下,做到“整体推进,综合提高”。为此,提出以下建议:

1. 成立农村住宅普查队伍,摸清农村危房家底

政府要会同有关职能部门,成立农村住宅普查队伍,有计划地对我市农宅进行一次全面普查。通过普查,摸清我市农村住宅现状,并对此进行分类、登记、造册,建立危房档案。

2. 全面规划,滚动实施农村危房改造工程

以农村住宅现状为依据,以合肥市“GDP 千亿规划”为指导,结合土地整理规划,对我市农村居民点建设进行全面、统一规划。规划要坚持“合理布局、节约用地、保护耕地”的原则,走旧村改造和新村建设相结合的道路,实现经济效益、社会效益和环境效益的统一。依据规划,分清轻重缓急地实施危房搬迁改造工程。

3. 落实资金,把农村住宅环境建设落到实处

办事要有钱,所以资金是关键。合肥市建设现代化大城市进程中,至少还要占用 100 平方千米的土地,其中大多数是耕地。因此,耕地占补,可以优先考虑用“退宅还耕”来补偿,一举两得,既增加了耕地,又可筹措资金实施农宅改造与农村居住环境建设。“退宅还耕”可以按“由远到近,先易后难”的顺序逐步推进。资金还可以通过申报农村居民点整理项目等方式筹措,政府也应该设立专项资金启动这项工程。

4. 加强环境卫生管理

(1)加强农村科技投入,发展循环经济,如实施秸秆生态利用工程等(安徽农业大学有技术储备)。

(2)加大农厕的改造力度,作用有二:①可杜绝随地大小便的恶习,有利于精神文明建设;②有利于收集粪便,集中处理,优化住

宅环境。

(3)对畜禽粪便、青菜叶、灰尘等垃圾集中到田间地头，沤制发酵成为无公害农作物的肥源。尤其是塑料袋、农膜、农药瓶等不易降解的白色污染可回收物品集中起来交废品收购站。

5. 关于统筹安置返乡农民工就业问题的若干建议*

（2009 年）

截至 2007 年年底，我省外出务工人员约 1100 万人，仅阜阳市就有 300 万人。但是，在世界金融危机和国内经济结构转型压力的双重夹击下，因为出口为主的制造企业大批停产，沿海地区尤其是“珠三角”一带许多民工已出现“返乡潮”。截至 2008 年 11 月底，我省大约有 40 万名农民工返乡。2009 年，我省农民外出务工将面临更严峻的考验。阜阳市一位主要领导坦言：我市如果有 50 万名农民工回乡，将给就业等各方面带来巨大压力。为了应对农民工“返乡潮”，很多农民工源地政府纷纷出台优惠政策，如利用阳光工程、新型农民科技培训工程、农民创业培训工程等，优先对返乡农民工进行专业技能等方面培训；支持、鼓励中小企业、工业园区、规模养殖、设施农业、农业科技示范园区、农业科技企业等，为返乡农民工就近就地转移务工提供岗位；主动加强与“长三角”“珠三角”等经济发达地区劳务对接，积极与用工企业联系、沟通，争取务工岗位，为返乡农民工再务工提供服务；主动与工商、税务、国土、金融等部门加强联系，积极支持有创业发展愿望和条件的返乡农民工创办、领办企

---

* 2008 年，本人由合肥市政协委员转为安徽省政协委员。当时，在世界金融危机和国内经济结构转型压力的双重夹击下，我省在沿海地区尤其是“珠三角”一带务工人员，因为制造企业的停产而出现“返乡潮”。本人在认真调研的基础上，撰写了该提案，并在安徽省政协十届二次会议上做大会口头发言，获时任中共安徽省委副书记王明方的重要批示，产生了良好的社会效益。返乡农民工不仅是安徽的问题，也是全国，尤其是中西部的共性问题。因此，该提案经过认真“雕琢”后又提交民革中央报送全国政协，并获民革中央表彰。

业，并在办证、信贷、劳动力招收、税收、用地等方面予以优惠等。

截至 2007 年，我省农业人口超过了 4000 万人，也就是说 1100 万名农民工不仅不占多数，而且大多数属于农民中强势群体。他们返乡，如果实施多于留守农民的优惠政策，则必然会造成新的不和谐；如果抓住这一契机，利用这些农民中的强势群体回乡发展地方经济，可能是一支新农村建设的生力军。因此，对返乡农民工就业安置应突出“统筹”二字，不能“头痛医头，脚痛医脚”。为此建议：

1. 要把返乡农民工纳入地方政府的整体职业培训与就业计划

返乡农民工本来就是当地的农民，其回乡后与其他留守农民的身份相同，地位平等，应同样享受“国民待遇”。他们刚回来时，地方政府给予适当安慰，乃属人之常情。但是，如果凡事都要享受“优先”而成为特殊农民，就会有失偏颇。当前，对返乡农民工的再就业，要切忌出现一种倾向掩盖另一种倾向，即在安置返乡农民工的同时，轻视留守农民。所以，各级政府应该统筹解决农民问题，要根据国内国际的社会经济发展态势，编制农村富余劳动力培训和就业规划，让所有农民都能享受到均等培训和就业机会。

2. 要充分利用返乡农民工的一技之长，引导、扶持其创业

一些返乡农民工，身怀一技之长，带回了发达地区的经营理念，各级地方政府应积极引导和扶持他们创业。只要是符合产业政策，具有示范和推广前景，能够带动地方经济发展和农民致富的项目，就应该为他们创造政策、金融、服务、舆论和治安环境。

3. 要鼓励返乡农民工将带回的资金转化为资本

一些返乡农民工，在外辛辛苦苦，省吃俭用，确实积攒了一些资金。但是，他们缺乏投资意识，赚点钱要不就是盖房子，要不就是大手大脚地过大年，要不就是存进银行作为保障等。眼下，就业紧张了，可能会出现“花光用光、坐吃山空”的局面。因此，政府要

加大宣传发动力度，正确引导这些资金流向，鼓励他们参与有一技之长的农民创业入股，或者组织专业合作社等，因地制宜地发展当地优势特色产业等。

4. 制定优惠政策，鼓励和引导城镇企业"下乡"投资农业

当前，以出口为主的制造企业经营不景气，有些倒闭破产，有些开始考虑转移资金，进行转产。我省应抓住这一契机，制定优惠的产业政策，引导这些企业转产投资农业。如通过创建农业产业化龙头企业，引导农民用承包的耕地入股，实现土地集中、规模经营。企业不仅可以集中加强对土地的建设和管理，而且还能为农民提供就业岗位，实现农民，包括返乡农民工就地就业。

5. 发展农村物流，引导大型连锁超市"下乡"

中共十七届三中全会对发展农村物流有明确要求，提出要"加强良种繁育体系和农产品批发市场网络建设，加快建设现代粮食物流体系和鲜活农产品冷链物流系统"。然而，我省农村物流业发展却相当滞后，存在农产品和农资流通不畅等诸多问题，如很多蔬菜、水果在运送途中就腐烂了；很多农民在分散的、实力很小的、素质不高的个体商业购买假化肥、假种子、假农药等现象常有，退货、索赔却无门。因此，农村迫切需要完善的产品服务，包括生活资料和生产资料；信息服务，包括科技普及知识的传播以及其他综合性的社会化服务。所以，我省应该抓住这一机遇，运用规划引导，科学地发展农村物流。物流发展了，一些连锁超市就会下乡，农村运输、专业市场、农产品加工、养殖业等各行各业就会被激活，不仅带动了农民就业，而且拉动了内需。

6. 要做好既无地又无创业能力的返乡农民工安置工作

一些失去耕地的农民，本身并没有什么技能，在外打工只能做些类似于"运砖拉瓦"的杂活，仅能挣些糊口钱。这些返乡农民

工，没有创业能力，回乡后完全失业，生活失去保障，他们才是真正的弱势群体。政府应对他们进行摸底，要像城市失业工人一样纳入低保，要充分保障其生活、就医及其子女就学等。

2009 年 1 月 15 日，在安徽省政协十届二次会上发言

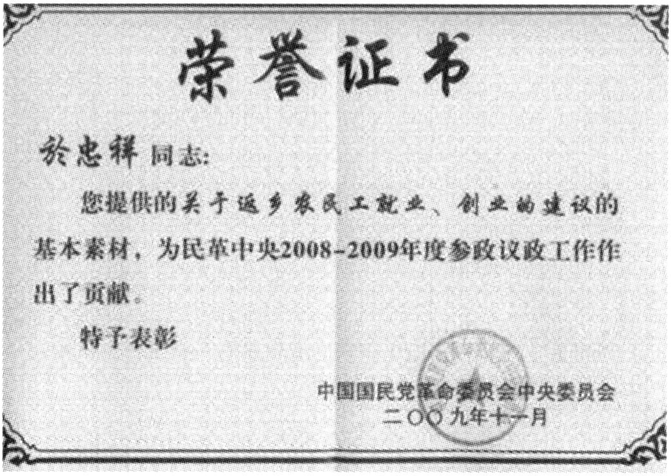

荣誉证书

於忠祥 同志：

您提供的关于返乡农民工就业、创业的建议的基本素材，为民革中央2008-2009年度参政议政工作作出了贡献。

特予表彰

中国国民党革命委员会中央委员会

二〇〇九年十一月

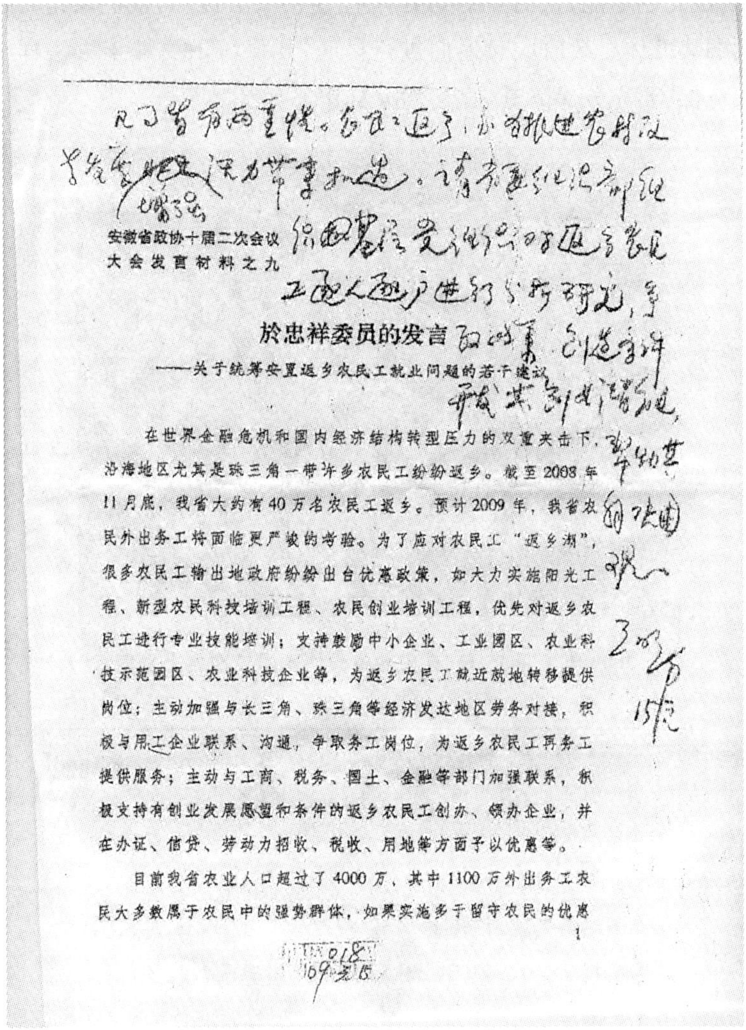

安徽省政协十届二次会议
大会发言材料之九

於忠祥委员的发言

——关于统筹安置返乡农民工就业问题的若干建议

在世界金融危机和国内经济结构转型压力的双重夹击下，沿海地区尤其是珠三角一带许多农民工纷纷返乡。截至2008年11月底，我省大约有40万名农民工返乡。预计2009年，我省农民外出务工将面临更严峻的考验。为了应对农民工“返乡潮”，很多农民工输出地政府纷纷出台优惠政策，如大力实施阳光工程、新型农民科技培训工程、农民创业培训工程，优先对返乡农民工进行专业技能培训；支持鼓励中小企业、工业园区、农业科技示范园区、农业科技企业等，为返乡农民工就近就地转移提供岗位；主动加强与长三角、珠三角等经济发达地区劳务对接，积极与用工企业联系、沟通，争取务工岗位，为返乡农民工再务工提供服务；主动与工商、税务、国土、金融等部门加强联系，积极支持有创业发展愿望和条件的返乡农民工创办、领办企业，并在办证、信贷、劳动力招收、税收、用地等方面予以优惠等。

目前我省农业人口超过了4000万，其中1100万外出务工农民大多数属于农民中的强势群体，如果实施多于留守农民的优惠

1

2009年1月15日，时任中共安徽省委副书记王明方批示

6. 关于促进高校毕业生就业与创业的若干思考与建议*

（2009 年）

1999 年高校开始扩招，许多专科学校升格为本科。1999 年，高校毕业生仅为 96.6 万人，至 2009 年已经高达 610 万人，10 年内扩大了 6 倍，导致每年有数十万毕业生不能就业，高校毕业生就业形势严峻。

自高校扩招以来，高校毕业生的存量资源迅速扩大，每年的增量也在不断创出新高，高校毕业生需求增长速度赶不上大学毕业生数量增加的速度，即高校毕业生这种作为生产要素的人力资源逐渐地由“卖方市场”过渡到了“买方市场”，供大于求，必然会出现“滞销”，毕业生总量过剩已给高等教育带来了严重的挑战。据统计，2007 年、2008 年和 2009 年，每年都有 80 多万名高中毕业生放弃高考，其中大部分属于农村考生。2009 年，仅重庆市就有近万名农村高中毕业生放弃高考。究其原因，主要还是就业问题。针对当前的就业形势，解决高校毕业生就业问题，不仅仅是关系社会稳定，更重要的是关系教育公平和高等教育发展的根本大计。为此，很多人都从大学生自身、人才市场、学校推介等方面提出了一些好的建议。本人拟从教育公平、教育互动和就业政策等视角，提出如下建议：

1. 关注农村教育，缩小城乡教育差距

各级政府应该把农村教育放在重中之重。现在就业难的主体

---

* 2009 年，我针对高校毕业生就业难的问题，经深入调研，撰写了该提案，被民革中央采纳，并获表彰。

人群是农村考取的大学毕业生，原因是农村考生普遍成绩偏低，以二本、三本的分数居多，名牌大学可望而不可即，只能上一般大学，甚至是“专升本”的大学，其就业肯定比老牌大学难。据调查，某一所农村中学，2008 年参加高考的学生中，有 60% 以上处于三本线以下，多数学生成绩只达到高职和大专分数线。虽然高考艺术、体育等方面的加分看似公平，但农村学校和家长无力培养孩子的特长，学生也无法以加分的途径提高高考成绩，即农村考生与特长生无缘。

农村考生成绩低，主要受农村教学资源贫乏的影响，导致他们未能掌握扎实的基础知识和丰富的课外知识；受家庭经济状况的影响，他们也不能通过家教补习、名校名师点拨掌握学习技巧。从一开始，他们和城里的孩子就没有站在同一起跑线上，却必须面对同一张高考试卷，自然升入重点大学和普通本科院校的难度更大。所以，必须要加大对农村教育的投入，改变农村学校素质教育缺失、教学资源匮乏、综合素质难完善的现状，通过教育公平促进就业公平。

2. 建立高校与社会互动机制，培养实用型人才

高校办学要面向社会，全社会要关注我国高等教育。市场经济虽然也促进了人才竞争市场，但用人单位应该要承担一定的社会责任，每年视规模有计划地安排对口专业的大学毕业生就业。本人经过深入调研发现：一些有实力的企业，几乎不进应届高校毕业生，其所用人才全部是从别的企业“挖”过来的，结果一方面形成了企业互挖人才的恶性人才竞争循环；另一方面很多大学毕业生不能就业，他们惊叹：英雄无用武之地！“读书无用论”再次在中国大地上复苏！

大学生就业难，大学生考公务员和事业单位编制也难，难就难在指标少。据调查：很多单位每年都有安排军队转业军人的任务，有的单位甚至安排了转业军人后就没有名额面向社会招考了。由

于这些转业军人大多数没有专业特长，难以胜任专业工作，导致一些单位在安置了转业军人后又不得不面向社会招考专业人员，招考进来的都没有编制。所以，如何统筹安置转业军人和大学生就业的问题，应引起重视。毋庸置疑，现役军人为保障我国社会主义现代化建设做出了无私的奉献，他们把青春奉献给了国防，他们转业后应该得到妥善安置。因此，转业军人安置是硬指标，应该实行国家配给制，包括工资的配给，而不应该占用地方编制，应为高校毕业生就业腾出空间。

大学生就业难，还要从高校自身来审视。高校应积极瞄准社会需求和国家未来的需要，培养实用型人才。(1)专业的设置。有的高校专业设置过多过滥，同一个学科采用名目繁多的专业名称，其课程设置雷同，其目的是扩大招生规模，其后果是可想而知的。(2)课程设置。一些高校盲目上专业，但其师资队伍、实验室等软硬条件不具备，只能“因地制宜”地设置课程，结果导致学生该学的没学到，学到的没有用。高校专业课程设置，应根据行业发展需要，与时俱进地增设和删减相应课程。(3)教学内容。教学内容应根据学科的发展进行更新，这就要求高校教师要有责任感和使命感，要把教书育人视作事业，不能当作职业。有的教师，不注重学习和知识充实与更新，把陈旧的、不适应的东西教给学生，导致学生在试用期内被淘汰。所以，高校一方面要建立健全激励机制，鼓励教师加强学习，不断地提升自己；另一方面学校要建立健全考评制度，考察教师对所授课程的学科发展动态和发展前沿等掌握程度。(4)社会实践。一些高校仍然采取封闭式办学方式，为了减少教学成本，学生们基本上是在校内完成自己的学业，导致了很多参加就业考试的学生，笔试成绩很好，面试被淘汰。

所以，实行高校专业设置审查和专业评审，优化专业设置，提高办学质量，让学生能学到该学的知识和技能，是提高学生就业能力的前提;通过与社会对接,让学生在学习期间就能参与与专业关联的社会实践工作,以提高他们分析问题和解决问题的能力,是提高他们就业能力的保障;专业课程设置,还要与行业互动,根据需要增设相关课程和内容,以全面提高学生就业水平。

3. 制定倾斜政策

(1)要制定传统学科毕业生就业的倾斜政策一些传统学科,如茶叶、蚕桑、农学、植保、气象、地理等专业的毕业生就业难,不仅影响招生,而且影响学生的学习兴趣。但这些学科是社会经济发展的支撑,绝对不能出现人才断层,就业难只是我国社会经济发展转型时期的“暂时”现象,所以国家必须实行差别化的就业政策,每年应有计划地安排就业指标。同时,对这些学生还要实行差别化的就学政策,比如学费全免,所免学费由国家支付给学校,但学生毕业后必须从事所学专业行业的工作 5 ~ 10 年。

(2)要制定基层和老少边远地区就业的倾斜政策目前,要鼓励大学生树立新的就业理念,到基层和老少边远地区去工作。这些地区,大多数仍属贫困地区,不仅需要文化知识和科技知识,更需要新的发展理念。因此,大学生到基层就业,就给这些地区注入了新鲜的血液,增添了发展的动力和活力,这是实现城乡统筹发展中的重大人才战略。大学生到基层和老少边远地区就业,根本问题是解决他们的未来和待遇问题,国家要舍得投入。

(3)要制定和完善大学生创业的倾斜政策在扶持大学生创业方面,政府确实提出了一些扶持政策,但是其中有些政策很难操作,有些在执行过程中变了样,尤其是在经营领域、融资渠道和税收优惠等关系到大学生创业的关键问题上,创业的大学生们并没有享受到真正的扶持。建议国家应建立大学生创业基金,主要在大学生科研成果孵化、大学生创业基地等项目上予以扶持,以创业带动就业。

4. 创新体制机制，破除各种就业壁垒

采取行政、法律、经济等手段保证人才公平竞争，加快完善社会保障制度，深化劳动人事制度和户籍档案管理制度改革，消除体制性、政策性障碍，构建有利于高校毕业生公平竞争、双向选择、合理流动的大环境，使到基层和老少边远地区就业的高校毕业生真正下得去、留得住、干得好、流得动，使自主创业的高校毕业生创业有扶持、择业有保障。

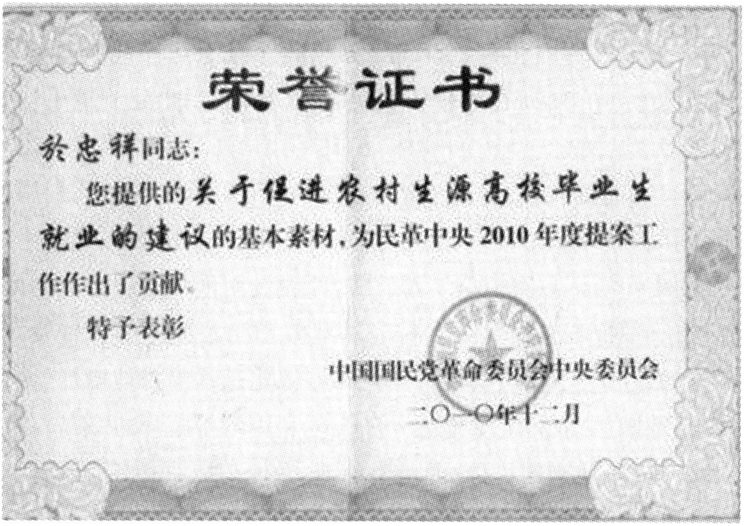

7. 城镇化过程中要注重保护农民利益*

（2010 年）

安徽省正处于城镇化和工业化快速发展时期，全省 17 个地级市，105 个县（市、区），1029 个小城镇（其中建制镇 861 个，不包括县城关镇），都在谋求“大发展、大建设”，导致保护耕地和保障发展用地的矛盾突出。至 2020 年，如果每个地级市平均扩展 5000 公顷，每个县（市）所在地平均扩展 2000 公顷，每个建制镇平均扩展 100 公顷，每个小城镇平均扩展 50 公顷，则至少需要建设用地 30 万公顷（这是极度保守的估测数据）。而在新一轮土地利用总体规划（2005～2020 年）修编中，国家下达给我省的城乡建设用地增量约束性指标只有 18.05 万公顷，即建设用地缺口很大。为此，很多市县都把眼光瞄准了农村宅基地整理与置换。毋庸置疑，此项工作做好了，不仅可实现工业化和城镇化过程中耕地增加、城镇建设用地增加、农村宅基地减少和土地利用效益提升的“双增一减一提升”的土地利用目标，而且是一项民生工程、德政工程。但如果做过了，就会成为民怨工程。为此建议：

1. 关心群众生活，注意工作方法

1934 年，毛泽东同志在谈到革命中心任务时就指出：“一切群众的实际生活问题，都是我们应当注意的问题。假如我们对这些问题注意了，解决了，满足了群众的需要，我们就真正成了群众生活的组织者，群众就会真正围绕在我们的周围，热烈地拥护我们。”关于工

---

* 本文是在《合肥市建设现代化大城市要注重保护农民和城镇居民利益》提案和全省调研的基础上修改、完善、提升后形成的。

作方法问题，毛泽东指出："如果仅仅提出任务不注意实行时的工作方法，不反对官僚主义的工作方法而采取实际的具体的工作方法，不抛弃命令主义的工作方法而采取耐心说服的工作方法，那么，什么任务也是不能实现的。"然而，现在少数地方领导，口头上讲的都是毛泽东思想、邓小平理论、"三个代表"重要思想和科学发展观，但这些人是否真正系统学习过这些思想和理论，不得而知，或者是前面学了后面忘了，学是学做是做。如有些地方为了所谓的跨越式发展和新城建设，不惜动用警察，把农民置于对立面的位置，采用强拆民房的举措，应该说是工作方法不妥帖。拆民房之前，为了保障农民的生命和财产"安全"，强行把人和物清出拆迁区，之后便无人问津，导致拆迁户居无定所，可以说是没把群众生活当回事。这样生硬的工作方法，如此不关心群众生活，群众不会拥护，党纪国法也不容。

2. 尊重民意，依法行政

政府所做的一切工作，应该有个衡量标准，那就是群众满意度。群众不满意的就不要去做，群众满意的就要认真去做，而且要把好事做好。如何知道群众满意与不满意呢？这就要求我们的政府在决策之前要进行深入细致的调查研究，了解民情民意，履行法律程序。如一些地方政府在推进宅基地整理置换这项利民利国的工程时，事先不征求群众意见，农民手持"集体土地建设用地使用证"（批准使用期限为永久）说理时，甚至以妨碍公务罪被羁押。这种行为，违背了中共十七届三中全会通过的《中共中央关于推进农村改革发展若干重大问题的决定》中的有关规定，即"坚持以人为本，尊重农民意愿，着力解决农民最关心最直接最现实的利益问题""完善农村宅基地制度，严格宅基地管理，依法保障农户宅基地用益物权"。因此，各级政府应该自查一下，人大、政协应该在全省范围内督察一下，若有类似现象发生，应予纠正，亡羊补牢，未为迟也！

3. 加强学习，正确履行职责

城镇化过程首先面对的是土地执法问题，这是一项政策性、法律性、科学性等十分严谨的工作，稍有偏差就会造成不良的社会影响，严重的会损害政府的形象。如个别县区，成千亩地超占耕地搞新区建设，有关部门负责人却面对荒芜的耕地说占的不是耕地，甚至于把规划大纲作为占地依据；征地情况以及被征土地用途也不向农民公示，也不要农民签字，理由是土地是集体的，集体的事有集体签字，不需要当事人签字；对征地的安置补助费采用两套方案，即文件是一套，公示的又是一套，给人的嫌疑就是在某个环节上截留了征地安置补偿费；田里的麦子黄了，农民的希望在田野，然而，这些土地被压占后连补助费都不给……应该说这些人不懂政策，不懂"行规"，没有正确地履行自己的职责，应该加强学习，要把中共十七届四中全精神落到实处，应通过学习型党组织建设，提高干部的政治水平、理论水平和业务水平，进而提高其执政水平，这样才能使领导干部把履行职责提到"弘扬党的优良作风、保持党同人民群众的血肉联系"的高度来对待，才不会辜负人民的信任和期望。

8. 关于以农业转移人口市民化为核心　稳步推进城镇化健康发展的建议*

（2013年）

城镇化是中国经济增长的巨大引擎，也是扩大内需的最大潜力。稳步推进城镇化健康发展，是当前和今后一个时期深入贯彻落实中共十八大精神的重要举措。

中国的城镇化应该是以人为本、公平共享的城镇化，核心是人的城镇化。以往的城镇化更多地体现在城市建设水平的提高和城市居民生活水平的提高上，并没有相应转移更多农业人口，相反，是以排斥农民进城为代价的。城镇化有速度、有力度，但重城市建设轻公共服务，重规模扩大轻产业发展，重土地的城镇化轻人口的城镇化，质量亟待提高。我们认为，提高城镇化质量的核心在于有序推进农业转移人口市民化，并以此为优化经济结构、扩大内需创造条件。为此，我们建议：

1. 扩大户籍制度改革范围，进一步加快农业转移人口的“市民化”进程

要解决城镇化滞后于工业化、人口的城镇化滞后于土地的城镇化问题，户籍制度改革是关键。目前全国已有10多个省、自治区、直辖市出台了以取消“农业户口”和“非农业户口”性质划分、统一城乡户口登记制度为主要内容的政策措施，改革了延续50多

---

* 本文是由本人撰写、由民革中央副主席刘凡代表民革中央在全国政协十二届一次会议做大会口头发言，被全国政协列为重点督办提案。本人作为提案的主要撰写人，破例参加由全国政协副主席陈晓光率领的全国政协督办组，赴江浙两省进行提案督办调研。

年的二元户籍制度。我们认为,应当进一步扩大户籍制度改革范围,地市级以下可以全部放开,同时逐步放开大中城市落户限制。在此基础上,稳步推进基本公共服务均等化,逐步实现农业转移人口在劳动报酬、就业培训、子女教育、公共卫生及社会保障方面与城镇居民享有同等待遇,真正实现他们的"市民梦"。

2. 以土地制度改革为重点,给农业转移人口"定心丸"

土地制度改革是提高城镇化质量的重中之重。近年来,城镇占用土地的速度远远快于吸纳人口的速度,城镇化过程中用地空间不足的矛盾十分突出,一些地方为了追求高城镇化率,采用行政手段取得农民的土地,使农民被动地实现城镇化,失地农民拆迁易入住难,健全农村土地流转机制的任务十分迫切。我们建议:(1)要注重发挥市场机制作用,让农民的土地和宅基地的使用权享有可转让与可收益权。土地流转一定要遵循公平、公开、自愿原则,切实保护农民利益。(2)要解决农村宅基地确权问题,逐渐完善农民的宅基地和住房产权制度。(3)要允许符合条件的农民带着确权后的宅基地指标,置换城镇的经济适用房,并将他们纳入住房公积金制度的覆盖范围。

3. 以产业为支撑,为农业转移人口提供更多的就业机会

城镇化要健康发展,一定要有产业支撑。没有产业的发展和集聚,就无法解决农业转移人口就业不足、就业质量差等问题。我们建议:(1)要发挥大中小城市和小城镇在吸纳农业转移人口中的不同功能作用,科学规划,合理布局,特别要加快发展以县城和农村城镇为主的小城镇。(2)要根据不同城市的特色和产业优势来发展产业,通过产业集聚、产业升级、基础设施的改善,吸纳更多农业转移人口就业。(3)要切实提高农业转移人口的就业收入,保护劳动者利益,使他们能够更好地融入城市生活,真正在城市安居乐业。

4. 以统筹安排为思路，分层分批地推进农业转移人口市民化

当前，由于农村耕地容纳劳动力的能力越来越小，我国有大量农村剩余劳动力需要向非农产业和城镇转移，短期内城镇不可能全都容纳，必须统筹安排，分层分批地来推进。我们建议：(1)在"十二五"期间，可将技能型农民工、新生代农民工、私营企业主、城市郊区因建设扩张被占地的农民等条件相对成熟的群体优先转为城镇居民。(2)要引导不同类型的农业人口向不同方向转移。可对部分有技术、有资金、有经验的青壮年农民进行农业职业化培训，培养新型职业农民，使其投入现代农业产业链中，同时享受城镇居民同等待遇，使农业转移人口向城市流动和城市资源向农村流动更加有序。

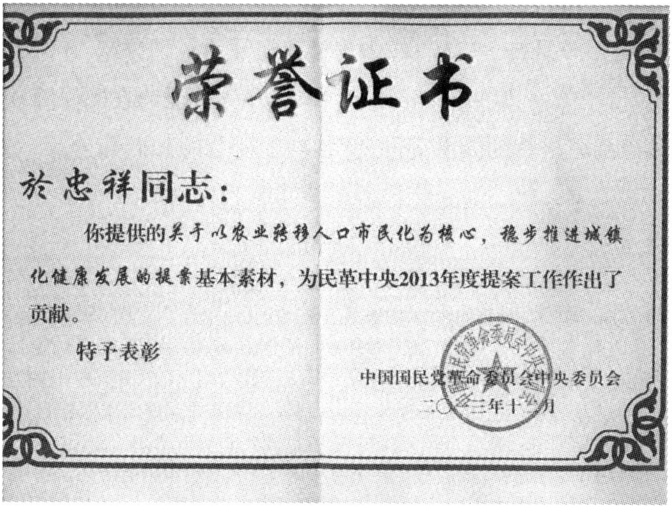
荣誉证书

於忠祥同志：

你提供的关于以农业转移人口市民化为核心，稳步推进城镇化健康发展的提案基本素材，为民革中央2013年度提案工作作出了贡献。

特予表彰

中国国民党革命委员会中央委员会

二〇一三年十二月

9. 关于规范征地程序　维护群众合法权益的建议*

（2015 年）

中共十八届三中全会的决定指出：“缩小征地范围，规范征地程序，完善对被征地农民合理、规范、多元保障机制”；中共十八届四中全会关于全面推进依法治国若干重大问题的决定指出要完善土地管理等方面法律法规。因此，十八大以来，各级政府都把规范征地程序，维护群众合法权益作为落实党中央和国务院一系列惠民政策的具体行动，取得了很大的成效。由于征地问题牵涉面广，各地情况差异悬殊，实际工作中难免存在征地范围过宽、补偿标准偏低、方式过于单一、调整周期和幅度脱离实际、被征地农民保障缺乏长远统筹以及司法救助体系等问题，影响了社会的和谐与公正。为此，建议：

---

* 十八届三中全会做出的《中共中央关于全面深化改革若干重大问题的决定》指出：“缩小征地范围，规范征地程序，完善对被征地农民合理、规范、多元保障机制”；十八届四中全会做出的《中共中央关于全面推进依法治国若干重大问题的决定》进一步指出：“坚持党的领导、人民当家作主、依法治国有机统一，坚定不移走中国特色社会主义法治道路，坚决维护宪法法律权威，依法维护人民权益、维护社会公平正义、维护国家安全稳定”；2014 年 12 月 2 日，习近平主持召开中央全面深化改革领导小组第七次会议，审议了《关于农村土地征收、集体经营性建设用地入市、宅基地制度改革试点工作的意见》。会议指出，坚持土地公有制性质不改变、耕地红线不突破、农民利益不受损三条底线，在试点基础上有序推进。基于此，安徽农业大学国土资源研究所与安徽省国土资源厅组成了联合调研组，于 2015 年 1 月上中旬，分赴河南省平顶山等市、江苏省常州等市以及安徽省 16 个市，就农村土地征收问题进行了调研。本人领衔参与了全程调研，并撰写了《关于规范征地程序，维护群众合法权益的建议》，在 2015 年 1 月 27 日召开的省政协十一届三次会议上做大会口头发言，得到时任省委副书记李锦斌和省委常委、常务副省长詹夏来的重要批示。该发言经本人完善提升，提交民革中央转全国政协提案，并获民革中央表彰。

1. 实行全程透明的征地程序

(1)要建立征收土地全程公告制。征收土地全程公告制包括征前、征中和征后公告。①要完善征前公告,不仅要让被征地主体知情(包括在外务工的农民),以保障其知情权,而且要让社会知情,体现公平,接受监督。其间,国土资源部门要做好征前公告的取证工作,避免征地后农民和政府之间产生矛盾纠纷。公告要增加地上附着物和青苗等内容,避免滋生突击建房、栽树等现象。②要强化征中公告,即征地方案实施过程中,要通过各种媒体及时公告工作进展,尤其是失地农民补偿与安置情况,避免强征和强拆,以及同一时期征收的土地因补偿与安置的差异产生矛盾纠纷。③要建立征后跟踪公告,既要公告征后土地的使用状况,包括用途是否与征地方案一致,征地、供地、用地等是否配比,更要公告失地农民的生活、工作和居住等是否真正有保障。

(2)要建立被征地农民全程参与机制。①建立征地补偿、安置方案的听证与反馈机制。征地补偿、安置方案确定后,要举行听证会,听取被征地主体的意见和建议;市县国土资源部门在充分吸纳被征地主体的合理化建议的基础上修改、完善方案;修改后的方案要向被征地主体反馈后再上报审批。②建立参与式的征前土地调查登记制,即征地方案批准后,市县国土资源部门要及时组织有被征地主体参与的地上附着物和青苗等实地调查登记工作,登记结果不仅要有参与调查的人员签字,而且要有被征地主体签字。③建立参与式补偿、安置督查制度。征地补偿、安置方案批准后,关键是抓落实。因此,要成立有被征地主体参与的补偿、安置督查委员会,确保征地补偿、安置款足额到位、依法支付。

2. 缩小征地范围,加快城乡统一的土地市场建设进程

(1)实施控制征地范围的治本之策要将征地范围严格限定在不以营利为目的的公共设施和公益设施项目内。因此,要界定公共设施和公益设施用地,制定“公共设施和公益设施”项目用地目录,不在目录的用地项目一律不予启动征地程序。

(2)征地范围以外的建设用地要通过市场取得缩小征地范围的目的是促进城乡统一的土地市场建设,即在工业化和城镇化进程中,凡是“公共设施和公益设施”项目用地目录之外的项目,其用地指标必须通过市场取得,主要来源于农村集体建设用地。农村集体建设用地入市交易获得的资金应:①用于保障补充耕地;②用于保障农民的权益;③用于发展壮大集体经济。

3. 改革现行征地补偿方案,逐渐向“因市定补”转变

要将用土地年产值倍数法或区片价确定征地补偿标准改为综合法确定,具体改革方案应从多方面综合考虑对被征地主体的补偿,主要包括对失去土地所有权、使用权和发展权等方面的补偿;对地上附属物及青苗等造成的损失补偿;对土地投资利息的补偿;对其他方面,如有害或不良影响、干扰损失以及重新安置的困难等方面的补偿。随着城乡统一的土地市场的建立与完善,征地补偿标准要逐渐向“因市定补”过渡,即由经营性建设用地市场价格来确定。

要依据征地项目的实施周期确定征地补偿标准调整周期。一个征地项目实施周期一般为2~3年,因此,征地补偿标准仍定为2年一调整为妥。为避免激发社会矛盾,应制定相应办法,规定征地补偿标准与调整周期具有对应性,不具追溯性。

4. 建立征地预存款制度

各级政府财政部门要根据当年新增建设用地征地预案筹措足

额资金作为征地预存款资金，并设立专户，专门用于征地补偿费的拨付，以切实维护被征地农民的合法权益，保障征地补偿费及时足额拨付到位。

5.实行差别化的多元安置方式

（1）留地安置。调研发现，留地安置在经济落后地区如界首市等地，因为缺乏前期开发资金和后期经营萧条等而导致土地闲置浪费；而在经济实力雄厚的地区，如河南平顶山等地，留地安置不仅解决失地农民的长远生计，而且发展壮大了集体经济。因此，留地安置宜在经济发达地区或城乡接合部采用，在经济落后地区要谨慎采用。

（2）保险安置。要采用“即征即保、应保尽保、分类施保”的原则，将被征地农民纳入城乡各类社会保障体系，实现被征地主体保障全覆盖。

（3）创（就）业安置。对于有创（就）业欲望和能力的失地农民，除按规定足额将补助安置费直接发放外，还应给予配套的优惠政策，包括放宽信贷条件、简化办证手续、减免有关税（费）、纳入城镇下岗人员再就业的培训体系等。

（4）入股安置。对有长期稳定收益的项目用地，如高速公路、高铁等，允许被征地主体将征地补偿费折股投资项目建设，被征地主体与用地单位通过合同约定以优先股的方式获取收益。留地安置方式也可以采取入股的方式推进。

请国土厅、农委参阅。

李锦斌

2/1

安徽省政协十一届三次会议
大会发言材料之六十

於忠祥委员的发言

—— 规范征地程序　维护群众合法权益

近年来，各级党委、政府认真贯彻落实中央精神，把规范征地程序，作为维护群众合法权益的具体行动，取得明显成效。但由于征地问题牵涉面广，各地在实际工作中还存在着征地范围过宽、补偿标准偏低、方式过于单一、调整周期和幅度不合理、被征地农民生活保障缺乏长远统筹、司法救助体系不完善等问题。为此建议：

一、实行全程透明的征地程序

1. 建立征收土地全程公告制。征收土地全程公告制包括征前、征中和征后公告。首先，要完善征前公告，不仅要让被征地主体知情（包括在外务工的农民），而且要让社会知情，以体现公平、接受监督。其次，要强化征中公告，即征地方案实施过程中，要通过各种媒体及时公告工作进展，尤其是失地农民补偿与安置情况，避免土地因补偿与安置的差异产生矛盾纠纷。第三，要建立征后跟踪公告，既要公告征后土地的使用状况，包括用途是否与征地方案一致、征地、供地、用地等是否配比，更要公告失地农民的生活、工作和居住等是否真正有保障等。

2. 建立被征地农民全程参与机制。首先，要建立征地补偿、安

1

时任中共安徽省委副书记、现任中共安徽省委书记李锦斌的批示

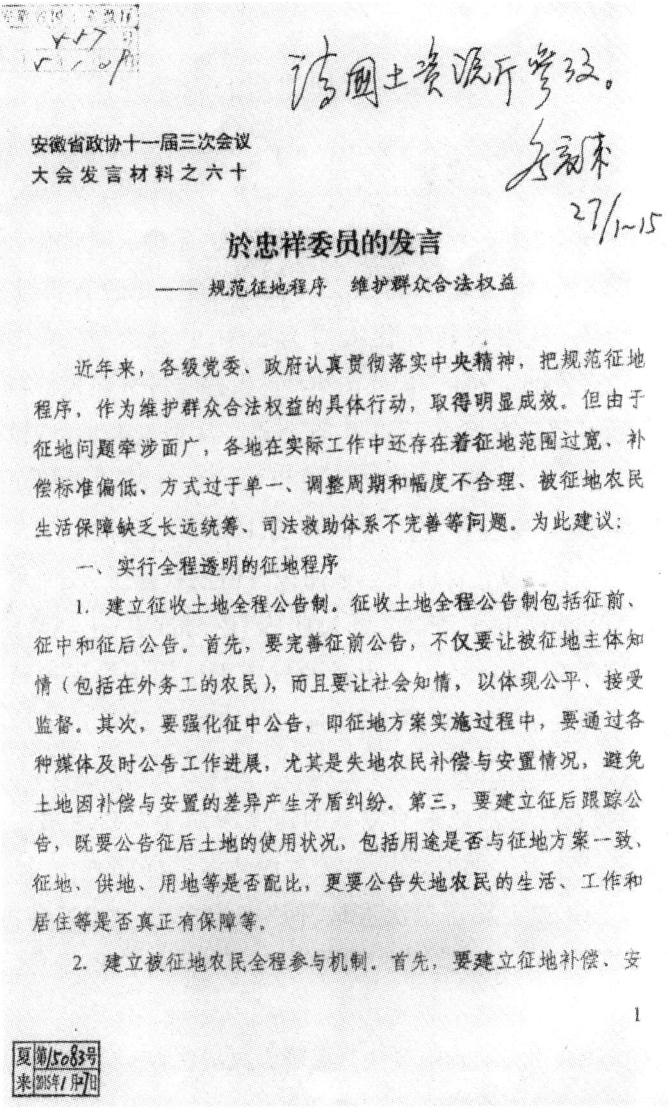

请国土资源厅学习。

夏来

27/1-15

安徽省政协十一届三次会议

大会发言材料之六十

於忠祥委员的发言

——规范征地程序　维护群众合法权益

近年来，各级党委、政府认真贯彻落实中央精神，把规范征地程序，作为维护群众合法权益的具体行动，取得明显成效。但由于征地问题牵涉面广，各地在实际工作中还存在着征地范围过宽、补偿标准偏低、方式过于单一、调整周期和幅度不合理、被征地农民生活保障缺乏长远统筹、司法救助体系不完善等问题。为此建议：

一、实行全程透明的征地程序

1. 建立征收土地全程公告制。征收土地全程公告制包括征前、征中和征后公告。首先，要完善征前公告，不仅要让被征地主体知情（包括在外务工的农民），而且要让社会知情，以体现公平、接受监督。其次，要强化征中公告，即征地方案实施过程中，要通过各种媒体及时公告工作进展，尤其是失地农民补偿与安置情况，避免土地因补偿与安置的差异产生矛盾纠纷。第三，要建立征后跟踪公告，既要公告征后土地的使用状况，包括用途是否与征地方案一致、征地、供地、用地等是否配比，更要公告失地农民的生活、工作和居住等是否真正有保障等。

2. 建立被征地农民全程参与机制。首先，要建立征地补偿、安

1

夏来 第15083号

时任中共安徽省委常委、常务副省长詹夏来的批示

10. 关于农民违法占地建房的思考与建议

（2016 年）

2005 年，安徽省常住人口为 6114 万人，其中农村常住人口为 3943.53 万人，城镇化率为 35.5%；2015 年，安徽省常住人口 6143.6 万人，其中农村常住人口为 3041.1 万人，城镇化率为 50.5%。即 2005～2015 年的 10 年间，我省农村常住人口减少了 902 万人，城镇化率提高了 15 个百分点。从理论上讲，城镇化的推进，农村人口的减少，村庄用地面积应该呈递减的趋势。但事实是：2005 年，我省村庄用地面积为 102.7 万公顷，2015 年是 112.94 万公顷，即农村村庄用地面积不但没有减少，反而增加了 10.24 万公顷。其间，安徽省通过实施“整村推进、土地整治”和“增减挂”等项目，还腾出了大量的村庄用地用于发展城镇和补充耕地。“十二五”期间，安徽省通过推进城乡建设用地增减挂钩，整理农村建设用地 1.5 万公顷，复垦腾退农村宅基地 1.2 万公顷，表明农村宅基地整治复垦的速度滞后于农村建房占地的速度。究其原因主要是农民违法占地建房。据调查，新增宅基地中，有 70% 以上属于违法占地，使“一户多宅”“超标准占地”“建新不拆旧”成为普遍现象，很多是宅田合一的“田中房”。为此建议：

1. 新型城镇化进程中要注重保障农民居住权

我省在推行家庭联产承包责任制的过程中，农村集体经济组织没有预留土地，包括宅基地。农村集体经济组织名义上拥有土地所有权，实际上无法行使。符合分户条件的农民申请宅基地建房,集体无地可供,若履行程序占用耕地建房大多数得不到批准。年轻男子要娶妻生子,只得占用承包地建房。因此,是农村宅基地保障制度缺失导致农民违法占地建房。因此,必须进行顶层设计,构建接地气的农村宅基地保障制度,确保农民居住权。

(1)建立农村建设用储备制度。以行政村或农村社区为单位成立农村建设用地储备中心,负责储备本集体退出的建设用地,包括宅基地和农村集体经营性建设用地等。储备的集体建设用地,要遵照保障农民居住权优先的原则,预留一定的比例用于农民建房,剩余部分方可按市场规律入市与流转。

(2)通过“增减挂”制度切出一部分指标用于农民建房。现行的“增减挂”制度预留的宅基地仅用于在规划的新村安置拆迁的农户,剩余的指标全部用于城镇建设。今后应在剩余的指标中切出一定的比例用于符合分户的农民建房。

(3)切实落实新增建设用地指标切块用于农民建房的政策。从新增建设用地指标切出一块专门用于农民建房,是保障农民居住权的重大举措。但是,一些地方没有严格执行,被挪用到城镇建设或工业项目上。因此,要建立监管机制,遵循“省管总量、计划单列、专项管理”的原则,明确要求各地要将新增建设用地指标10%以上切块用于农村建设,其中至少要有5%用于农民建房。

2. 村庄布点规划要与村庄建设规划同步推进

目前,农民建房沿主干道两侧成带状布局的现象十分普遍。很显然,这是一种违法的无序建设,危害很大。首先是交通隐患,其次是占地面积过大,最后是农村住宅文明消亡,更重要的是环境污染面扩大。造成这种违法的根源是政府只强调村庄布点规划,淡化了村庄建设规划和实施,尤其是缺乏配套的交通和给排水等基础设施,形成了“进不去,出不来”的“岛状”村庄,农民建房不得不沿着马路“跑”,使村庄布点规划成为“纸上画画,墙上挂挂”的美术图。因此,要建设服务型政府,创造条件吸引农民自愿融入村庄规划区建房,自觉摆脱其长期处于“被违法”的状态。

(1)完善老村庄改造规划与实施。对于村庄布点规划保留的老村庄,无论是“扩建型”还是“充填型”,或者是两者兼有型,要依据不同的地域特征,按照“望得见山,看得见水,留得住乡愁”的要求,实施老村庄改造规划,重点是加强基础设施配套建设,形成“进得去,出得来”的村庄,既要留住老住户,又要吸引新住户。

(2)推进新村庄建设规划与实施。对于村庄布点规划新建的村庄,要尽快编制与本地自然环境和民风民俗相融入的村庄建设规划。要借鉴城市开发区的做法,预先将道路和给排水等基础设施建好,吸引农民自愿进入规划区建房。

3. 全面提升农民的法律意识

全面依法治国的前提是全民知法,只有全民知法才能实现全民守法。目前,绝大多数农民不了解《土地管理法》和《中华人民共和国农村土地承包法》等法律法规,把土地承包经营权和农村宅基地使用权误认为土地所有权,甚至认为农村宅基地是祖传的家产,可以随意支配。因此,在他们的脑子里形成了“我的土地我做主”的意识,导致超规模占地建房,随意占用承包地建房,甚至与别人易地建房等。所以,要实现依法治地,必须普法在先。

(1)建立普法的长效机制。国土资源工作者不仅是守土卫士,更是涉地普法的宣传员和讲解员。国土资源部门工作者,尤其是基层工作者,要增强“谁执法,谁普法”的意识,把天天都视作“土地日”,立足农民,放眼全民,实现涉地普法常态化。

(2)普法手段要多样化。①培养普法骨干,即重点培训村干部、有影响和有威望的村民代表等，起到培养一个带动一批的效果；②精准普法，即利用普法骨干建立农户信息档案，对有违法苗头的农户进行精准识别，采取上门普法的方式，把农民违法行为遏制在萌芽状态；③利用冬闲时间进村入户普法，包括集体培训、发放宣传册和开动宣传车等。

4. 科学与严格执法，逐步解决法不责众的难题

农民违法占地成因复杂，方式多样，必须具体分析。

(1)要以人为本，切实解决符合分户条件的农户违法占地建房问题。对于符合分户条件而又长期分不到宅基地的农户，要从保障其居住权的高度来解决其违法占地问题，即政府要搞好服务，依法为其办理有关审批手续；属于房田合一的，待条件成熟，采取规划引导，政府补贴，农户自愿的方式，逐步实现退宅还田。

(2)要区别对待一户多宅的问题。对于继承房产形成一户多宅的，要解决好《中华人民共和国继承法》与《土地管理法》之间的衔接问题，可以考虑实施有偿退出或有偿使用的办法加以解决；对于"建新不拆旧"形成一户多宅的，要采取加成收费或补贴退出的办法加以解决，切忌强行拆除造成"解决了老问题又酿成了更大新问题"的恶性循环；对于极个别"搞特殊"形成一户多宅的，要依法严肃处理，造成耕地破坏的要追究当事人的刑事责任。

(3)要妥善解决宅基地超占问题。对于历史形成的超占农户，不能视为违法，但也不能视而不见，可以采取激励政策让其退出，或采用有偿使用的办法以体现公平；对于新形成的超占农户，超出部分实施加成收费或依法强行收归集体所有。

2016 年安徽省政协推进农村宅基地制度改革界别协商会会场

2016 年 8 月 11 日，在安徽省推进农村宅基地制度改革界别协商会上发言

11. 以农业转移人口市民化为核心深入推进新型城镇化*

（2016 年）

推进新型城镇化要以农业转移人口市民化为核心，注重提高户籍人口城镇化率。截至 2015 年，我省常住人口 6143.6 万人，其中农村常住人口为 3041.1 万人，城镇化率为 50.5%；户籍人口 6949.1 万人，户籍城镇化率不到 25%，即我省有一半人口已居住在城镇，但户籍还在农村。我省发布《安徽省人民政府关于进一步推进户籍制度改革的意见》一年来，阜阳市到市区落户人口为 6088 人，宿州市为 2927 人，芜湖市仅 1067 人（其中 1000 人属招生落户），霍邱县转户人口为 273 人。至 2020 年，我省要实现户籍城镇化率 35% 的目标每年须转户 100 万人，可谓任重而道远。究其原因，凡是户籍城镇化放宽的地区都是人口外流的欠发达地区，如阜阳市和霍邱县；凡是就业和发展机会多的地区，都是外来务工人员多的发达地区，也是户籍城镇化控制最严的地区，在这些地区打工的农民最终还得回乡。据统计，安徽省每年已有近 50 万名农民工回流。因此，我省要从“建设特色城镇，助推农地流转，造就双向人才”等方面来激活我省农业转移人口市民化。故此建议：

1. 建立产城互动机制，打造区域特色的新型城镇体系

我省淮北平原、江淮丘陵、沿江平原、皖南山区和大别山区等

---

* 这一发言提出：安徽省要从“建设特色城镇，助推农地流转，造就双向人才”等方面来激活农业转移人口市民化，提出的“三互动机制”具有可操作性和指导性。

5 大区域，无论从资源禀赋、地缘优势，还是经济社会条件等都迥异。所以，我省 16 个市在推进新型城镇化进程中不应千篇一律地建新城，而是要因地制宜地构建以市府所在地城市为核心，以县城为节点，以建制镇为基点，以美丽乡村为衬托的“四位一体”的特色新型城镇体系。实践中，要以规划为引领，以区域资源禀赋、地缘优势和经济社会条件等为基础，以户籍人口城镇化率为目标，以产城互动为牵引，将不同层级的城镇建成宜居宜业的引力城镇。产城互动就是以产业发展为平台，充分发挥其在新型城镇化中的承载和承接作用，推动产城互动融合发展。要建立产业集聚区规划与城镇发展规划协调机制，加快推进城镇基础设施和公共服务向产业集聚区延伸、覆盖，实现产业集聚区发展与城镇建设有机对接，杜绝重蹈建“空城”“鬼城”的覆辙。

2. 建立农户与经营主体互惠共赢机制，推进农村承包地流转健康运行

(1) 创新流转模式，激励农民自愿流出承包地

①以“股田制”为主导，建立农民流转承包地收益的长效增长机制。“股田制”就是变农田为股田，农民将承包地的经营权折价入股后流转给新型农业经营主体，并确定股田的保底收益和红利分成比例。土地流转后，农民每年既能获得保底收益，又能获得红利分成，化解了风险；既能被新型农业经营主体聘为职员，又能放心地离土进城另谋职业，解放了生产力。要制定激励和保障政策，逐渐使进城农民融合城镇环境，最终通过一次性补偿等方式释放农地承包权，实现农村承包地由“三权分置”回归“两权分置”，即集体所有，经营主体承包经营。当然，这是一个漫长的过程，不可一蹴而就。

②建立风险金制度，消解农民流转其承包地的后顾之忧。要建立以农业经营主体资格认证为核心的土地流转准入制度。通过

认证后,农业经营主体按规定缴纳风险金方可签订流转合同。风险金要能确保股田的保底收益,只有在农业经营主体“跑路”后方可启用,平时委托金融部门代管,到期付息。

(2)建立健全农业供给政策,培育壮大新型农业经营主体

①要落实相关的土地保障政策。包括设施农用地政策、发展休闲农业的配套用地政策等;放活相关用地政策,如由农业经营主体投资整治的农村村庄用地,在符合规划的前提下,允许其用于发展农家乐等旅游项目。

②要制定向新型农业经营主体倾斜的农业投入政策。包括土地整治、高标准农田建设、农业综合开发和“小农水”等项目要落地土地流转区,既可充分发挥项目效益,还可激发新型农业经营主体投资农业的积极性。今后,非土地流转区,尽可能少安排或不安排国家的农业投入项目,避免投资浪费。

③要制定保障新型农业经营主体发展生产的农业供给政策。包括农业补贴、农业保险、金融和相关税收等政策。

3.建立就业与种地双向培训机制,造就一批新市民和新农民

推进以农业转移人口市民化为核心的新型城镇化,重点要解决“农民进城就业”和“何人下乡种地”的问题,其中的关键是要建立双向人才培训机制。

(1)抓进城农民培训,以就业融入一批新市民

①要针对不同教育背景的农民,进行分类培训,主要包括文化素质、法律与道德、融入城市的知识和技能等。

②要针对有特长的农民进行技能培训,培养一批创业工匠。

③要针对城镇产业进行对口培训,包括就业指导和就业能力培训等,造就一批产业大军。

④要针对失业群体和就业市场需求,进行再就业培训,确保进

城农民安居乐业。

(2)抓下乡种地人员培训,以农业科技锻造一批新农民

①要培训新型农业经营主体。重点对他们进行现代农业科技、管理能力以及农业政策等方面的培训,经考试合格后发给从业资格证书。新型农业经营主体在进行资格认证时,实行从业资格证书一票否决制。

②要培训农业专业人才队伍。重点培养植保、施肥、育种与育苗、田间管理等专业人才,获专业证书后方可从事相关工作。

③制定促进现代农业发展的农业教育与就业政策。农业院校的涉农学科,对立志于农业的莘莘学子,可适度降分录取(录取前签订协议);不仅免收学费,还应给予一定的生活补贴;毕业后必须从事农业,但无论在哪里工作,包括服务于新型农业经营主体,其待遇等同于同级别的公务员;条件成熟的,鼓励其进入新型农业经营主体队伍。

2016 年 11 月 25 日,在安徽省政协新型城镇化进程中农民工市民化问题对口协商会上发言

2016 年安徽省政协新型城镇化进程中农民工市民化问题对口协商会会场

第二章　农业发展

12. 关于发展生态农业的若干建议

（2003 年）

中国人口众多，为了解决温饱问题，多年来一直强调农业高产。随着人民生活水平不断提高，逐渐由温饱型向小康型、营养型转化，必然引起食物结构、生活生产、环境保护等内涵发生变化，即向生态平衡和环境保护转化。农产品的质量问题已逐渐为人们所重视，特别是中国已成为世界贸易组织（WTO）的正式成员，农业将面临着国内和国际两个市场的竞争，从而对农业生产提出了更高的要求和更严峻的挑战。安徽省是农业大省，农业的兴衰直接影响着社会稳定和经济发展。发展生态经济，可以从根本上消解长期以来环境与发展之间的尖锐冲突，它是一条可持续发展的新途径。其中，生态农业是生态经济支柱产业之一，因此，发展生态农业对于安徽省由农业大省向农业强省的跨越，至关重要。

1. 安徽省农业发展中存在的主要问题

（1）环境污染问题。安徽经济正处于高速增长时期，现代化大工业、城市发展和农业的大发展，一方面为社会创造了巨大的财富，另一方面由于滥用资源而带来了环境污染。例如，工业排放"三废"，农业乱施滥用农药、化肥、激素等，造成了水体（河流、地表水和地下水等）、土壤和大气的污染，大量有害有毒物质通过生物链，最终富集于农副产品中，直接危害人们的健康。据报道：中国人骨骼中"六六六"的含量比外国人要高出十几倍！

据统计：1986 年，世界农药用量为 174 亿吨，1996 年为 200 亿吨，2001 年增加到 223 亿吨，其中增加速度以发展中国家为最快。

（2）人地矛盾日趋突出。人们在发展农业生产的同时，片面强调了与天斗、与地斗，忽视了人与自然的和谐。不合理的耕作、过度垦荒、砍伐森林、围湖造地等，造成地力下降、水土流失、土壤退化、土地荒漠化等日趋严重，结果是农业生产投入成倍增加，可耕地面积越来越少。据统计：新中国成立初期，人口为 4.7 亿人，而 2000 年已接近 13 亿人，致使人均耕地由 0.18 公顷降至 0.08 公顷；1949 年，中国每公顷耕地平均只要养活 5.5 人，而 2000 年却要养活 12 人。

（3）农村能源建设滞后，"废物"得不到综合利用。目前，农村解决生活能源，仍然以焚烧作物秸秆为主；有些农民为了耕作方便，干脆在地里将秸秆焚烧，不仅污染了环境，更重要的是浪费了大量的能源、有机质和氮素等；很多地方人畜粪便遍地、蚊蝇滋生等，不仅污染了农村的住宅环境，而且严重威胁着农民的身体健康。

（4）过度垦殖林地，水土流失严重。随着人口急剧增长，经济开发建设的不断发展，毁林开荒，掠夺性利用山地资源，坡耕地面积急剧增加,林草植被遭到破坏。安徽省森林资源集中分布在大别山区和皖南山区,几经大规模的砍伐,山区重点产木材县由20世纪50年代的30个减少到14个,山区天然林数量锐减,森林质量下降,防护林仅占15%,树种多为针叶林,95%以上都是人工林和幼林,新造人工林,林种单一,生态系统脆弱,防灾抗灾能力低。全省现有水土流失面积2.63万平方千米,是20世纪50年代的3倍。据调查,一些山区县水土流失面积要占全县土地面积的50%,其中铜陵市占60%以上。全省每年新增水土流失面积600平方千米,而治理面积仅400多平方千米,年泥沙流失量7500万~1亿立方米,有的河道淤高1~2米,航运里程缩短,梅山、佛子岭、响洪甸、磨子潭四大水库泥沙淤积量达1亿立方米;沿江湖泊大部分淤积,蓄水容积减少20%以上。

(5)耕地面积减少,土地肥力下降。随着人口、经济的发展,非农业用地增加,耕地逐年减少,1979~1996年,全省耕地面积共减少22,463公顷,平均每年减少321公顷,人均占有耕地由新中国成立初期的0.18公顷减少到目前0.07公顷。白色污染、化肥农药的过量使用以及不合理经营方式等造成耕地土壤板结,结构不良,肥力下降。全省中低产田面积占耕地总面积的2/3,有40%的农田有机质含量不到10克/千克。

2. 安徽省发展生态农业的对策建议

(1)根据全省区域自然与社会经济特点,划分生态农业区,确定发展模式和重点具体要求成立专业调查队伍,深入实际,找准问题,编制规划,制定目标,分阶段实施。

(2)确定正确的农业发展方针。目前,农业生产上出现了一些误区,如一提到施化肥和农药,人们就认为污染了环境和农业产品;一提到施有机肥,人们就称为有机农业等。英国洛桑实验站

180 多年的实验证明：施有机肥加化肥生产的农产品，不比单施有机肥生产的农产品品质差，但其产量要比单施有机肥高得多。因此，随着人地矛盾的突出，提高农产品产量和品质必须并重，为此，发展农业还是要走“以有机肥为主，配合使用化肥，适时、适量、有针对性地施用高效、低毒、低残留的新剂型农药，实施物理防治、生物防治和药物防治并重”之路，其中的关键是科学指导，确定标准。

(3)科学指导，确定标准。实施生态农业，必须依靠科学技术。首先，要加大科技投入，全面推广“秸秆生态利用技术”；其次，要制定激励政策，鼓励农业教育与科技人员，深入农业第一线进行农技推广和培训农民科技推广队伍，建立和恢复农技推广网络；最后，要尽快制定出农产品中农药、化肥、激素等残留量的极限标准和作物施肥、用药的技术标准等，做到产前抓源头，产中抓指导，产后抓质量。

(4)建立样板，以点带面。政府要加大科技示范与推广的投入力度，做到“硬件搭台，科技唱戏”，即政府既要投入资金，对生态环境进行修复与保护，同时要注重农业发展，逐步实现生态经济的农业发展目标。

(5)市场运作，行政援助。发展生态农业，是一个复杂的系统工程，它涉及农产品的生产、加工、运输、营销以及生态环境等各方面，故光抓生产上的科学技术应用，保证农产品的质量还不行，还必须要预测市场，尤其是面临加入 WTO 后的国际竞争冲击，政府必须制定政策，从宏观上加大对农业的援助和引导，使农业发展逐步适应市场。对一向从事生态农业的先进模范单位，政府要给予必要的政策和财政扶持，鼓励社会各界积极加入生态农业建设的行列。

(6)开展土地生态设计研究，积极改造中低产田。土地生态设计是在研究土地类型结构和演替规律的基础上,根据生态学原理,从促进土地正向演替的角度出发,建立由人工调控的自然、社会和经济复合的土地生态系统,并在其运转过程中使自然结构、社会结构和经济结构相互促进,从而不断地从土地取得更多的物质财富。安徽省中低产田面积大,砂姜黑土、红(黄)壤等低产土壤占有较大比重,而且各部门争地矛盾仍较突出,所以,应组织土地、生态、经济、技术、管理等多方面专家合作,对砂姜黑土、红(黄)壤、工矿塌陷地等开展土地生态设计研究,逐步摸索方法,积累经验,分期治理,改造中低产田,提高现有耕地的生产水平。

(7)治理污染,保护耕地资源,实现土地的可持续利用。安徽省污染比较严重的是水域污染,主要由工业污水的排放所引起。因此,要对大江、大河流域的污染企业,进行综合治理。对效益低,污染重的企业,该关闭的要坚决关闭;对一些大企业,必须要对污水进行处理,达标排放;对一些新上马的企业,要在治污系统健全后才能生产,否则应坚决不予批准生产。对污染严重的水源,在未治理前,应向农民做好宣传、教育工作,尽量避免用污水灌溉农田,否则,土壤一旦污染就很难逆转。

(8)制定法律、法规,狠抓全民素质教育与提高,使发展生态农业成为国民的自觉行动。围绕生态农业,各级人民政府要制定出配套的法律、法规,把此项工作纳入法制化管理轨道;要建立健全相关的执法队伍,杜绝遇事互相推诿现象。在全面推广和实施生态农业的同时,必须促进基层干部的文化素质和政策水平的提高,以此带动全民素质的提高。根据蚌埠市的经验,可以把农业院校的大专毕业生下派到乡镇担任科技副乡(镇)长,有的可下派到村一级担任主要领导。

13. WTO 与安徽省农业产业结构调整的若干建议

（2003 年）

1. 建议提出的背景

中国已于 2001 年 11 月 10 日，正式成为 WTO 成员。因此，中国的农业将面临严峻的挑战和难得的机遇。中国农业的发展，必须做到扬长避短，充分利用国内、国际两种资源和两个市场，即适当压缩土地密集型产业，进口土地密集型产品，利用国外的水土资源为我国生产粮食等大宗农产品；大力发展劳动密集型产业，如无公害蔬菜、水果以及畜产品等，出口抢占国际市场，就等于出口了劳务，增加了就业渠道。所以，全面推进农业产业结构调整，发展区域支柱产业，就成为当今中国农业发展的重大战略选择。

农业和农村经济的战略性结构调整已经进行了将近三年，其成效有目共睹：农业结构进一步优化，农产品品质提高，经济作物、园艺产品面积增加，畜牧水产业发展加快，区域布局、产业分工的格局已见雏形。农业的效益和农民的收入不断提高。

尽管结构调整成绩喜人，但是，我们也不难发现：不少地方结构调整还存在盲目性，市场信息不灵，农产品深加工能力低，城市化进程滞后，农村剩余劳动力转移困难，农民增收仍然步履艰难。

安徽省是个农业大省，同时也是个农业弱省。为了改变农业这个弱势产业，实现由农业大省向农业强省的跨越，全省上下都行动起来了，都把农业产业结构调整当作解决“三农”问题的“金钥匙”。

解决“三农”问题，是落实十六大战略部署的重要内容，是实践“三个代表”重要思想的重要组成部分，而农业产业结构调整是解决“三农”问题的战略举措。但是，农业产业结构调整不能“放卫星”，不能瞎指挥，必须要尊重客观规律，尊重农民的意愿，做到“因地制宜和因市制宜”相统一，即“不是市场上需要什么，地里就种什么；而是根据土宜情况，结合市场需求，指导结构调整”。本建议就是基于这一思路提出的。

2. 安徽省农业产业结构调整存在的问题

（1）缺乏规划。安徽省农业产业结构调整，因为缺乏区域性规划，导致了一哄而上的局面，在一定范围内搞重复建设，大面积地调整种植比例，造成了人力和财力的浪费，农产品比例失调，质量下降，一些农产品过剩，一些农产品短缺。如很多地方，一提调整，就是不种粮食种蔬菜，或是开挖鱼塘搞养殖，结果是农产品商品率低、效益低，农民的积极性受到了极大的损伤，再回过头来搞调整难度大、阻力大。有些农民甚至于产生了逆反心态，即领导叫种的不种，不叫种的反而种。再如，一些地方没有根据当地的资源和生产条件，制定反映区域特色和资源优势的农业结构调整规划，农民在调整结构上“分散”“单干”现象突出，很不利于形成有规模、有市场竞争力的支柱产业和主导产品。

（2）过于单一。安徽省农业产业结构调整，大都局限于种植业内部的产业结构调整，没有把整个产业链延长，如与匹配的农业科技、市场、加工和销售等脱节，造成盲目调整种植比例，产品优势变不成商品优势。如2001年合肥的“西瓜风波”，合肥市鼓励市民吃“爱心瓜”的情景，人们至今记忆犹新。

（3）农民的行为与政府的方案不协调，“政府主导”的倾向过重。农民追求的是增加收入，政府追求的是发展地方经济，由于两者之间的责任、目标有差异，因此常常发生矛盾。一些地方政府习惯于计划经济体制下的领导模式,不自觉地充任结构调整的主体,采用分解指标等行政手段,将农业产业结构调整简单化为“面积调整”,忽视了增收这一根本目标。

(4)科技支持力量薄弱。主要是科研开发工作力度不大,农民急需的高产优质品种仍然缺乏;一些乡镇农技站非技术人员偏多,而且大部分时间忙于本职任务之外的“中心工作”,难以集中精力实施科技推广与服务。尤其是农技站资金与设备普遍匮乏,自身的业务培训、学习不正常,人员知识老化,远不能适应新阶段农民对科技服务的要求。例如,江淮分水岭易旱地区,适宜推广种植耐旱、高产、优质的丰穗高粱,其产业链长、产量高、质量优,但缺乏科技推广人员。

(5)市场信息体系和农产品质量标准监测体系建设滞后。农民在调整结构中对种什么、种多少、卖到哪、卖给谁等问题心中没数。同时,由于缺乏健全的农产品质量标准检测体系,农民不能严格按标准从事生产,流通、加工企业也难以进行准确的质量认证,农副产品实现优质优价还存在不少困难。如我省大规模地种植优质水稻、小麦和油菜,很少有收购部门按“优质优价”去收购,农民蒙受损失后,对品种的认识,只有“高产”意识,没有“优质”意识。

(6)资金不足。一些农业大县财政穷、农民也穷,资金投入不足已成为当前制约农业产业结构调整的重要因素。

(7)管理体制不协调。目前,农业生产由农业部门负责,收购由粮食等部门负责,加工由工业部门负责,而政府又由不同的行政首长分管,职能分割,看起来似乎谁都管,实际上谁管的都很有限,更不能从头管到尾,致使农业无法形成一个完整的产业链,产品的开发和产业升级难度较大。

3. 对策与建议

(1)进行农业资源普查,编制区域规划。在农业产业结构调整中,进行科学的区域规划,不仅避免了结构调整中的盲目性,而且充分地利用了地域优势,挖掘区域经济发展的潜力,创立地方支柱品牌产品,发展农业特色经济。具体应组织农业资源调查的专家队伍,在摸清全省土地、气候、种植习惯、市场供给、交通能源、基础条件等生产要素的基础上,进行科学规划,使农业生产形成专业化、区域化的格局,尽量避免一哄而上、一哄而下、一哄而散等无成效的农业结构调整。

(2)尊重客观规律,尊重市场规律,尊重农民意愿,强化政府宏观调控和服务职能。调整农业结构要充分尊重农民生产经营自主权,不能搞“一刀切”;要通过发展农村专业合作经济组织和“公司+农户”等产业经营的方式,提高组织化程度,把分散经营的农户同大市场连起来,带动农业结构调整;要积极引导和支持乡镇企业面向国内外市场调整结构,提高管理水平和技术水平。

产业结构调整必须突出因地制宜,积极引导,发挥当地的优势,做到“靠山吃山,靠水吃水”,防止人云亦云,政府领导瞎指挥、搞行政命令。特别强调的是:不要一提调整就不种粮食,中国13亿人口的吃饭问题,不能全盘依赖进口粮食,这是一个关系到国家安全的大问题。所以,农业产业结构调整,作为政府部门就是要建立有效的宏观调控机制,通过项目、资金、信贷和优惠政策等手段进行宏观调控,引导农民自觉地去进行结构调整。

(3)加快城镇化促进工业化,通过工业化带动产业化,进而引导农业产业结构调整。①实施积极的城市化发展战略。根据安徽省的实际,应在现有的基础上,加快各大中城市的基础设施建设,增强其辐射力和“蓄水池”的功能,既能培育大市场,又能吸纳农村剩余劳动力跨区域转移;因地制宜地发展建制镇,培育和壮大以农产品加工业为主的龙头企业,增强其竞争能力和带动能力。发展农产品加工业,一要对现有的小型加工厂通过技术改造和资产重组,形成技术水平较高的农产品加工集团,提高产量和质量;二要在食品加工研究的基础上,加快新产品开发步伐,创建新的食品加工企业,开拓新的市场;三要加快农产品及其加工品的储运、保鲜技术研究和应用,尽早赶上国际水平,提高农产品综合竞争力,迎接加入 WTO 的挑战,保护我国农产品的平衡、健康发展。要把企业的经营管理方式引入农业的生产和经营,提高专业化、规模化和集约化水平;实施"企业 + 农户 + 基地"的农业产业化发展战略,全面带动农业产业结构调整,以壮大县域经济。②培育支柱产业。各地应根据龙头企业和市场需求状况,发挥本地特色优势,培育诸如粮油、蚕桑、茶叶、畜禽、水产、林果、蔬菜等主导产业。③拓展生产基地,像铜陵的白姜,金寨的茶叶、板栗、高山蔬菜、山野菜等,市场潜力大,生产基地发展潜力大,但目前的生产规模偏小。④发挥市场在资源配置中的基础作用,变资源优势为经济优势。

(4)深化认识,特别是政府领导的认识。面对我国加入 WTO 后的机遇和挑战,安徽省农业要求得生存和发展,必须要在思想上深化认识。①对农业产业化经营的认识,即要把握农业产业化经营的科学内涵,真正认识到农业产业化经营是农业产业结构战略性调整的主要推动力,对优化农业的品种和产业结构,带动农业的规模化生产和区域化布局具有重要的作用;真正认识到农业产业化经营是提高农产品竞争力的有效方法,有利于产加销的联结,有利于农民组织化程度的提高,有利于标准化生产,有利于实施品牌战略。目前,我省能起这样作用的龙头企业还十分缺乏,说明农业产业发展任重而道远,不要认为有意识了就行,关键要落实到行动上,要提到各级政府的议事日程上。②在方法上的认识。政府要突出引导作用,即引导农民跳出四个圈子:一要跳出小农业的圈子,调整农业产业结构要着眼大市场、大流通、大农业;二要跳出小而全、自求平衡的圈子;三要跳出以调整种植业、种植比例单一的圈子;四要跳出产业与产业化服务脱离的圈子。③资金投入上的认识。农民很朴素,讲的就是实惠,看的是效益,大部分人不愿意第一个吃“螃蟹”。因此,政府可以拿出一部分财政资金,搞试点、示范,通过试点、示范,辐射、带动产业结构调整和升级。遗憾的是,安徽省科技厅只有科学研究项目,没有科技示范与推广项目,既然是科技厅,应该把“技”的发展作为21世纪的首要内容来抓。

(5)建立农产品质量标准和认证、创新体系。由于历史的原因,安徽省至今尚无一套完整的农产品质量标准和认证、创新体系,大量的农产品处于无标生产、无标上市、无标流通的混乱状态。因此,尽快制定农产品质量标准及相应生产技术体系,对于优化农业产业结构,全面提高农产品质量,占领国内、国外农产品市场,促进农村经济持续稳定发展,具有战略意义。

建立和完善农产品的质量标准认证、创新体系,要以提高农产品质量为中心,以市场为导向,充分考虑市场供求平衡关系,确保满足广大人民群众的需要。结合国际标准,立足于当前,突出重点,统筹兼顾地开展工作,通过标准协调消费、流通、生产之间的关系,为占领国内市场,参与国际竞争,开拓国际市场夯实基础。首先是省、市要组建相应机构,制定和完善农产品地方标准和创新计划;其次是建立和完善优质标准和创新计划信息网络,通过信息高速公路及时发布和修正信息;最后是政府要加大指导力度,增加工程投入,确保此项工程的顺利进行。

(6)培植流通主体。调整农业产业结构无疑是给农产品优势注入了一剂强心针，培育流通主体和建立完善流通体制，对于农产品的生产和市场销售具有特殊的凝聚和黏合作用。而目前在我们农产品的流通中还存在数量多、规模小、流动性大、组织化程度低、兼业性强等问题。因此，在调整农业产业结构中，培育流通主体是非常关键的。相关部门应加强宏观指导，制定统一的优惠政策、资金扶持，理顺管理体制，建立农产品流通法规等。加大培育流通主体，特别是建设好农业服务体系，建立和完善农业信息系统，并依托农业服务体系，搞好农产品的产前和产后服务，建立农产品流通集团、托拉斯及相当规模的批发市场，使农业产品优势变为商品优势，提高其比较效益，促进农业产业结构调整高速、健康、顺利进行，走出一条中国特色的农业产业化道路。

(7)创新机制。①土地流转制度的创新。现在一家一户地搞调整是非常困难的，必须形成规模生产的格局，结构调整才能见到成效。要建立土地使用权、经营权的转让制度，土地使用权还可以折价入股，实现风险、利益共担。目前，我省部分农村在这一方面已经有了较为成功的探索，要总结经验，进行超前研究，创造条件，尽快实现农村土地流转制度的创新。②合作经营机制创新。要积极建立新型的合作经济组织，经营必须集中，才能有市场竞争力，而分散不会有力量，形不成集聚效应。龙头企业、农村经纪人、种植业大户、养殖业大户要发挥集聚作用，将农村生产能力集中起来，进行面向市场的经营组织，进行深度加工，提高产品的科技含量和附加值。农民的生产可以是分散的，但经营和加工必须集中，否则就不能适应市场的需要。③建立科技创新机制。大力发展新型的服务型中介机构，发展和推广农业科技。大力实施三项创新工程，即品种、技术、质量三项创新工程。品种的生产要走专业化、科学化道路，使农产品的科技含量得到较快的提高。

14. 关于建立农业“12120”的建议*

（2003 年）

农业“12120”（类似于医院的“120”救护中心，寓意一年 12 个月都有“120”），可以迅速组织有关农业专家，赶赴农业生产一线，解决农业生产中出现的诸多问题，如大灾之年的生产自救决策问题、病虫害防治问题、假冒伪劣种子、农药和化肥等识别问题，反应快捷、灵敏，解决问题针对性和实效性强。因此，建立农业“12120”，是建立健全农业社会化服务体系的重要环节，是实实在在地对农业的投入和支持，是加快农业科技进步的重要举措，是为

---

* 1999 年的夏天，安徽省肥东县解集乡粮油高产示范田的水稻发生了严重的虫灾，农户们打电话、捎口信请我，可是不巧，正赶上我出差在外，联系不上。乡村干部和农户心急如焚，周折了好几天，还是派专人到省城找另外一位专家，才解决了问题。事后，乡农技员潘立仁对我开玩笑地说：“你要是有热线就好啦！”

2001 年春，我在肥东县主持推广优质无籽西瓜嫁接栽培技术，八斗镇瓜农、安徽省人大代表吴明生家的瓜田成了示范点。从西瓜育苗、嫁接、栽培、田间管理到成熟，只要吴代表一个电话，我会带领有关专家及时赶赴现场，解决西瓜生产过程中的道道难题。看着我们忙碌的身影，吴代表说：“要是咱农民种田都能像这样，遇到难处，电话一打，教授就来，那该有多好啊！”说者无心，听者有意。我想，这件事若真的能成为现实，那真是为农民办了一件大事、一件实事！2003 年 5 月，我以合肥市政协委员的身份，向合肥市政协提交了一份社情民意，就是《关于建立农业“12120”的建议》。

合肥市政协提案委员会认为这是一篇很有价值的社情民意，并经过安徽省政协报全国政协。2003 年 8 月 3 日和 9 月 1 日，《人民政协报》先后两次刊载了该社情民意的全文和专题报道；《团结报》等报刊也先后做了报道。2004 年 11 月的一天，时任合肥市副市长安列轻车简行来到安徽农业大学校园。安市长笑着对中共安徽农业大学党委书记和校长说：“我今天是来拜访你们学校的一位政协委员於忠祥教授，听听他对科教兴农和合肥发展现代农业的意见。”在接待室，安市长握着我的手，对在座的人说：“他在政协会上说，不一般地提提案，不提一般的提案。农业‘12120’就不一般，是个好提案，我记住了，会敦促市财政局、农委尽快付诸实施。”

农民办好事、办实事，是党对农村、农业和农民政策的具体落实，真正体现了中共执政为民的本质。

1. 服务农业和农民的需要

目前，我国很多农业基层相关部门由于多种原因而不能行使其职能，如土肥站、植保站和农技站，如今成了肥料、种子、化肥、农膜和农药等的经销站，农业科技推广队伍缺损严重，力量相当薄弱。因此，我国应充分发挥现在的交通优势，借助于各大专院校和科研院所的科技力量，弥补农村科技力量的不足。但是，各大专院校和科研院所的专家、教授不可能天天深入农村，更不可能及时掌握哪一处农业生产出现了哪一类问题，如水产养殖问题、家禽家畜的疫病问题、农作物病虫害问题等。与此同时，农业生产出现问题具有突发性和紧迫性，面对问题，农民束手无策，却无法联系到专家教授。建立农业“12120”，为农民与专家教授之间搭起了科技服务的桥梁，具有极好的经济效益和社会效益。

2002 年 1 月至 6 月，本人与安徽省人大代表、肥东县八斗镇农民吴明生建立了电话热线联系。在西瓜生长发育期，我先后 20 余次应约带领有关专家及时赶赴田间地头进行现场指导，解决了特早熟无公害西瓜生产标准（生产基地的选择、肥料配置及施用、病虫害防治方法等）、电温床育苗、炕床育苗、嫁接育苗及接穗断根、连阴雨后暴晒导致死苗、棚室西瓜病害防治等一系列技术难题，确保了西瓜 5 月中下旬上市，比常规西瓜提前近 1 个月上市，经济效益和生态效益俱佳，吴明生称赞我们是农业“120”！

2. 加速农业科技成果转化的需要

农业科技成果转化难是我国农业发展的制约因素之一。寻其原因无外乎是信息不灵，即农民或农业企业不了解哪些技术是适应的技术；科技人员不了解自己发明的技术哪里需要。农民或农业企业有关人员通过拨打农业“12120”或上农业“12120”信息网，就可以获得信息咨询等相关服务，及时掌握优良品种、技术信息和市场信息等；专家教授可以通过农业“12120”，了解技术需求信息，有针对性地寻找技术需求方，可以使科技成果及时转化为生产力。

3. 加入 WTO 对农业实行绿色补贴的需要

为了削减和规范国内支持，完善竞争机制，WTO 农业协议把国内支持分成两类：一类是“黄色补贴”，包括那些必须承担削减义务的补贴，它能够产生贸易扭曲，因而需要减让。另一类是“绿色补贴”，指那些许可使用、不必承担削减义务的补贴，它不会引起贸易扭曲，包括病虫害控制、救济自然灾害的开支、农业人员培训服务、优良品种的推广服务等支出，以及政府在实现其农业现代化目标时，所采取的更加灵活的农业支持政策措施等。所以，对建立农业“12120”的投入，属于绿色补贴，符合 WTO 农业协议。

4. 发展无公害农产品生产的需要

时下，中国人的食物结构开始由温饱型向安全型和营养型转变，农产品的质量问题将越来越受到人们的关注，即只有优质的农产品才有市场竞争力，才能提高农产品的商品率和价格，农民的收入才能提高，所以发展无公害农产品生产已经成为一种时尚。无公害农产品生产至少要严把“三关”，即生产基地、生产过程以及市场准入，均需有一定标准。农民生产无公害产品只要拨打农业“12120”，有关专家教授可以随时赶到现场指导生产。

综上所述，建立农业“12120”，解决问题具有针对性、及时性和实效性，有利于适时、适量、有针对性地施用化肥和农药，具有防患于未然的效果，可降低农业生产风险和生产成本，发展无公害农业。为此建议：

(1)政府有关职能部门，如科技、农业或农业开发部门，成立机构，建立专家库；或由政府财政部门根据各地情况，拨出专款，委托相关大专院校和科研院所承担这项工作，政府有关部门成立监督机构，全程监控。

（2）向广大农村发布信息，公布热线联系方式（如安徽省合肥地区，可用0551—12120），欢迎并倡导广大农民参与。

（3）有条件的地方，应配置农业“12120”专车，以提高服务的时效性；农业“12120”亦应根据当地情况，及时把病虫害预报结果、家禽家畜疫情预报结果以及相关信息通报给基层政府，实现“以防为主，防治结合”。

（4）建立农业“12120”信息网站，及时向农村发布信息，或接受农民咨询。

（5）向农民做出承诺，并接受社会监督。

上述想法若能实现，必将对“三农”事业的发展起到“催化剂”的作用，上可为政府分忧，下可为百姓解愁，是一项德政工程，是“三个代表”思想在农村的具体实践。

民意周刊

建立农业“12120”

A2

人民政协报

创新工作思路 合力延伸办案

福建省政协延伸办理提案取得

民革安徽农业大学主委於忠翔建议

建立农业 120 让专家及时助农民

呼和浩特市政协建言生态建设

转变传统经营方式 开辟新的增收渠道

15. 关于进行无公害农产品生产基地调查与规划的建议*

（2004 年）

1. 导语

中共十六大报告强调要“健全农产品质量安全体系，增强农业的市场竞争力”。这表明，中共中央十分重视农产品的质量安全问题和农业的市场竞争问题。

自中共十三届四中全会以来的 13 年间，中国人民的生活已总体上达到了小康水平，居民的生活质量普遍提高，食物结构开始由温饱型向安全型和营养型转变，农产品的质量问题将越来越受到人们的关注，即只有优质的农产品才有市场竞争力，才能提高农产品的商品率和价格，农民的收入才能提高，所以发展无公害农产品生产，不仅是党中央的战略决策，也反映了全国人民的迫切愿望，是贯彻“三个代表”重要思想的具体体现。

2001 年 11 月 10 日，中国已成为 WTO 成员。中国政府承诺，加入 WTO 后 30 天，将遵守 WTO 关于卫生和动植物检疫标准，这对中国农业生产提出了更高的质量标准，即农产品如果不符合质量检测标准，将不能打入国际市场，相反国外的农产品还要挤占国

* 本人对无公害农产品关注较早。2004 年，受民革安徽省委委托，本人与时任民革安徽省委宣传部长陈杰一起，率领“无公害农产品生产基地”专题调研组，先后赴金寨县、铜陵市、和县、淮北市和怀远县等地进行调研。本人负责调研报告的撰写与定稿，最后提交民革安徽省委，经提炼形成安徽省政协大会发言材料，由时任民革安徽省委副主委李志远教授代表民革安徽省委在政协大会上作口头发言。

内市场。所以,发展无公害农产品生产顺应了国际市场竞争的趋势。

为了实现由农业大省向农业强省的跨越,积极应对加入 WTO 后对农产品生产的冲击,提高农产品市场竞争力,安徽省已把发展无公害农产品生产作为发展农业经济的一个切入点。

无公害农产品生产至少要严把“三关”,即生产基地、生产过程以及市场准入。其中,生产基地是前提,没有“净化”的生产基地,即使后两个过程再严格,也无法实现农产品的“无公害”。如中国在 20 世纪 60 ~ 80 年代末,曾一度向农田大量施用高残留的“六六六”粉,受到污染的土壤,生产过程再严格也生产不出无公害农产品。因此,发展无公害农产品生产,首先是对生产基地进行调查与规划,包括土壤、水源和大气等,这是无公害农产品生产的关键点,同时也是安徽省无公害农产品生产的忽略点。

2. 安徽省无公害农产品生产基地建设现状

农产品质量安全已成为安徽省当前农业和农村经济发展面临的突出问题,是安徽省农业参与国际竞争的“瓶颈”。安徽省农用地面积超过了 1000 万公顷,其中耕地近 600 万公顷,园地约 40 万公顷。截至 2002 年 12 月,全省只有茶叶、水产、禽蛋、粮食、植物油、蔬菜、山野菜 7 类 115 个农产品被批准认证为“安徽无公害农产品”,建设并经认证的无公害农产品的生产基地仅 14 个共 1 万多公顷、产量 5 万吨、鸡蛋 500 万枚。

发展无公害农产品生产虽已形成了氛围,但绝大多数是“抓住了中间,忽视了两头”,即只强调生产过程,没有抓基地检测和市场准入。如和县制定了胡萝卜等 16 种农产品生产技术规程;铜陵市制定了《铜陵市无公害农产品标准化生产技术》等。目前,安徽省无公害农产品生产可以说是“氛围浓,动作小,问题多”。

（1）注重产品认证，忽视基地认证。安徽省最近出台了《安徽省无公害农产品管理办法》，对申请使用安徽无公害农产品标志的程序做出了规定，即所有农产品必须由生产者申报，是先有产品后看产地，证书和标志的有效期限为3年，所有费用由申报者自己承担。由于农业生产的不确定性，今年生产辣椒，明年可能生产番茄，后年可能生产黄瓜，这样的产品认证可操作性不强，甚至会造成对基地的重复调查，增加了费用，降低了效率，不仅给生产者增加了负担，而且挫伤了生产者的积极性。产品认证的结果，造成了生产基地分散，生产标准无法统一。

产品认证的另一个弊端是局限性。目前，安徽省对无公害农产品的认证，仅仅停留在蔬菜、水果和茶叶上，而消费量最大的大宗农产品几乎没有。如位于铜陵长江北岸的普济圩农场，面积超过了5000公顷，生产的“金迈牌”优质大米很畅销，但并没有经过认证。大别山区和皖南山区，分布着优质牧草地资源和水库资源，至今仍被冷落。可以断定，这些地区生产的畜产品和水产品，甚至于达到了有机食品的标准。

（2）政府行为强，生产者能力弱。无公害农产品之所以受宠，是由于两个方面的动因：①社会需求，即如果是无公害农产品，消费者愿意花高价去购买；②利益驱动，即无公害农产品不仅市场竞争力强，而且价格高，于是乎销售者就打着无公害的招牌出售农产品。消费者无法识别真伪，政府必须出面干预，即通过认证向消费者承诺。凡没经过认证的农产品，即使达到了无公害标准也不能以无公害的名义进入市场。作为生产主体的农民，不可能每个产品都要花钱去认证，所以，他们有意识无能力，致使无公害农产品生产往往流于形式，或停留在局部的示范区、科技园等，不能形成气候。

(3)多头管理,互相扯皮。牵涉无公害农产品的管理部门至少有4家,即农业部门、技术监督部门、工商部门和环保部门。有利益大家上,花钱的大家推,导致“雷声大,雨点小”。

(4)基地建设不规范,导致有关无公害标准不能执行,或难以执行。①规模问题。据调查,我省无公害农产品生产基地规模大小不一,几公顷、上百公顷不等。如铜陵有机姜生产基地,仅有40公顷,且散布于8处,每处约5公顷。规模过小、过于分散,增加了对生产过程监控的难度。②土壤问题。目前,我省究竟哪些土壤适宜生产无公害农产品,没有进行过调查、评价和分级,导致了认证无目标,生产无级别,消费难选择。③灌溉水和大气检测缺乏连续性。一般只对所选的点检测1~2次,不能反映全年的质量状况。④选点问题。一些基地建设,只考虑交通、区位、土地平整等有利因素,不考虑土壤、大气、水质等是否污染,结果是花费了大量的人力、物力和财力,生产的农产品却难以实现无公害的标准。经市场抽样调查,某市郊区生产的蔬菜农药残留超标率达47%。⑤投入问题。主要体现在两个方面:一是为了上项目、争取政府的资金投入,普遍出现无公害农产品生产基地建设过程中“小而全”和“大而全”的情形。“小而全”没有规模效益,最后都成了“花瓶式”农业;“大而全”因为地方配套资金不到位,或数量不够,最后都实现不了“无公害”标准。二是劳力投入少,重化肥投入,轻有机肥的积累,结果造成了土壤有机质剧减,大量的有机肥源浪费。

(5)我省大多数基地基地管理和宣传力度不够,都是重建设、轻管理;由于宣传力度小,导致消费者有需求,生产者以次充好。因此,通过调查,摸索出一套科学的管理模式尤为必要。

3. 无公害农产品生产基地规划的意义和必要性

(1)意义。①有利于减轻农民负担,全面推动无公害农产品的生产，充分体现了公平与效率的统一。由政府建立专项资金，组织高层次的专家队伍，对全省无公害农产品生产基地资源进行调查，并按统一的标准进行规划，这不仅摸清了无公害农产品生产基地的家底，而且提高了基地建设的质量，发挥了社会主义集中力量办大事、快办事的优越性，体现了效率优先的原则；中国农民自新中国成立以来，通过农业“剪刀差”，已向国家奉献了6000亿～8000亿元人民币，现在我国有能力反哺农业了，又赶上了中国加入了WTO，限制了能造成价格扭曲的农业补贴，而通过财政资金进行基地调查与规划，属于科技补贴，符合WTO的“绿箱补贴”政策，体现了兼顾公平的原则。因此，本提案若能付诸实施，既减轻了农民的负担，又加速了无公害农产品生产基地建设的进程，实现了“双赢”。②促进了农村产业结构调整，推动了可持续农业的发展。在基地调查的同时，摸清全省“名、特、优、稀”农产品品种资源，并在基地规划的基础上，提出农业产业布局的战略设想，调整不合理的农业产业结构，杜绝掠夺式的经营方式，实现农业的可持续发展。③促进了农业和农村经济的发展，全面推动了农村小康社会的建设。在无公害农产品生产基地资源调查与规划的基础上，进行基地认证，避免了产品认证的分散性和不确定性。生产者只要严格控制生产过程污染，就能生产出安全、优质的农产品，同时配以严格的市场准入制度，保证“优质优价”，农业就可以全面发展，农村经济就会全面繁荣，农村小康社会就会全面建成。④节约了人力、物力和财力，实现了基地建设的规模化。实行分散的产品认证制度，势必造成分散申报、分散调查、分散认证，甚至会造成重复调查，浪费了人力、物力和财力。同时，造成了基地认证的规模小，区域产品少而全，形不成拳头产品，发挥不了优势。而对全省无公害农产品生产基地资源进行全面调查，实施一次规划，分步认证,重点突出,优势明显,形成"一区一优"(一个区域至少有一个主导优势产品)的规模经营态势。

(2)必要性。一是规范无公害农产生产基地建设、防止滥用无公害农产品标志的需要。通过对基地的调查与规划,并向全社会公示,既为无公害农产品的认证提供了依据,也为消费者提供了消费信息。凡不在规划区范围内的基地,有关部门不予认证。二是保障食品安全、为了人民健康的需要。随着人们生活水平的提高,无公害农产品将很快成为一种消费时尚。无公害农产品生产,基地是基础,没有符合标准的生产基地,即使是"不施化肥,不打农药,不上激素,不用添加剂",也不能生产出无公害农产品。三是发展农业产业化、提高农产品附加值的需要。无公害农产品生产基地必须要有一定的规模,否则一家一户的零散经营,无法实现统一生产、统一管理、统一标准。因此,只有通过龙头企业带动或市场带动等,才能推进土地的流转和集中,这正是农业产业化发展的必然趋势。通过龙头企业、市场等运作,实现农产品的生产、保鲜、加工、销售等一体化经营体制,大大提高了农产品的附加值。

4. 若干建议

(1)改革认证制度,改"产品认证为基地认证"。首先,组织有关专家对安徽省现有的无公害农产品生产基地和适宜无公害农产品生产的资源进行调查、研究;其次,运用调查、研究成果,对它们进行评价,主要包括土壤条件、水源条件和气候条件的评价;再次,通过评价确认我省适宜生产无公害农产品的范围;最后,在上述工作的基础上,本着"因地制宜"的原则,编制"安徽省无公害农产品生产基地规划",在规划的基础上对基地进行认证。凡经过认证的基地产出的农产品,只需经过检测,配以市场准入制度,无须再认证,这样,就抓住了源头,简化了程序,提高了效率,减轻了生产者的负担。

(2)提高政府领导认识,尤其是省级领导的认识。这样,资金问题就解决了,部门之间的扯皮现象就杜绝了。对无公害农产品生产基地进行调查与规划,是个带有全局的战略问题,仅靠哪个部门是解决不了的,必须呼吁各级政府予以重视。可以这样说,对于无公害农产品生产基地的规划,部门和专家的认识,比领导要早。从目前的现状来看,我省不能微观地抓战术,而要宏观地抓战略,即要做好基础工作。

(3)成立组织。建议成立安徽省“无公害农产品生产基地规划”领导小组,领导小组下设办公室,负责日常工作。由领导小组牵头,办公室承办,成立由农学、地学、环保、气象、农业经济、生态经济等有关专家组成的技术队伍,负责“规划”的技术工作,技术组与领导组要签订责任状。

(4)设立专项资金。建议省财政部门设立项目专项资金,以保证野外调查、资料收集、规划编制与评审等顺利进行。

(5)提供政策保障。建议省有关部门,以文件的形式下发至各市、县有关部门,要求全省各地积极支持和配合技术组的野外调查工作,提供相关资料,解决一些技术组自身难以解决的困难和问题,为调查工作提供政策保障。

(6)建立动态监测机制。对认证过的生产基地,建立动态监测机制。通过定期或不定期的环境检测等措施,发现基地环境退化,视退化程度采取不同的处理措施。如果是轻度退化,要给予警告,要求经营者停止不合理的经营方式。如果是重度退化,要查明原因,属于外因的,经专家估算出修复的投入资金,由当事人如数支付;属于自身原因的,要求其进行修复,资金由自己筹措。无论何种原因导致基地重度退化的,均取消其无公害资质,直至其完全修复。

16. 建立农技推广与农业教育网络 加快和谐合肥进程

（2006年）

中国共产党十六届五中全会通过了《中共中央关于制定国民经济和社会发展第十一个五年规划的建议》，指出“建设社会主义新农村是我国现代化进程中的重大历史任务，要按照生产发展、生活宽裕、乡风文明、村容整洁、管理民主的要求，扎实稳步地加以推进。要统筹城乡经济社会发展，推进现代农业建设，全面深化农村改革，大力发展农村公共事业，千方百计增加农民收入”。建设社会主义新农村的首要问题是“三农”问题，“三农”问题归根结底是农业，农业的根本问题是农业科技的创新与推广。

农业技术推广是将农业科学技术应用于农业生产，是农业增产、农民增收和农村经济繁荣的基础和原动力。目前，我市已经进入全面建立和谐社会时期，在科学发展观的指导下，坚持“五个统筹”是建立和谐社会的基础。和谐社会首先应该是城乡的和谐，即城市发展了，但乡村却相对落后了，就谈不上和谐社会，因此统筹城乡经济的协调发展是打造和谐社会的首要条件，而实现城市支援乡村、工业反哺农业是实现城乡统筹发展的重大举措，即运用财政转移支付作为经济杠杆，动员一定比例的资金去发展农业，应该成为我市今后相当长的时期内所必须坚持的投资取向。为此，提出以下建议：

1. 以农业科技示范区为载体，奏响农业技术推广的“三部曲”

我市各级政府财政部门，应在现有的基础上，加大对农业科技示范的投入力度,使先进、实用的农业科技成果,通过农业科技示范区孵化成熟,并转化为现实生产力,最终实现农业科技全面推广、辐射。

(1)第一部曲:以培训为先导,把技术送给农民。在示范区内,采用课堂讲授、田间示范、现场观摩、巡回指导、有线广播和分发资料等相结合的技术培训模式,使农民朋友们由感性认识上升到理性认识,再将理性认识运用到生产实践中去。这种以示范区为载体,采用“请进来,走出去”的技术培训模式,大大提高了培训效果和效率,能使农业科学技术及时为农民所掌握,并转化为现实生产力。

“请进来”就是将农民请进示范区进行培训和观摩;“走出去”就是项目技术人员走出示范区外,考察落实技术培训的效果,主要通过走村串户,深入田间地头,对各项技术的实施进行全程指导和监督,做到及时发现问题,及时解决问题——这就是巡回指导。

(2)第二部曲:以推广为目的,将技术应用于生产。科技示范的目的是推广辐射。因此,实际工作中,可以采用“点、面结合,以点带面,示范、推广与辐射,循序渐进”的技术推广模式,不断扩大技术覆盖面。具体做法是:首先确定推广辐射区的范围,然后在推广辐射区内开辟一定规模的农田作为示范区,在示范区内选择一定面积的集中连片的农田建成高标准示范片,在示范片内确定有代表性的地块作为高产攻关示范块。各项技术首先通过示范块、片的现场试点操作,培养农民技术骨干,以此带动示范区,普及推广区及辐射区。

(3)第三部曲:以实施为衡器,使技术适应生产。农业技术不是单向技术,而是将诸如土壤培肥、种子处理、节水、施肥施药等各项技术组装成套,形成综合技术。当今时代,是科技发展和信息时代,组装的技术必须根据具体情况进行更新、充实和完善,即各项技术必须通过各生产环节进行筛选,在生产过程中淘汰不适应技术和陈旧技术,积极引进先进、适应技术,突出重点技术。如在2000年特大春旱的年景下,我们在肥东县全力推广水稻肥床旱育秧技术,与水田育秧比,从育苗到栽插,平均每亩节约水肥60元左右,而且育出的秧苗矮壮——这就是让技术适应生产。

科技示范项目的优点是,能在农业生产的各个时节,把农业科技人员组织到生产现场,及时培训农民,指导生产,解决生产中出现的问题。

由于农业技术在不断创新,作物品种在不断更新,所以农业技术推广工作是一项长期而持续的工作,即科技示范项目不能一验收就结束。本人从事农业技术推广项目多年,很多项目验收后就结束了,其持续效益很难发挥。因此,农业科技示范与推广应建立长效机制,实施滚动投资,把科技人员的根扎在农村。

2. 建立农业“12120”救助中心,及时为农民排忧解难

建立农业“12120”,解决问题具有针对性、及时性和实效性,有利于适时、适量、有针对性地施用化肥和农药,具有防患于未然的效果,可降低农业生产风险和生产成本,发展无公害农业。

(1)政府有关职能部门,如科技、农业或农业开发部门,成立机构,建立专家库;或由政府财政部门根据各地情况,拨出专款,委托相关大专院校和科研院所承担这项工作,政府有关部门成立监督机构,全程监控。

(2)向广大农村发布信息,欢迎并倡导广大农民参与。

(3)配置农业“12120”专车,以提高服务的时效性;农业“12120”亦应根据当地情况,及时把病虫害预报结果、家禽家畜疫情预报结果以及相关信息通报给基层政府,实现“以防为主,防治

结合”。

(4)建立农业“12120”信息网站，及时向农村发布信息，或接受农民咨询。

(5)向农民做出承诺，并接受社会监督。

以上建议，本人已经向市政协提过提案，并且得到了较好的答复，但不知具体办理情况如何。希望市政协能建立一套提案办理与实施监督机制，以保证提案能真正落到实处。

3. 加大农业专家项目的扶持力度，实施“一对一”的帮扶

为进一步贯彻落实中央农村工作会议精神，加大实施科教兴农战略的力度，充分发挥科教优势，解决我市农业科技层次不高、农业与科技结合不紧密、科技对传统农业改造的力度不大等问题，我市应加大对农业专家项目的投入力度。

农业专家项目是高等院校、科研院所的专家将成熟的农业科技成果与农业生产基地直接对接运用于生产实际的农业项目。项目由农业专家与生产基地签订协议后共同组织实施。项目通过农业专家的现场指导、示范、帮助以及举办培训班，促进新技术、新品种、新材料的推广和运用，促进农民科技素质的提高，提高农业生产能力，增加农民收入。

为了吸引高等院校、科研院所的农业专家积极参与农业专家项目，鼓励生产基地积极引进农业专家项目，加快农业科技成果的转化，政府应建立农业专家项目专项基金，支援这项事业的顺利进行。

农业专家项目不同于科技示范项目，它主要是通过“一对一”的帮扶，将某个专家的技术储备适时地应用于农业生产，帮扶对象更具有针对性，其规模相对较小；技术引进和实施更具有时效性，专家能及时运用高新技术指导生产，比较快捷地实现科技成果的

转化；项目投资额度相对较小，但涉及的领域广且分散，如养殖业、蔬菜业、果树业、食品加工业等。

我市农业专家项目已经实施了多年，但力度较小，犹如杯水车薪，应加大投入力度；同时进一步加强对专家项目的管理，以保证充分发挥其社会效益与经济效益。

4. 建立农业技术培训网络，全面提高农民素质

切实提高我市农民的科技文化素质，积极创办农业职业教育网络，不仅要纠正只注重对进城务工农民的职业培训而忽视农业职业培训的现象，而且还要设法创造条件，吸引有一技之长的进城农民回乡发展农业。具体可以通过农业广播学校、电视大学、技术讲座、专业培训、职业高中、信息网络、远程教育、函授和夜校等多种形式，培养农民技术员队伍，普及科学文化知识，在广大农村营造崇尚科学、破除迷信的良好氛围，加速农民知识化进程。

5. “三化”模式：农技推广体系新框架

根据农业部制定的《农业科技发展纲要(2001～2010年)》精神，我市应积极稳妥地推动农业技术推广体系的改革，要大力调动农民、企业等社会力量参与农业技术推广工作，逐步形成政府扶持和市场引导相结合、有偿服务与无偿服务相结合的新型农业技术推广体系。

(1)实行推广队伍多元化。要在稳定、加强农业技术推广机构的同时，大力发展农民、企业技术推广与服务组织，支持农村各类专业技术协会的发展。充分调动科技机构、大中专院校和科技工作者积极参与推广工作的积极性，建立专业人员、农民、企业家等广泛参与的多元化的农业科技推广队伍。

(2)实行推广行为社会化。市、县政府要保证推广工作的费用以及推广工作的条件。公益性、共性关键技术的推广与示范工

作,主要由政府支持的推广机构承担,实行低价或免费政策。有市场前景的开发类技术,鼓励和支持企业、农民去推广。

(3)实行推广形式多样化。鼓励推广机构、科研院所、大中专院校、协会、企业及农民,以农业技术开发、技术咨询、技术服务和技术转让等多种形式,从事技术推广服务工作。加快农业技术中介、咨询、信息服务组织的建设步伐。允许技术人员参与技术服务、转让、承包的效益分配。

17. 关于稳步推进安徽省农业机械化进程的若干建议*

（2008 年）

中共中央 2007 年 1 号文件强调要积极发展现代农业，扎实推进社会主义新农村建设，并把发展现代农业作为社会主义新农村建设的首要任务来抓。文件指出：“要用现代物质条件装备农业，用现代科学技术改造农业，用现代产业体系提升农业，用现代经营形式推进农业，用现代发展理念引领农业，用培养新型农民发展农业，提高农业水利化、机械化和信息化水平，提高土地产出率、资源利用率和农业劳动生产率，提高农业素质、效益和竞争力。”在“水利化、机械化和信息化”的“三化”中，机械化既是现代农业的基础，也是现代农业的重要内容和标志。然而，安徽省农业机械化发展还存在农机发展现状与需求不相适应、农业机械的应用仍然局限于农作物生产等问题。为此建议要因地制宜，突出重点，稳步推进安徽省农业机械化进程。

1. 要与时俱进建“抓手”

（1）抓基础。要充分发挥国家补贴政策的导向作用，以调整优化农机装备为主线，将农机购置补贴与农机示范工程、示范基地、农机大户培育、农机专业化合作组织发展等紧密结合起来，积极探索政策推动、需求拉动、机制带动、利益驱动、舆论促动的宏观政策调控机制，促进机具、资金、技术、劳动力等生产要素向农机服

---

* 这份提案得到安徽省农机局的高度重视，其办理过程中，多次与我沟通、交流。

务领域流动和聚集，加快农业机械化发展。

(2)抓重点。切实加大农业机械化新技术推广普及力度，改革推广模式，构建农业机械化技术创新体制。本省的水稻产区应重点推广水稻全程机械化所需的插秧机、收获机等，小麦产区应重点推广小麦全程机械化所需的播种机、收获机等，要实现插秧(播种)和收获环节机械化的突破。同时要加大对农机合作组织的扶持力度，加快专业化、市场化、产业化进程。

(3)抓热点。要高度重视农机产品质量监督和农机安全管理工作，要以改善监管手段为重点，强化安全服务，完善安全责任，规范执法行为，创新监管模式，强化监督检查措施，鼓励探索加强农机安全管理的新机制和新途径。

(4)抓关键。要加大农业机械化试点示范引导力度，以组织实施好农业机械化科技示范工程和农业机械化示范基地建设为突破口，创新农业机械化技术推广模式，创新运行机制，强化领导认同，扩大社会共识，争取更大支持，推动更快发展，尤其要在水田全程机械化和旱田机收环节加大推广力度。

(5)抓素质。要充分发挥高等学校、科研院所、职业技术学校以及农机部门的资源优势，切实加强对农机驾驶操作人员的实用技能培训和知识更新，全面提高农机队伍整体素质。按照市场化、专业化的思路培养农机专业人员，以适应不断更新的农机技术要求。各级农机主管部门应以试验示范基地为依托，因地制宜搞好先进适用农业机械化新技术新机具的试验、示范、推广和培训等服务。在加强业务培训的同时，还要加大对农村从事农机行业人员的技能水平培训和鉴定工作，使农机人员素质得到全面提高。

2. 推陈出新建体系

(1)要建立支持推广的农机产品目录制度。政府要会同有关主管部门确定、公布支持推广的先进适用农机产品目录,对农民和农业生产经营组织购买或更新支持推广目录内的农业机械,各级财政应当安排专项资金给予补贴。各级人民政府要结合农业区域优势产业,建立农业机械化示范基地,引导农民和农业生产经营服务组织使用先进适用的农业机械。

(2)要重点示范推广保障高效生态农业发展的机械化技术体系。如粮油生产全程机械化技术、瓜果蔬菜栽培机械化技术、茶叶采摘加工机械化技术、食用菌生产机械化技术、畜禽水产养殖机械化技术、设施大棚配套机械化技术、节水灌溉机械化技术、节油节能节肥节药机械化技术、秸秆综合利用机械化技术、农产品贮藏保鲜及加工等机械化技术等。

3. 强化服务重落实

(1)要打造良好的政策环境。各级政府要采取积极的财政和税收措施,鼓励发展农机合作社、机具租赁公司、专业服务公司、农机经纪人队伍等新型农机服务主体,妥善解决农机服务组织机库用地,要培育服务能力强、运行机制活、经济效益好的农机专业合作社和作业公司。鼓励农机大户和各类农机服务组织利用机械装备和技术资源,开展跨行政区域的农机作业服务。各级公安、交通、农机等部门要积极支持农业机械跨区域作业,维护作业秩序,提供优质服务。

(2)要建立信息化服务体系。要加快推进农机服务信息化,着力建设农业机械化公共信息网络平台,建立和完善农机产品市场、作业市场、维修市场信息的搜集、整理和发布制度,为农民和农业生产经营服务组织免费提供及时、全面、准确的农机信息服务。

4. 严格执法筑保障

《中华人民共和国农业机械化促进法》(以下简称《农业机械

化促进法》)已于2004年11月1日起施行,《安徽省农业机械化促进条例》亦于2006年3月1日起施行,其中重要的一点就是为调动农民对农业机械化投入的积极性,加快农业机械化发展的步伐。建议应从下面几个方面狠抓落实:

(1)要依法维护农民利益,建立投入支持机制。《农业机械化促进法》规定:国家采取措施支持农业机械生产者增加研究开发投入,对农业机械的科研开发和制造实施税收优惠;对农民和农业生产经营组织购买国家支持推广的先进适用的农业机械给予直接补贴或贴息补助;对从事农业机械生产作业服务的收入,给予税收优惠;对农业机械的农业生产作业用燃油安排财政补贴等。各级政府应当依法执行,通过财政预算,动员足量资金,不能"克斤扣两"。

(2)要依法强化农机产品质量监管。严格执行农业机械"推广鉴定证"制度,对鉴定不合格和未取得"推广鉴定证"的农机产品,不得推广。各级农机主管部门要根据农业机械使用者的投诉情况和农业生产的实际需要,对特定种类的农业机械产品的适用性、安全性、可靠性和售后服务状况进行质量跟踪调查,并及时公布调查结果,维护农民合法权益。要依法加强对农机维修网点的管理,严厉打击假冒伪劣农机产品和坑农害农现象。

(3)要依法加强对农机安全生产的监督管理。各级农机主管部门要加强对涉及人身安全的农业机械使用的安全监理,依法切实承担起拖拉机(含手扶变型运输机)的登记、检验、核发牌证和拖拉机驾驶员的考试、发证、审验,以及对拖拉机驾驶培训学校、驾驶培训班的资格管理等职责,严格培训考试,严格技术检验,严把农机安全生产的源头关。继续推进农村道路交通农机安全管理的长效机制,完善并推广"公安驻农业联络室"的"警农合作模式"。

(4)要依法建设和执行农业机械化标准体系。农业机械生产厂家多,质量也参差不齐,甚至有非法小商户使用报废机具拼装农机,影响了机械作业的效率和质量,严重制约了农业机械化的发展。因此,必须严格执行《农业机械化促进法》的有关规定,保障农机使用者的合法权益。

18. 安徽电视台政协论坛:现代农业综合开发*

(2011 年)

本期嘉宾:於忠祥,安徽省政协委员、安徽农业大学教授

陈 军,安徽省财政厅农业综合开发局副局长

主持人:大家好,欢迎收看本期的《政协论坛》。2010 年 12 月,在北京召开的中央农村工作会议上提出:“十二五”时期要在工业化、城镇化深入发展中同步推进农业现代化。如何加快发展现代农业,是关系农业未来的一个重要课题。安徽农业综合开发从发展的“瓶颈”入手,着力解决农业投入、效益、市场等核心问题,创新机制,集中投入,为加快转变农业发展方式、发展现代农业做出了有益尝试。今天我们请来两位嘉宾和我们共同探讨这一问题,他们是安徽省财政厅农业综合开发局副局长陈军,安徽省政协委员、安徽农业大学教授、土地资源系主任於忠祥。欢迎两位!

问题 1. 党的十七大报告明确提出,“要坚持把发展现代农业、繁荣农村经济作为首要任务”,要“走中国特色的农业现代化道路”。於教授能跟我们讲一下什么是现代农业? 国家为什么要大力发展现代农业? 发展现代农业的基本条件是什么?

於教授:现代农业是相对传统农业而言的。通俗地讲,传统农业的表象就是镰刀和锄头,主要是采用人力、畜力、手工工具等手

---

* 2011 年 1 月,安徽电视台举办《政协论坛》,本人作为主要撰稿人和嘉宾,与安徽省财政厅农业综合开发局副局长陈军共同完成了论坛。文中是本人主讲部分。这次论坛的成功举办,首先要感谢安徽省政协创造机会;其次要感谢安徽电视台搭建平台,感谢主持人任良韵女士;最后要感谢安徽省农业综合开发局陈军副局长的友好合作。

工劳动方式,自给自足的自然经济居主导地位的农业。传统农业的基本特征是小而全的农业生产结构、一家一户的生产组织结构、半封闭的农产品市场结构和徘徊不前的农业技术结构等。现代农业是对传统农业的改造,其基础是规模化,核心是科学化,特征是商品化,方向是集约化,目标是产业化。与传统农业相比,它具有四大特点:(1)突破了传统农业仅仅或主要从事初级农产品原料生产的局限性(日出而作,日落而息,面朝黄土背朝天),实现了种养加、产供销、贸工农一体化生产,使农工商的结合更加紧密(产业化);(2)突破了传统农业远离城市或城乡界限明显的局限性(突破了城乡二元结构,城乡一体化),实现了城乡经济社会一元化发展、城市中有农业、农村中有工业的协调布局(卫星城市、发挥耕地的生态功能、田园风光),科学合理地进行资源的优势互补,有利于城乡生产要素的合理流动和组合(包括劳动力、土地、资本、企业家才能、技术、信息);(3)突破了传统农业部门分割、管理交叉、服务落后的局限性(农业技术推广:远看像要饭的,近看像掏炭的,仔细一看原来是农业技术推广站的),实现了按照市场经济体制和农村生产力发展要求,建立一个全方位的、权责一致、上下贯通的管理和服务体系(农业“12120”);(4)突破了传统农业封闭低效、自给半自给的局限性,发挥资源优势和区位优势,实现了农产品优势区域布局、农产品贸易国内外流通。

我国传统农业是以家庭为基础的超小规模经营,在生产经营管理和生产技术方面比较落后,抗御自然灾害能力差,农业生态系统功效低,商品经济较薄弱;尤其是传统农业采用精耕细作的耕作方式,属于劳动密集型的农业,需要大量的劳动力。目前,我国农村精壮劳动力大多数都进城了,留下的是妇女、儿童和老人,被戏称为“386199”部队,即再用传统的农业方式很难完成超过 18 亿亩耕地的耕种任务,导致很多耕地抛荒,耕地复种指数下降,对我国粮食安全构成了威胁。基于此,2007 年,中央 1 号文件明确指出:发展现代农业是社会主义新农村建设的首要任务,是以科学发展观统领农村工作的必然要求。推进现代农业建设,顺应我国经济发展的客观趋势,符合当今世界农业发展的一般规律,是促进农民增加收入的基本途径,是提高农业综合生产能力的重要举措,是建设社会主义新农村的产业基础。

发展现代农业的基础是土地利用要向规模经营集中。传统农业在土地利用上规模较小,基本上没有形成生产地域分工,农业的主体功能区不能在空间上得到落实。目前,我国农村实行的是土地承包经营制度,耕地被"分田到户",分地的方式是"均包",具体操作是"抓阄",结果导致一块地分几家,不好犁也不好耙;经营方式多样化,放几次水打几次架。我国法律规定:"国家保护集体土地所有者的合法权益,保护承包方的土地承包经营权,任何组织和个人不得侵犯。"发展现代农业,实现土地规模经营,就必然要打破土地承包经营的权属界限,所以,法律同时规定:"国家保护承包方依法、自愿、有偿地进行土地承包经营权流转。"因此,在我国发展现代农业,在实行土地集中规模经营的过程中必须保障农民的土地承包经营权不受侵犯,唯一的出路就是实行土地承包经营权流转。

问题 2. 示范区的建设是一项开创性工作,也是一项复杂的系统工程,涉及方方面面,我们主要运用了哪些方法推进示范区的建设?

於教授:我省围绕现代农业、新农村建设和财政支农三大主题,确定了八个方面的探索,即统分结合的土地经营新方式,农业基础设施建设新模式,农业社会化服务新形式,实现农业多功能性新渠道,科技兴农新途径,延伸农业产业链条新办法,推进新农村建设新举措,财政支农投入与管理新机制。我主要谈谈实现农业多功能性新渠道,科技兴农新途径,延伸农业产业链条新办法三个方面。

首先,我来谈谈实现农业多功能性新渠道。我省主要从农业产业结构最优化和经济社会生态效益最大化着眼,努力拓展农业多种功能。例如:黄山市耿城示范区依托黄山,以“山上奇特,山下独特”为开发重点,利用荒山荒坡,通过招商引资,打造了一批配合黄山旅游新景区;九华示范区以佛文化为背景,紧扣“禅意山水、佛国田园”的定位,开展“佛国田园、特色农园、小镇风情、禅茶文化”四大板块建设,较好拓展大九华旅游圈;合肥市滨湖示范区利用都市城郊独特区位,发展农业休闲、观光、体验、互动等新功能,建设“生态洲岛,水上田园”的都市功能新区。

其次,谈谈探索科技兴农的新途径。主要是依托农业高等院校和科研院所,推广应用先进适用农业技术,加速农业科技成果转化,努力把示范区建成农业新科技、新品种的研发基地,新成果、新装备的展示基地,新知识、新技术的应用基地。例如:合肥市滨湖示范区已经建成了高标准优良水稻新品种示范基地,集中展示了10个水稻示范新品种,下一步该区将建设长江流域稻作技术创新中心和国家水稻改良分中心;安庆市怀宁县平山示范区,运用循环经济原理,实施“种、养、加、饲、肥”“五级循环”农业发展战略,把示范区内家禽饲养及饲料加工、沼气建设和粮食生产有机联系,形成完整循环链;庐江郭河等以粮食生产为主的示范区,通过引入农业科研部门,利用现代科技对传统农业进行改造,开展了种子基地建设以及良种科研、繁育和销售等。

最后,谈谈探索延伸农业产业链条的新办法。主要是通过培育主导产业,扶持龙头企业,实现延伸产业链条的目标。两年来,通过项目支持、贷款贴息、政策引导，引进企业90多家，直接壮大了一批农业产业化龙头企业。例如：庐江县郭河示范区依托稻米之乡的资源优势，引入广西恩度高科技米浆加工企业，年消化稻米6万吨，稻米增值3～5倍；亳州市谯城示范区依托中药材优势产业，招商10家大型企业进驻示范区，建设中药材GAP种植基地8000亩，计划3～5年时间，建成全国最大中药材GAP种植基地和集研发、生产、加工、物流于一体的产业集群；芜湖大浦示范区，围绕优质米、食用菌、名优水产等优势产业，建设技术研发中心、特色生产基地、质量检测中心以及农副产品批发市场，逐步形成现代农业产业体系。

问题3.首批示范区建立已快三年的时间了，它们现在的发展怎么样？有没有达到预期的效果？

於教授：通过考察，我有四点感受：(1)土地产出率明显提升。通过示范区建设，推进了土地流转、集中和规模经营，通过土地平整、农田水利、田间道路和农田防护与生态四大工程建设，结合农业科技投入，实现了发展优质、高产、高效、生态、安全农业的目标，大大提高了农业的核心竞争力；(2)农民收益增加，即土地流转后农民不仅有稳定的租金收益和打工收益，还提高了自身素质，如吸纳了新的理念，学到了某种技能等；(3)带动了地方经济发展，如拉动了旅游经济，活跃了农产品市场，推动了物流业的发展等；(4)由政府主导，财政部门牵头，整合涉农资金，通过示范区建设促进现代农业发展，这不仅是一项民生工程，更是一项德政工程，体现了社会主义能集中力量办大事的优越性。

问题4.在刚才的片子里提到了高标准农田，高标准农田的好处在哪儿？与普通农田相比，在粮食产量上有多大差别？

於教授：高标准农田至少有下面四大好处：(1)土地利用结构

和布局得到优化,实现集中连片,规模效益得到充分发挥;(2)耕地质量明显提高,田间基础设施配套、完善,旱涝保收,粮食综合生产能力得到稳步提高;(3)生态良好,农田的生产、生态和景观功能得到充分发挥,与现代农业生产和经营方式相适应;(4)最重要的是,建设高标准农田必须要与土地综合整治结合起来,这为促进城乡统筹发展、推进城镇化进程建立了重要的平台。

与普通农田比较,在粮食生产上表现为高产和稳产。我省 24 个"现代农业综合开发示范区"建成高标准农田 60.6 万亩,小麦平均亩产达到了 500 千克。在我省万亩高产创建示范片,小麦平均亩产达到了 741.7 千克。

19. 关于完善农业技术推广人才队伍建设的建议*

（2012 年）

1982～1986 年，中共中央连续发布了以“三农”为主题的 5 个 1 号文件，对农村改革和农业发展做出具体部署；2003 年 12 月 30 日，中央 1 号文件再次回归农业。“三农”问题的解决，离不开农业技术推广人才队伍建设。因此，中共中央所有的 1 号文件均对农业技术推广人才队伍建设做出了具体的安排和要求。

20 世纪中共中央的 5 个 1 号文件实施后，初步完善了农业技术推广体系，构建了多方位的农业技术推广队伍，建立了农业管理干部体系，提升了科技对农业的贡献率；21 世纪中共中央 1 号文件实施后，扩大了农业技术推广人才队伍建设范围，明确了农业技术推广人才队伍建设的目标，完善了农业技术推广的激励机制。

深刻理解中央 1 号文件关于农业技术推广人才队伍建设的政策内涵，结合我省“三农”的实际，我认为农业技术推广人才队伍建设包括三个方面，即干部队伍建设、科技队伍建设和新型农民培训。其中，干部队伍建设是保障，科技队伍建设是关键，新型农民培训是基础。为此建议：

1. 强化干部队伍建设

（1）加强县、乡两级农村基层干部队伍建设要培育县、乡干部牢固树立尊重知识、尊重人才和靠科技致富、靠人才发展的观念，

---

* 这是一份由本人撰写的社情民意，经民革安徽省委会提交民革中央，被采纳。

重视和发挥农村实用人才、乡土人才在发展现代农业中的作用,努力做好农村人才资源开发工作,提高自己的决策和管理水平,带头支持搞好农业技术和优良品种推广工作。

(2)充实村级领导干部队伍要建立激励机制,鼓励高等农业院校大学生当村官,让他们把发展现代农业的新理念、新科技带到农村,传授给农民。实践证明:一批批高等农业人才走向农村,正在农村建设中发挥作用,有效地推动了科教兴农和人才强农战略的实施。

2. 全力打造农业科技及其推广队伍

(1)扶持科技成果研发人才队伍。依据中央1号文件精神,政府科技主管部门,要加大对育种、高产攻关、土壤改良与培肥、各项农业先进技术和高新技术、科技成果转化等科技成果研发队伍给予人力、物力和财力的扶持,帮助他们解决基地、实验、示范等实际困难,促进科技成果尽快转化为生产力,为现代农业发展提供强有力的科技支撑。

(2)建立多方位的农业技术推广人才队伍。①抓好农业科技“地方队”建设,即要以农业科研单位、农业高等院校和农业技术推广单位为基地,大力培养各类农业专业技术人员,重点是建设百万名技术过硬、留得住、用得上的农业技术推广队伍。②抓好农业科技“基层队”建设,即要通过实施多渠道人才开发和社会化专项工程,培养数以百万计的农民技术人员,促进农民科学文化素质的提高。③鼓励农业科技信息化服务队伍建设,即政府农业主管部门,通过网络解答现代农业发展的技术难题、对农民进行远程培训、建立专家热线等。

3. 建立健全培训机制

(1)延伸新型农民培训内涵。不仅要依托高等农业院校和农业科研院所,对种植大户、养殖大户、科技示范户、农民专业合作社领办人等进行培训提升,而且还要对外出经商能人回乡创业、个体工商企业主投资农业等进行转型培训,以及对涉农专业和来自农村的大学生到农村发展创业进行基地建设、实际操作能力等全方位的培训。

(2)创新培训模式。不要把农民培训办成了学校的教育模式,要采取农民喜闻乐见的方式,创新形式多样、立竿见影的模式,要让培训适应农民,而不是农民适应培训。

(3)选择形式多样的培训方法。要利用电视、网络、悬挂横幅等多种方式宣传新型农民培训政策、典型经验、培训成效等;选聘有关教授、专家、一线的技术人员深入生产一线,实行因材施教、形象教学和互动教学等。

(4)整合培训资源。要整合各种涉农培训资源,根据农民群体的特点,进行分类培训。如对年纪轻、文化程度较高、有资金基础并想创业的人进行创业培训;对年龄在55周岁以下农民进行"阳光工程"培训;对60周岁以下在家从事特色农业生产的农民从事"农业专业技术"培训;对60周岁以下在种养业的新品种、新技术的推广方面有示范带动作用并有一定种养规模的农民,进行"农民科技示范"培训。

(5)建立新型农民教育培训保障机制。通过成立相应的农民教育培训行政领导机构建立政府支持,各部门协调、统筹专业布局,多渠道筹措经费,形成上靠高等院校、科研院所,横联中等专业技术学校,下联乡镇农校的培训保障机制。

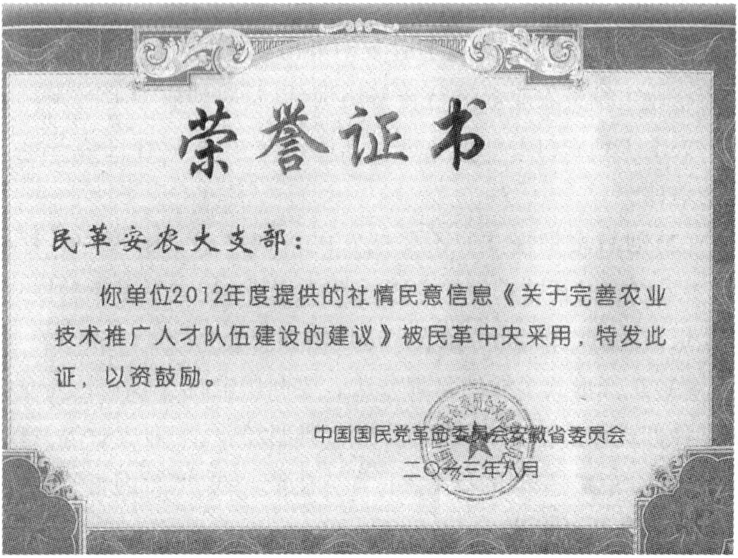

荣誉证书

民革安农大支部：

你单位2012年度提供的社情民意信息《关于完善农业技术推广人才队伍建设的建议》被民革中央采用，特发此证，以资鼓励。

中国国民党革命委员会安徽省委员会

二〇一三年八月

20. 关于构建农地金融制度　促进现代农业建设的建议*

（2012年）

金融是现代经济的核心。在发展现代农业推进新农村建设的历史新时期，无论是发展现代农业的六大内容，还是新农村建设的20字目标，都离不开作为农村经济命脉的农村金融体系的支撑与保障。目前我国的农村金融体系架构，主要是根据1996年国务院《关于农村金融体制改革的决定》而建立的。表面上看是比较完善的，既有政策性金融机构、合作性金融机构，又有商业性金融机构。但农村金融体系的运行实践却表明对"三农"的支持力度日益削弱：财政支农力度不强；商业性金融逐步淡出；政策性金融业务面狭窄；合作性金融一方面商业化价值取向的改革有"去三农化"倾向，另一方面其资金实力难以承担支持新农村建设之重任；民间金融尚没有取得合法地位；农村资金系统性流出巨大；"三农"风险保障机制缺失；农村金融担保体系几乎空白；等等。当前的农村金融体系已难以适应农业和农村经济发展，与发展现代农业，推进新农村建设的客观需要不相适应。其中最为突出的问题之一是"三农"融资难局面没有得到根本扭转，"三农"融资难的局面在今后的相当一段时期还将持续存在。导致这一问题存在的根本原因之一就是农户缺乏有效资产为融资提供担保，制约了金融

* 本文是本人提交安徽省政协的提案，后经民革安徽省委会以社情民意的形式报送民革中央，被采用。

资源顺畅而及时地满足农村经济运行的资金需求。基于此，发挥农地的财产功能，扩展农地的使用价值，使农地从一般的农业生产功能发展到作为农民可抵押的固定资产功能，并使其进入流通领域，为发展现代农业提供资金支持已刻不容缓。为此，提出如下建议：

1. 高度重视农地金融制度建设

各级领导要切实提高对农地金融制度建设工作的认识，不断增强建设农地金融制度的紧迫感和责任感。要加强“三农”问题的调查研究，加强对农地流转理论与政策的学习，加强对金融理论与金融知识的学习，不断强化农村金融创新和服务“三农”意识，努力提高驾驭农地金融制度建设工作的能力，为构建农地金融制度提供有效的思想认识保障。

2. 加快推进农村集体土地确权登记发证工作

加快农村集体土地确权登记发证，依法确认和保障农民的土地物权，进而通过深化改革，还权赋能，最终形成产权明晰、权能明确、权益保障、流转顺畅、分配合理的农村集体土地产权制度，是促进现代农业建设的动力源泉，也是构建农地金融制度的前提条件。

3. 尽快建立农地金融制度的组织机构体系

农地金融制度建设，首先要解决的是组织机构体系建立问题。由于农地金融制度在性质上带有很强的政策性，所以农地金融在本质上应该属于政策性金融。

考察我国现行农村金融体系，农业发展银行是直属国务院领导的国有农业政策性金融机构，以国家信用为基础，筹集农业政策性信贷资金，承担国家规定的农业政策性和经批准开办的涉农商业性金融业务，代理财政性支农资金的拨付，为农业和农村经济发展服务。因此，建立农地金融制度的组织机构体系，目前比较可行的办法是以农业发展银行为核心来构建。但由于农地权属涉及数以千万计的农户，而农业发展银行的组织机构体系仅布局到县城，若仅仅依靠农业发展银行一家来实施农地金融制度，显然与现行的国情不符。所以，我省应充分发挥网点众多、深入基层且具有相对成本优势的农村信用社的优势。农业发展银行在内部设置类似土地银行的部门，作为农地金融体系的上级机构，专门从事土地金融业务：如接收国家土地专用基金及财政资金支持，接受农地使用权担保、对外发行债券等。而农村信用社专门负责农地抵押贷款的资料审核以及农地使用权抵押贷款的发放和回收工作，并对贷款资金的使用进行管理和监督。这样既可以避免新设类似土地银行机构所造成的资金浪费，又能保证农地金融业务开展与国家农业政策的一致性，同时又能充分发挥农村信用社的基层监督和管理作用，提高效率。

4. 建立健全农地流转服务市场

农民或农村集体经济组织将农地使用权抵押给贷款银行后，如果农民或集体经济组织逾期不能清偿贷款，银行即对农地使用权拍卖、变卖实现其债权清偿，这就必然发生农地使用权的转让及流转。如果没有完善的农地流转服务市场，缺乏农村土地价值评估机构和专业资质评估人员，抵押登记制度不完善等，势必将严重影响贷款银行的积极性。因此，建立健全农地流转服务市场是构建农地金融制度的重要条件。

5. 完善政策和资金的支持系统

在农地金融制度的建设过程中，政府必须积极支持和引导。(1)资金支持，向农地金融机构直接注入资金或提供贴息贷款，并实施损失补偿、特殊基金等优惠政策。(2)组织支持，加快农村基层民主制度建设，提高农民组织化程度，为农民的正当诉求提供组织保障；加强政府对农户行为的政策引导和服务支持，提高农民对农地流转的认知程度。(3)税收支持，对农地金融机构和组织实行减税或免税的优惠政策。

6. 建立和完善相关的配套体系

(1)构建农地评估体系。健全、完善农地评估体系，有助于提高农地流转的透明度，有助于提高农民在农地流转过程中的谈判意识，有效防止政府、其他经济组织和个人对农民土地权益的侵害，杜绝和制止"寻租"、腐败行为的发生。农地价值的评估，必须建立科学、有效的农地评估系统，培养一批有专业素养的专业评估人员，从政策层面培育农地评估中介机构的发展，为农地价值评估结果实现"客观、公正、公开、透明"创造条件。

(2)推进农业贷款保险制度建设。农业是个高风险行业，建立完善的贷款保险制度，可以有效进行风险的分散和转移。要普及农村的保险意识，在具体的贷款操作中要求农户按贷款的一定比例交纳保费，经营失败由保险公司进行补偿，以此提高农民生产的积极性，防止道德风险和逆向选择行为的发生。

(3)加大农村社会保障制度建设力度。加快推进农民医疗和养老保障制度建设，解决农民的后顾之忧，是促进土地流转、实现土地资源优化配置的基础条件。

(4)正确处理民间金融问题。要正视民间金融组织对我国农村经济发展的作用，不能一味实行打、压措施，要根据具体情况，正面引导，对那些条件比较好的民间金融组织，可通过转制、改制等方式使之成为合法的民营机构，为其创造良好的发展环境，防止它们向高利贷活动转化。积极发展农村合作基金会、互助会等非正规金融组织，使其成为正规金融的有益补充。

(5)建立符合国情的风险监管和防范体系。在建立我国农地金融制度的进程中,要设立农地金融风险的三道防线:①贷前的可行性研究。贷款前要对农地抵押贷款的可行性进行深入研究。②贷时的程序性控制。贷款时对相关资料要有严格的审查程序,为农户提供信息和技术支持,提升农产品的科技含量,并提供产业转化升级的指导意见。③贷后的跟踪性监控。贷款发放后,要进行跟踪监控,动态管理,避免贷款的挪用行为,逐步推进农地流转各实体的风险共担机制。农地金融机构要建立内部评价体系,进行资产的风险预防和管理。政府和有关部门要强化对农产品市场价格的监管,建立农产品价格预警机制,通过价格监控,整合农业体系的有效运行,为政府宏观调控提供及时可靠的决策信息。

21. 关于进一步推进安徽省民生工程建设的若干思考*

(2012 年)

胡锦涛在省部级主要领导干部社会管理及其创新专题研讨班开班式上发表重要讲话时指出,社会管理要搞好,必须加快推进以保障和改善民生为重点的社会建设。胡锦涛同志的讲话阐明了民生工程与社会管理的关系,即保障和改善民生是加快转变经济发展方式的根本出发点和落脚点,是实现共同富裕目标的必由之路。

关乎民生的两个重要经济指标是恩格尔系数和基尼系数。20 世纪 80 年代以前,我国城市居民恩格尔系数一直在 55% 以上;2002 ~2009 年 7 年间,基本维持在 37% 左右,也就是达到了富裕水平。进入 2010 年,中国的恩格尔系数达到 39. 76% ,幸福指数大幅降低。有关专家预测,2012 年中国恩格尔系数有可能突破 40% 。中国的基尼系数已从改革开放之初的 0. 28 上升到 2010 年的 0. 5,表明财富已过度集中。因此,合理调整收入分配关系,加快推进覆盖城乡居民的各项民生工程建设,对于降低这两个经济指标会起到一定的作用。2007 年以来,安徽省就把实施民生工程作为省委、省政府贯彻落实科学发展观、推进和谐安徽建设的一项重大决策,已取得了显著的成效。2011 年 8 月,本人有幸参加了省政协开展的民生工程巡视评估活动,感触很深。

---

* 2012 年,安徽省人大和政协分别组成民生工程考察与评估调研组。本人参与了宿州市和滁州市的考察与评估,在此基础上形成了这份提案。

1. 安徽省民生工程实施概况

(1)覆盖面广

2007 年至 2010 年,我省共实施了 30 项民生工程。自 2011 年起,新增 3 项民生工程,调整完善 6 项民生工程,继续实施 24 项民生工程,共实施 33 项民生工程,涉及 8 项生活保障类、6 项教育培训类、7 乡医疗卫生类、8 项农业和农村基础设施类和 4 项文化建设类。

(2)经验多

2007 年以来,我省实施民生工程取得了显著成效,为建设和谐安徽做出了积极贡献。仅 2011 年 1 ~ 7 月,全省拨付民生工程资金达 338. 8 亿元,保障了各项民生工程的顺利推进。通过本次巡视评估,感性认识实在,思想认识深刻。具体概括如下:

①保障有力。首先是组织保障。从省委、省政府,到市县等各级政府领导,都高度重视,层层签订了目标责任书。其次是资金保障。由各级财政部门负责实施民生工程,确保了资金及时、足额到位。最后是监督有力。采取各种形式、利用各大媒体全方位宣传和发动,向社会公示民生工程项目,实施全民、全程监督,确保民生工程落到实处。

②机制顺畅。首先是运作机制。采取财政部门牵头、各职能部门分工配合的运作机制,保证了各项民生工程的顺利推进。宿州市财政局,今年 3 月 23 日至 8 月 12 日,先后召开各部门协调会共 14 次。其次是管养机制。省财政厅会同省直各部门制订出台了 20 个工程类项目管养指导意见,保证了项目建成后能持续运转。

③工作踏实。省政协本次采取“室内看资料随机抽样、野外看现场实地核查”的方式进行民生工程巡视评估。通过滁州和宿州两市的巡视评估表明:室内档案资料翔实,巡视评估人员需要查阅各项工程的档案资料,工作人员能够迅速递到;所提出的

问题,工作人员能如数家珍地回答;档案资料与实地核查结果吻合程度高。

④理念创新。首先是一些资源整合的创新。如把农家书屋、留守儿童活动中心、乡镇综合文化站等整合在一起;通过成立社会福利中心,把所有福利机构整合在一起,大大降低了管养成本。其次是进行了几个结合。如把农村危房改造、水库移民安置和新农村建设结合起来,既节约了土地资源,又美化了农村环境;把规模养殖和沼气发电结合起来,解决了环境污染问题,建立了“畜禽养殖—沼气发电—有机果蔬”的现代农业发展模式。

2. 安徽省实施民生工程存在的问题

(1)覆盖面尚有遗漏

如教育资源过度集中,教育不公平现象普遍存在,导致择校问题屡禁不止;农村大病返贫问题还没从根本上解决;大学生从毕业到就业之间有个“间断期”,期间的生活和就医缺乏保障(肥东县一名大学毕业不久的学生,患上尿毒症,因无钱治疗而死亡);还有居家养老服务、高校毕业生就业等方面。

(2)“村村通”工程不尽完善

首先是概念界定不清。很多地方只把路修至村委会所在地即视为“村村通”任务完成,目前仍有超百户的村没有通路,人为造成不和谐因素。其次,大多数“村村通”路面宽仅为3.5米,农用车无法错车,好事没做好。

(3)农民体育健身工程覆盖面窄

据报道:为落实“安徽省万千百农民体育行动计划”,宣州区2011年将在全区11个乡镇17个行政村继续实施农民体育健身工程,预计总投资超过100多万元。建成后,农民体育健身工程将覆盖全区17个乡镇,其覆盖面将达到94%,覆盖56个行政村,其覆盖面将达到31.82%。这一报道表明:我省“农民体育健身工程”还远没有完成,覆盖面也不宽。

(4)农村危房家底不清,标准不一

到目前为止,我省农村危房数量、布局和鉴定指标等都不是很清楚,结果难免会出现“头痛医头,脚痛医脚”的现象,甚至会出现真正的危房没有改造,能住的房子却先改造了,人为造成了不和谐的局面,好事没做好。

(5)农民培训工程尚待进一步规范

农民培训主要有新型农民培训和农民工技能培训。但是,目前农民培训重技能培训,轻新型农民培训,即使是技能培训也存在培训内容单一、与人才市场需求对接程度差等诸多问题,尤其是培训走过场的问题更值得引起重视。

(6)资金来源单一

目前,民生工程的资金来源主要是政府投入,其他资本介入难。

3.进一步推进民生工程建设的建议与思考

(1)总结经验,加强交流,推广实施全省各地的成功做法。

(2)扩大民生工程的覆盖面,推进和谐安徽建设进程。

继续推进“村村通”工程和农民体育健身工程等,把教育公平、农村大病救助、未就业大学毕业生保险与居家养老服务和高校毕业生就业等纳入民生工程。

(3)进一步整合资源,提升民生工程质量和档次。

要把农家书屋、乡镇综合文化站、留守儿童活动中心、农村五保供养机构等资源进行整合;要把沼气、农村清洁工程、发电、有机农业等进行整合等。

(4)制定农村危房评估标准,进行农村危房普查,编制农村危房改造规划。

(5)加大新型农民培训力度,完善农民技能培训机制。

(6)以民生工程建设为平台,推进城乡一体化建设进程。

(7)多方吸纳资金,如鼓励社会资本加入民生工程等。

(8)加强针对民生工程的监管,充分发挥工程的应有作用。

22.生态粮仓　健康土地　安全食品*

（2014 年）

主席、各位委员：

“手中有粮，心中不慌”，这是一句老话。现在，“手中有粮”，还要“吃得健康”。因此，2014 年中央 1 号文件提出，要“在重视粮食数量的同时，更加注重品质和质量安全”。根据民革中央的调研，我们认为，保障粮食安全，迫切需要生态粮仓、健康土地、安全食品。

到 2013 年，我国粮食产量实现了“十连增”，基本解决了粮食安全问题。从现阶段粮食生产的实际情况看，只要坚持正确的政策、持续增加投入，就可以实现把中国人的饭碗牢牢端在自己手上。现在的突出问题：（1）在城市化、城镇化进程中，耕地越来越多地被占用，1986 年到 2010 年，非农建设占用耕地达 6000 多万亩，18 亿亩耕地红线可能受到冲击。（2）在工业化进程中，土地和水资源受到了不同程度的污染。我国仅用占世界不到 10% 的土地养活了 22% 的人口，但我们使用了全球 35% 的氮肥，导致农业面源污染占水体环境总污染量的 45% ～55% 。第二次全国土地

---

* 这份提案源于辽宁省的调研。2014 年，全国政协副主席、民革中央常务副主席齐续春率民革中央调研组赴辽宁省调研新型城镇化问题。在谈到中国正在打造东北粮仓的问题时，齐主席突发灵感，认为光打造粮仓还不行，如果土地污染了生产的粮食不安全咋办？他建议要建设中国的生态粮仓。齐主席问：建设生态粮仓需要什么条件？我回答说：一要健康的土地，二要洁净的水源，三要绿色的生产过程，四要安全的种子。齐主席说：好！你回去后就这个选题写一份提案，作为今年全国政协的大会发。回皖后，本人通过深入调研，先在《人民日报》上发了一篇《抓土地健康体检》的文章，然后，完成了《生态粮仓　健康土地　安全食品》的发言稿，上报民革中央，由民革中央副主席修福金在全国政协大会上作口头发言，打出了民革中央的品牌，本人也受到了民革中央的表彰。

调查数据显示,受污染不宜耕种的耕地达5000万亩。因此,解决粮食安全问题不仅必须守住耕地红线,还必须和生态文明建设、环境保护及污染治理紧密结合。为此,我们建议:

1. 实施健康土地工程

在原有全国土壤普查的基础上,对我国耕地进行“体检”,全面普查与诊断,查清健康土地、亚健康土地和不健康土地的面积、比例及分布,让人们了解我国究竟有多少、有哪些耕地生产的粮食不能吃。编制耕地健康保护与土质提升规划,为生态粮仓建设提供依据和方向。“粮仓”是对粮食主产区的俗称。建设生态粮仓,首先要确保粮食主产区的耕地不受污染。对健康土地,要实行严格的保护措施;对亚健康土地,则采取修复提升措施;对不健康土地,则要有计划地进行治理。加强农产品原产地和流向的监控与管理,在不健康土地没达到修复标准前,其生产的农产品只能用于工业用途,以免导致畜产品、副食品、酒和饮料等产品的不安全。建立耕地健康养护促进机制。实行行政官员土地健康养护问责制和政绩考核制,同时明确由耕地污染行为人对耕地污染的防治、人身健康的损害、农民收益的损失等承担最终无限责任。实施土地生态整治工程。土地整治要突出耕地健康提升优先的原则,推进土地整治工程实现耕地面积增加、生产力提高、环境美学效果和土地修复四位一体化。

2. 推进洁净水源工程建设

推广辽宁省的辽河管理模式,恢复大江大河两岸滩地,减少河道硬化工程,提高河流自净能力。恢复和营造环湖(水库)湿地,让流域径流过滤后流入湖泊或水库。延伸生态保护补偿机制的范围,加大对生态优越的江、河、湖和水库流域的公益林保护者的补偿力度,让林农能“靠山吃山”。下大力气开展重污染河流和重点水功能区生态修复与综合整治，实施江河、湖泊等水环境综合治理工程。积极防治农业面源污染。在政府采取面源污染防治措施的同时，对自愿采取避免面源污染措施的农民，给予补贴或其他优惠政策。加强对污水处理厂达标排放的水进行管理，禁止其直接排入江河、湖泊（水库）或用于农田灌溉。

3. 推进农业的绿色生产

在促进农业规模经营的基础上，建立健全农业社会化服务体系，让农业生产者从直接承担的农业生产环节中分化出来，实现农业生产过程专业化。建立健全技术推广的服务体系，包括农业产前、产中、产后的全面、系统、一体化的服务。健全农产品质量安全体系，推进农业标准化生产，大力发展无公害、有机农产品和绿色食品，将农业补贴与环保、食品安全等标准挂钩，受补贴者必须遵守最低环保标准。

4. 加强农产品质量安全监管

构建覆盖各类市场、各个环节的监管网络，健全检验检测体系。对食品安全突出隐患和问题进行专项排查和整治，保持高压态势，同时修订完善相关法律，对食品安全犯罪予以严惩，使经营者不敢心存侥幸，让违法者真正得不偿失。在农产品主产区建立风险预警机构，对主要食用农产品的风险隐患进行摸底排查、专项评估、监测预警，不断增强公众对食品安全的信心。

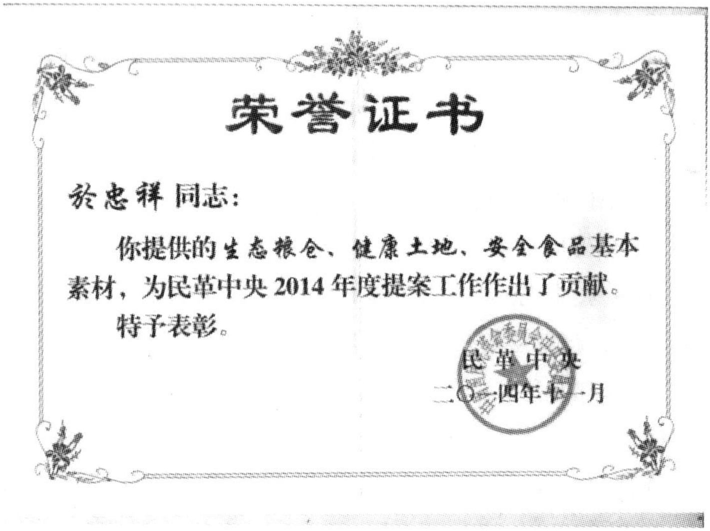

荣誉证书

於忠祥同志：

你提供的生态粮仓、健康土地、安全食品基本素材，为民革中央2014年度提案工作作出了贡献。

特予表彰。

民革中央

二〇一四年十一月

23. 保障土地健康　建设生态粮仓*

（2014年）

安徽省是我国13个粮食主产区之一，每年外调粮食超过了75亿千克，为我国的粮食安全做出了重大贡献。至2013年，安徽省粮食产量实现了“十连增”，表明安徽省各级政府抓粮食生产的弦始终没放松。因此，从全省粮食主产区生产实际来看，如淮北平原，只要有相应的政策、大规模的水利建设和大农机的投入等，充分挖掘其粮食生产潜力，就完全有可能把淮北平原建成安徽的大粮仓，即安徽未来的粮食生产，完全可以在更大规模上实现增产，为我国粮食安全立足于自给做贡献。因此，安徽省未来粮食生产发展的方向是既要保证百姓吃饱，更要保证百姓吃好，要把安徽省的粮食主产区建成安徽的生态粮仓。生态粮仓建设是抓食品安全源头建设的治本之策，其基础是健康的土地，即不仅要保障耕地“体壮”——高产稳产，而且要保障耕地“没病”——土体无污染，即没有健康的土地，即使有最洁净的灌溉水源，或者推行最绿色的生产过程，其生产的农产品仍然不宜食用。为此建议：

1. 全面开展耕地健康“体检”工程，查清土地健康家底

由于耕地健康“体检”工程既是一项庞大的系统工程，又是一项最大的民生工程，只有政府主导才能推动，农口牵头才有方向，

---

* 本文是继本人提交民革中央《生态粮仓　健康土地　安全食品》发言稿完成后，又根据安徽省实际，撰写了《保障土地健康　建设生态粮仓》发言稿，在安徽省政协十一届二次会议上作口头发言，得到了中共安徽省委副书记和省委常委、常务副省长的批示。

专家领衔才能实现,民众监督才能保障,所以只有采取“政府主导,农口牵头,专家领衔,民众参与”的运行机制才能顺利开展。耕地健康“体检”工程的主要任务是对我国耕地进行全面普查与诊断,查清健康土地、亚健康土地和不健康土地的面积、比例及分布,并建立土地健康档案。健康土地是指“体壮无病”的土地,既能保障高产稳产,又没受任何污染,符合生态粮仓建设的要求。不健康土地是指“体壮隐大病”的土地,即使高产稳产,但因其受到污染,生产的粮食不可食用。由于其形象好,口感好,肉眼不能识别,所以隐患很大,必须要通过检测才能发现。检测的重点是土壤,土壤污染了,农业生产过程再绿色都是徒劳的,这就是耕地健康体检在食品安全工程建设中的重要地位。亚健康土地包括三种类型:(1)“无病体不壮”的土地,即土地没受污染,但属于中低产田,生产的粮食可以放心食用;(2)“体壮有小病”的土地,即土地能获得高产稳产,但受到了不同程度的污染;(3)“体弱有小病”的土地,即受到了不同程度污染的中低产田。后两类耕地生产的粮食必须经过检测。

2. 编制耕地健康保护与提升规划,夯实生态粮仓建设的基础

依据耕地健康体检成果,编制耕地健康保护与提升规划,为生态粮仓建设提供依据和方向。对健康土地,要实行严格的保护措施,如推行绿色的生产过程,利用洁净的灌溉水源,引种安全的种子等;对“无病体不壮”的亚健康土地,除采用健康土地的相关保护措施外,重点是加强高标准基本农田建设,实现高产稳产;对“体壮有小病”的土地,重点采取修复措施,清除耕地体内“垃圾”,提升食品的安全度;对“体弱有小病”的土地,要采取提升与修复并重的举措,实现耕地健康整体水平提升。对不健康土地,要本着边利用边修复和先易后难的原则,制定土地修复规划。要加强农产

品原产地和流向的监控与管理,在不健康土地没达到修复标准前,其生产的农产品只能用于工业用途。

3. 建立耕地养护机制,保障土地健康水平不降低

从宏观层面分析,由于人们的土地利用行为不当,导致耕地质量退化,如在103万平方千米的东北黑土地上,因水土流失而沟壑纵横,中国最肥沃的产粮地在退化;从中观层面分析,我国为保障"吃饭、建设与生态"三者关系的协调,提出实施耕地总量动态平衡战略,要求耕地数量和质量均有提高。但在实际执行中,只追求数量的平衡,新增耕地质量明显低于被占耕地质量,造成耕地质量退化;从微观层面分析,农民经营土地的方式发生了变化,如大量施用化肥,基本不施农家肥,既破坏土地肥力,又污染了土地环境。人们都知道我国仅用占世界不到10%的土地养活了占世界22%的人口,但不清楚我国用了全球35%氮肥的事实。因此,耕地健康养护问题必须建立管理者和利用者的互动机制。首先是实行行政长官土地健康养护问责制,采用年终考核和政绩考核一票否决,确保土地健康水平只能提升,不能退化;其次是推行健康土地养护补偿机制,让耕地养护者得实惠,提高耕地利用者养护耕地的积极性和自觉性。

4. 转变土地整治思路,实施土地生态整治工程

长期以来,我国土地整治只重视增加耕地面积和提高耕地生产能力,很少考虑耕地健康水平的提高,即使有生态建设的内容,也只是片面追求景观效果。因此,土地整治要突出耕地健康提升优先的原则,推进土地整治工程向土地生态整治工程转变,即土地整治要实现耕地面积增加、耕地生产能力提高、环境美学效果和土地修复四位一体化,杜绝只追求高产稳产和景观效果而忽略土地修复的土地整治行为。

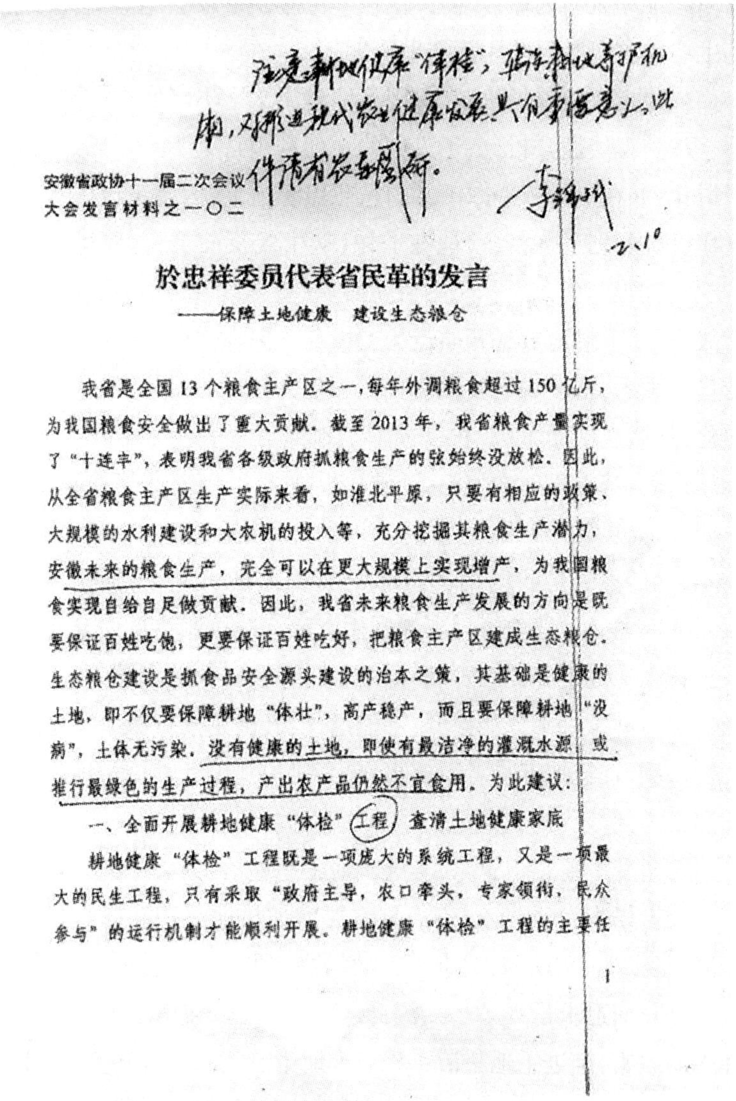

注意耕地健康"体检"，强化耕地保护机制，对打造现代农业健康发展具有重要意义。此件请省农委阅研。

李锦斌

2.10

安徽省政协十一届二次会议
大会发言材料之一〇二

於忠祥委员代表省民革的发言

——保障土地健康　建设生态粮仓

我省是全国13个粮食主产区之一，每年外调粮食超过150亿斤，为我国粮食安全做出了重大贡献。截至2013年，我省粮食产量实现了"十连丰"，表明我省各级政府抓粮食生产的弦始终没放松。因此，从全省粮食主产区生产实际来看，如淮北平原，只要有相应的政策、大规模的水利建设和大农机的投入等，充分挖掘其粮食生产潜力，安徽未来的粮食生产，完全可以在更大规模上实现增产，为我国粮食实现自给自足做贡献。因此，我省未来粮食生产发展的方向是既要保证百姓吃饱，更要保证百姓吃好，把粮食主产区建成生态粮仓。生态粮仓建设是抓食品安全源头建设的治本之策，其基础是健康的土地，即不仅要保障耕地"体壮"，高产稳产，而且要保障耕地"没病"，土体无污染。没有健康的土地，即使有最洁净的灌溉水源，或推行最绿色的生产过程，产出农产品仍然不宜食用。为此建议：

一、全面开展耕地健康"体检"工程，查清土地健康家底

耕地健康"体检"工程既是一项庞大的系统工程，又是一项最大的民生工程，只有采取"政府主导，农口牵头，专家领衔，民众参与"的运行机制才能顺利开展。耕地健康"体检"工程的主要任

1

时任中共安徽省委副书记、现任中共安徽省委书记李锦斌的批示

24. 安徽省小型农田水利工程建设存在的问题与建议*

（2015 年）

水是生命之源、生产之要、生态之基。农业生产离不开农田水利工程，农田水利工程是农业的命脉，是农业发展的物质基础。党中央、国务院高度重视水利工作，2011 年的中央 1 号文件对水利工作进行了全面部署。为落实中央 1 号文件精神，2011 年安徽省提出了实施“水利安徽”的重大战略，着力构建完善“四个水利”（安全水利、民生水利、生态水利和资源水利），加快建设“五大体系”（水利投资体系、资产经营管理体系、价格收费体系、水利法制体系和水利服务体系），大大促进了小型农田水利工程建设与管理。然而，2013 年夏季，我省出现持续高温干旱天气，受旱面积超过了 1700 万亩，暴露出我省小型水利工程建设还存在诸多问题。基于此，2013 年 10 月，安徽省人民政府下发了皖政〔2013〕66 号文件，决定在全省启动实施小型水利工程改造提升“5588”行动计划。但是，小型农田水利工程是个庞大的系统工程，由于历史欠账过多，很多问题难以在短期内消解。主要体现在：农田水利“最后

---

* 2015 年 11 月上旬，安徽省政协副主席、省政府秘书长邵国荷率由部分省政协委员组成的视察团赴滁州市定远县；10 月下旬，安徽省政协秘书长王启敏率专题调研组，先后赴芜湖市无为县、合肥市庐江县、六安市霍邱县、阜阳市阜南县等，就“全面推进小型水利工程建管机制改革”情况进行视察调研，深入镇、村及田间地头建管一线走访查看，组织召开 5 次座谈会，听取市、县有关工作情况介绍，广泛征求意见和建议。本人全程参与调研，并撰写了《安徽省小型农田水利工程建设存在的问题与建议》，在 2015 年 11 月 30 日举行的“省政协全面推进小型水利工程建管机制改革界别协商会”上作口头发言，得到时任安徽省人民政府副省长梁卫国的肯定。

一千米”问题尚未得到全面解决、重建轻管问题普遍存在、涉水部门各自为政现象痼疾难改、“一事一议”制度流于形式、政策的刚性人为设置了一些重要的水利工程建设盲区、没有区分工程性质导致监管缺位以及小型水利工程建设与现代农业发展不相适应等。为此建议：

1. 坚持规划引领，着力打通农田水利“最后一千米”

目前，安徽省很多农村小塘小坝淤泥成灾，堵塞严重，既不能蓄水，又不能养鱼，甚至还造成环境污染，其“夏涝蓄水，冬旱供水”的功能严重下降。近年来，安徽省在农田水利建设中，着重加强了病险水库的除险加固，但很多建于20世纪五六十年代的斗渠和农渠，因年久失修，导致水源难以引入田间地头，水库之水成了“死水”。基于此，一些部门打着坚持“问题导向”的幌子，出现了一边挖塘、修渠占地，一边填塘、填沟造地的“混战”局面，其根源是缺乏规划引领。因此，必须坚持政府主导，编制小型农田水利工程建设、土地整治工程建设、农村道路工程建设等“一张图”详细规划，统筹工程建设布局、统一建设标准、建立工程“户籍”档案，实现精准水利，保障沟渠畅通，发挥塘坝库调蓄功能。各部门的涉水项目资金通过规划融合，推行涉水项目规划设计同意书制度，杜绝“尔填吾挖，尔建吴拆，重复建设”的各自为政局面。国土部门的土地整治项目，要以提高土地产能为目的，取消新增耕地3%的指标任务，从根本上扭转填塘造地的局面。

2. 扩容“8小工程”，推进小型水利工程建设“扫盲”工作

皖政〔2013〕66号文件所提“8小工程”，由于刚性太强，难免疏漏一些该建而不能建的项目，甚至一些关键性项目。如沿江地区万亩以下的圩口除险加固工程和沿淮淮北地区流域为10～150平方千米的排水沟疏浚工程等，既没列入国家治理项目，又没列入

中小水利工程建设项目,成为建设盲区。万亩以下圩口的圩堤不建设好,圩内小型水利工程建设得再好,也还是面临着水毁的威胁,即只要出现突发性暴雨造成溃堤,圩口内所有工程都可能毁于一旦;沿淮淮北地区,年降水量超过900毫米,主要集中在夏季,由于其地貌多为低平洼地、河间平原和碟形洼地等(占耕地面积的50%),若雨季排水不畅,就会出现"淹来一条线,涝渍一大片"的大面积水患。因此,皖政〔2013〕66号文件在执行过程中,要在"小水库、小泵站、小水闸、中小灌区、塘坝、河沟、机电井、末级渠系8类小型水利工程"的"等"字上下功夫。具体操作时,各地要因地制宜地制定实施细则,把一些既没列入国家治理,又没列入中小水利建设的关键性工程项目,扩充进"8小工程",消除工程建设盲区。

3. 建立经验引进与推广机制,因地制宜地构建小型水利工程建管模式

采取"走出去,请进来"的方式,积极引进和推广符合当地实际的小型水利工程建设与管理的成功经验和做法。如江淮丘陵地区,尤其是江淮分水岭易旱地区,不是降水量不够,而是降水季节性分配不均,加之小型水利工程不配套,普遍出现"雨季花水遍地流,雨后坑塘底朝天"的现象,造成了工程性缺水。定远县积极推广农民首创的"一个泵站+压力管道(沟渠)+数个塘坝+数个小水库"的"泵站串塘"模式,把星罗棋布的沟、渠、库、塘等水体和农田连接贯通,按照"涝能蓄,旱能灌"的要求,实现了"花水"资源化管理。实践证明,这种模式,可以解决江淮丘陵地区的工程型缺水问题,实现"时空调节、丰枯互济、把水用活"的目标,江淮丘陵地区应予以引进与推广。阜南县持续推进"三深一修"[挖深沟、扩深塘、打深井、维修闸(坝)]和"三改一扩"(坝改桥、桥改

闸、闸改站、老站扩容)的建设模式,值得总结推广。庐江县推行的承包人管护、新型农业经营主体管护、政府购买服务委托专业公司管护以及水利专业合作社管护4种形式的管护模式值得推广。

4. 区分工程性质,实行农田小型水利工程分类建管模式

按照皖政〔2013〕66号文件的规定,小型水利工程投入总量中群众自筹比例达到了50%,比例过大。对于一些群众不能直接受益或受益很少的工程项目,如建水闸、沟清淤和打机井等,群众自筹资金的积极性低,“一事一议”制度实施不了。即使是建站、挖塘等群众能够直接受益的项目,因为农村留守的大多是“老少爷们”,“一事一议”制度也很难推进,从而加大了地方配套的压力。所以,要对小型水利工程的性质进行识别,属于公益性项目的必须全部由政府投资建设和管护,也可以采用树立碑文等方式接纳个人捐建;属于经营性项目的采取政府主导、多元投资的监管模式。多元投资的主体主要是新型农业经营主体,也可以采用公私合作(PPP)模式进行建管。

5. 建设与现代农业相适应的建管体系,推进我省农村水利现代化

要科学编制全省现代灌溉发展规划,做好顶层设计。要将生态文明理念融入小型水利工程建设全过程,推动水土资源节约集约高效利用,建设美好乡村。要加强科学研究和技术研发,推广转化先进实用技术。要加强技术培训与指导,提高工程建管的科技含量。加快信息化建设与应用,推动信息化与小型水利工程建设与管理的高度融合。

2015 年安徽省政协全面推进小型水利工程建管机制改革界别协商会会场

25. 坚持耕地数量质量保护并重　同步推进粮食安全和食品安全*

（2015 年）

2014 年中央 1 号文件的第一大主题就是完善国家粮食安全保障体系，主要实施"以我为主、立足国内、确保产能、适度进口、科技支撑"的国家粮食安全战略，就是要保障我们的饭碗要装中国粮；2015 年的中央 1 号文件首先强调仍是粮食安全，文件针对增强粮食生产能力提出了许多细化要求，包括永久农田划定、高标准农田建设、耕地质量保护与提升以及投融资等。

在党中央和国务院一系列强农、惠农政策的推动下，我国粮食生产"立足自给"的目标基本实现。2014 年，我国粮食生产实现创纪录的"十一连增"，总产达到 6071 亿千克，比 2013 年增加了 51.6 亿千克，恰好与我国每年新增粮食需求逾 50 亿千克持平。

由于我国正处于工业化、城镇化加快推进的重要时期，粮食等农产品的消费进入了快速增长期，粮食不安全因素的压力依然很大，最突出的有四大问题：

---

* 2015 年，在全国"两会"即将召开之际，本人接到民革中央调研部的电话称，3 月 8 日，全国政协主席俞正声将主持召开粮食安全和食品安全协商会，各民主党派中央主席或副主席、各部委主要负责人将出席会议并发言。民革中央向全国政协提交了 33 份提案，唯独缺粮食安全和食品安全方面的提案，要求我必须在两天内完成这一艰巨任务。该提案上午提交，下午就接到民革中央调研部电话，说"又快又好，民革中央主席办公会全票通过"。2015 年，民革中央向全国政协提交了 34 份提案，有两份出自我手。作为民革基层支部主委，开辟了先河。本人不仅提案获奖，而且获民革中央 2015 年度为参政议政工作做出贡献的先进个人。

(1)粮食等农作物产品进口量居高不下。粮食连续11年增长，是令人欣慰的,但2014年的中国粮食进口量创下历史最高纪录更是发人深省。2014年,我国谷物净进口达1874.7万吨,同比增长四成。按我国传统粮食定义和口径,2014年粮食进口总量达1亿吨,其中大豆进口7140万吨,谷物进口1952万吨,薯类进口867万吨。若将541万吨玉米酒糟作为玉米制品纳入粮食范畴,粮食进口量1.06亿吨——这相当于澳大利亚和法国2012年的粮食产量之和,中国已成小麦、水稻和玉米三大主粮净进口国,世界第一大粮食进口国。根据《国家粮食安全中长期规划纲要(2008~2020年)》,中国粮食自给率需维持在95%以上。但随着粮食进口量的猛增,我国现在实际的粮食自给率已经突破了红线(包括大豆在内)。此外,还进口了油菜籽508.1万吨、棉花266.9万吨、食糖348.6万吨。

(2)耕地总量缺口的压力依然不减。保守估算,我国2014年进口的农作物产品约需4亿亩的耕地才能生产出来。第二次全国土地调查结果显示,全国耕地面积共20.3亿亩,其中有8473.5万亩耕地位于东北、西北地区的林区、草原以及河流湖泊最高洪水位控制线范围内,还有6471万亩耕地位于25度以上陡坡,这1.5亿亩耕地中,有相当部分需要根据国家退耕还林、还草、还湿和耕地休养生息等安排逐步调整,即中国耕地资源紧缺的国情没变。

(3)优等耕地季节性抛荒规模连年攀升。近年来,优质耕地季节性抛荒(有的地方甚至是常年抛荒)十分严重。对江淮丘陵调查的结果显示:冬、春两季耕地抛荒的比例一般为1/3~1/2,有的地方,甚至几千亩的连片圩田全部抛荒,而且呈现距城镇越远抛荒越严重的趋势。一位常务副县长反映:“江淮地区优质耕地季节性抛荒现象很普遍”。这几年,冬、春两季耕地抛荒的后果已经显现,即食用油紧张,绝大多数餐桌上难见菜籽油,取而代之的是进口大豆榨油。因此，随着工业化、城镇化的快速推进和农村劳动力的大量转移，“地谁来种和地怎么种”的问题日益凸显。

（4）耕地健康水平下降势头尚未遏制。耕地健康水平下降包括两个方面：①生产能力下降。目前我国耕地退化面积占耕地总面积的40%以上，呈现东北黑土层变薄、南方土壤酸化、华北平原耕层变浅等，土壤有机质含量下降，特别是一些补充耕地质量等级较低等，都严重影响了耕地的产出；还有一定数量的耕地因开矿塌陷造成地表土层破坏、因地下水超采，已影响正常耕种。②耕地污染。目前受污染的耕地约有1.5亿亩，其中有5000万亩耕地受到重度污染，主要是重金属和有机物污染，不仅导致土壤理化性状变差，影响作物生长发育，降低耕地生态功能和生产能力，而且在土壤中积累、在作物中残留，影响食品安全；此外，我国虽然用占世界不到10%的耕地生产了占世界22%的粮食，但却使用了全世界35%的化肥，其中有2/3属于不合理施用，不仅导致严重的土壤退化，而且也形成了大量农业面源污染，在一定程度上影响食品安全。

2014年5月，习近平主席到河南考察农业时指出，粮食生产根本在耕地，命脉在水利，出路在科技，动力在政策。为此建议：

1. 耕地保护要做到数量质量并重，确保质量优先

（1）要严格遵循《基本农田保护条例》划定永久基本农田。我国第三轮土地利用总体规划虽然开展了基本农田规划，但普遍将城镇周边和区位条件好、交通便捷的优等耕地规划成有条件建设区，导致耕地占补平衡过程中“占优补劣”现象普遍发生。因此，全国要开展基本农田补划与重划工作，城镇村周边、道路两侧的优等耕地必须划入永久基本农田严加保护，从而倒逼出“卫星城镇、都市农业和田园城市”的城乡一体化发展之路。各级政府要将耕地调查的成果图和基本农田规划图向社会公布，接受社会监督。

对破坏耕地的当事人,无论其动机如何均要严格依法予以惩处。

(2)要对耕地的实际用途进行清查。①核查退耕还林工程。退耕还林是从保护和改善生态环境出发,将易造成水土流失的坡耕地有计划、有步骤地停止耕种,恢复森林植被。退耕还林工程建设包括两个方面的内容:一是坡耕地退耕还林,二是宜林荒山荒地造林。但是,很多地方为了套取退耕还林项目和经费,不惜占用优等耕地造林。因此,对这部分"林地"应该进行核查,予以清退,恢复耕地。②普查流转土地的用途。我国流转耕地的总面积占耕地总量的28%,但是流转耕地的非粮化现象特别严重,尤其是有些工商企业主假流转之名,行套用国家补贴政策之实,流转后的土地用于发展果园和苗木。因此,对流转土地的利用违反规划用途,或利用效益低下的,应采取警告、整改、罚款和收回流转土地的惩罚措施,确保农地农用和高效利用;对造成耕地肥力破坏的要依法予以惩处。

(3)要把"补充耕地数量质量按等级折算"落到实处。对建设确需占用耕地的,如公益性项目或公共设施项目,必须依法实现占补平衡。对补充的耕地要履行认证与评估程序,其评估等级要与农用地分等定级成果进行比对,若补充耕地等级高于被占耕地等级,按1:1补充;若补充耕等级低于被占耕地等级,按1:(1+级差系数)补充。

2. 建立粮食和食品安全的长效机制,确保耕地播种面积

(1)调整粮食等农产品投入结构,改革农业补贴方式。稳定粮食生产最关键的一句话就是"农民种不种,关键看利润",即要让种地人有利可图。因此,要靠政策的动力来驱动粮食生产。目前,我国粮食等农作物产品进口量已经超过了"适度"的范畴。因此,应该进行结构性调整,即减少农产品进口量,把进口的花费用来加大对农业的补贴上。要改革现行的农业补贴方式,实行种子

和化肥等农资实物补贴,以及无偿对种地人进行农技、农艺服务和培训等。实物补贴就是各种农资由政府统一采购,然后按田亩、种植结构直接分发到种地人手中,实现政府分担部分生产成本,农资质量有保障、价格不攀升,种地人收益大提升的目的。这样就会激发种地人的积极性,使健康的土地投入使用,使绿色的生产技术进入生产过程,既实现了粮食增产,又保障了食品安全。

(2)创新经营农作物秸秆的驱动政策,扭转耕地季节性抛荒的被动局面。2014 年,是全国绝大多数省份秸秆“全面禁烧”的第一年,很多农民迫于处罚的威慑,加之秸秆离田成本高,农业的比较效益低,干脆弃耕抛荒,即耕地季节性抛荒很大程度上是由秸秆禁烧造成的。因此,要坚持“还田为主,其他利用为辅”的经营秸秆方向,因地制宜地实施秸秆还田、发展大循环农业、秸秆加工业和秸秆能源产业的驱动政策,将秸秆变废为宝,既保证了抢种,又养护了土壤。

(3)扶持发展新型农业经营主体。实践证明,我国未来的农业发展,必须通过各种体制机制创新,促进农业转移人口市民化和农村土地经营权流转,让更少的农民种更多的土地,其根本出路在于培育新型农业经营主体,引领现代农业发展。因此,政府要进一步解放思想,制定有利于促进新型农业经营主体成长又不会导致负面效应发生的财政支持政策、土地配套政策、金融保险政策等。

3. 全面开展耕地“体检”工程,确保耕地健康

(1)建立“政府主导,农口牵头,专家领衔,民众参与”的运行机制,全面开展耕地“体检”工程。由于耕地“体检”工程既是一项庞大的系统工程,又是一项最大的民生工程,只有政府主导才能推动,农口牵头才有方向,专家领衔才能实现,民众监督才能保障,所以只有采取“政府主导,农口牵头,专家领衔,民众参与”的运行机

制才能顺利开展。耕地健康“体检”工程的主要任务是对我国耕地进行全面普查与诊断,查清健康土地、亚健康土地和不健康土地的面积、比例及分布,并建立土地健康档案。健康土地是指“体壮无病”的土地,既能保障高产稳产,又没受任何污染。不健康土地是指“体壮隐大病”的土地,即使高产稳产,但因其受到污染,生产的粮食不可食用。由于其形象好,口感好,肉眼不能识别,所以隐患很大,必须要通过检测才能发现。检测的重点是土壤,土壤污染了,农业生产过程再绿色都是徒劳的,这就是耕地健康体检在食品安全工程建设中的重要地位。亚健康土地包括三种类型:①“无病体不壮”的土地,即土地没受污染,但属于中低产田,生产的粮食可以放心食用;②“体壮有小病”的土地,即土地能获得高产稳产,但受到了不同程度的污染;③“体弱有小病”的土地,即受到了不同程度污染的中低产田。后两类耕地生产的粮食必须经过检测。

(2)编制耕地健康保护与提升规划,夯实食品安全的基础。依据耕地健康体检成果,分析我国耕地健康现状,包括结构与布局、特点与问题等,在此基础上编制土地健康布局图,进而编制耕地健康保护与提升规划。对健康土地,要实行严格的保护措施,如推行绿色的生产过程,利用洁净的灌溉水源,引种安全的种子等;对“无病体不壮”的亚健康土地,除采用健康土地的相关保护措施外,重点是加强高标准基本农田建设,实现高产稳产;对“体壮有小病”的土地,重点采取修复措施,清除耕地体内“垃圾”,提升食品的安全度;对“体弱有小病”的土地,要采取提升与修复并重的举措,实现耕地健康整体水平提升。对不健康土地,要本着边利用边修复和先易后难的原则,制定土地修复规划。要加强农产品原产地和流向的监控与管理,在不健康土地没达到修复标准前,其生产的农产品只能用于工业用途。

(3)建立耕地养护机制，保障耕地健康水平不降低。从宏观层面分析，由于人们的土地利用行为不当，导致耕地质量退化，如在103万平方千米的东北黑土地上，因水土流失而沟壑纵横，中国最肥沃的产粮地在退化；从中观层面分析，我国为保障“吃饭、建设与生态”三者关系的协调，提出实施耕地总量动态平衡战略，要求耕地数量和质量均有提高，但在实际执行中，只追求数量的平衡，新增耕地质量明显低于被占耕地质量，造成耕地质量退化；从微观层面分析，农民经营土地的方式发生了变化，如大量施用化肥，基本不施农家肥，既破坏土地肥力，又污染了土地环境。因此，耕地健康养护问题必须建立管理者和利用者的互动机制。首先是实行行政长官土地健康养护问责制，采用年终考核和政绩考核一票否决，确保土地健康水平只能提升，不能退化；其次是推行健康土地养护补偿机制，让耕地养护者得实惠，提高耕地利用者养护耕地的积极性和自觉性。

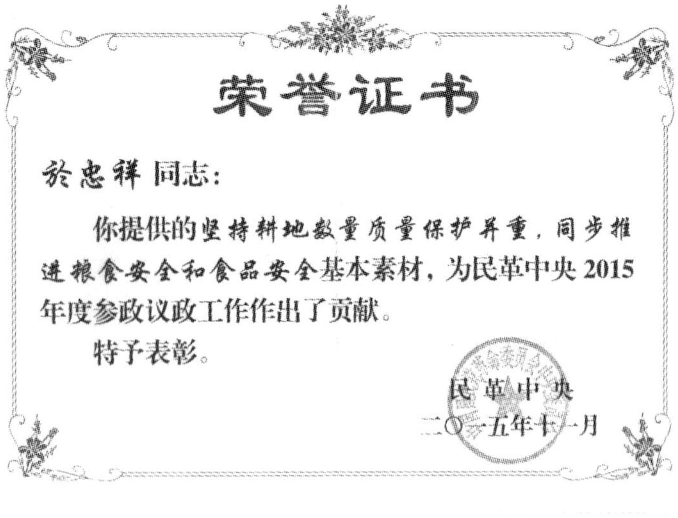

荣誉证书

於忠祥 同志：

你提供的坚持耕地数量质量保护并重，同步推进粮食安全和食品安全基本素材，为民革中央2015年度参政议政工作作出了贡献。

特予表彰。

民革中央

二〇一五年十一月

26. 坚持以人为本 推动由焚烧秸秆向经营秸秆转变*

（2015 年）

安徽省常年主要农作物秸秆资源达 4400 多万吨，其中水稻、小麦和油菜秸秆占 80% 以上，其次为玉米、豆类、棉花和薯类秸秆。因此，解决安徽省的秸秆问题要以水稻、小麦、油菜和玉米秸秆为主，辅以棉花、豆类和瓜菜薯类秸秆。目前，安徽省在现有的秸秆处理方式中，还田的不到 30%，用于秸秆粗饲料的占 20% 左右，秸秆资源化和工业原料化利用效率低，即安徽省农作物秸秆有近一半未被利用，成为新的污染源，主要是焚烧。为了解决秸秆焚烧问题，安徽省委办公厅、省政府办公厅下发了《关于推进农作物秸秆禁烧和综合利用工作的意见》，提出了安徽力争 2015 年基本实现秸秆全面禁烧的奋斗目标；安徽省人民政府办公厅下发了皖政办秘〔2014〕75 号文件，提出了《2014 年全省秸秆禁烧工作方案》；与此同时，安徽省各市、县（市、区）也纷纷下发了秸秆禁烧工作方案。

由于这些秸秆禁烧工作方案均有一个共同点，就是提出实行“建立健全考核问责机制”和“严格督查考核”，加之人们对秸秆焚烧危害程度形成的共识，因此，在夏秋两季的“禁烧期”，地方各级

* 本文是民革安徽省农村与农业委员会 2015 年度承担的调研课题。秸秆焚烧不仅引起大气污染和火灾等公害，而且浪费了宝贵的秸秆资源，令人痛心。为了禁烧，各级政府花费了大量的人力、物力和财力，但屡禁不止。基于此，本人在调研基础上，代表民革安徽省委撰写了该提案，被列为政协书面发言，提出的关于经营秸秆的理念是超前且切合实际的。

政府可谓举全力推动,成效斐然。如宿州市埇桥区,由于将"提前谋划,周密部署;全面宣传,营造氛围;奖补到位,强化考核;驻村包保,密集督察"一套禁烧体制机制落到实处,在禁烧期内没出现一处燃烧点;埇桥区、长丰县、明光市和亳州市在秸秆禁烧的同时,注重综合利用的经验值得借鉴。

总体来看,安徽省关于秸秆焚烧问题的解决方案,主要是以行政推动为主,辅以经济措施和技术措施,即使是经济措施,其奖罚仍然带有浓厚的行政措施色彩。因此,是难以持续的。为此建议:

1. 建立解决秸秆焚烧的双向人性化机制

秸秆焚烧与农耕历史几乎同步。几千年来,农民利用秸秆焚烧,解决了农村能源问题。毛泽东同志描述的"喜看稻菽千重浪,遍地英雄下夕烟"的壮观景象,既反映了毛泽东同志对丰收的喜悦,更反映了他歌颂劳动人民是英雄的本意。过去,由于秸秆是小规模分散焚烧,没有造成环境问题。如今,农村能源问题解决了,在农业丰收的同时,很多地方是"狼烟四起"取代了"遍地英雄下夕烟"。由于是大规模集中焚烧,短期内给大气带来了严重污染,引起了社会的恐慌。因此,各级政府下大力气,试图解决这个问题。但是,实际操作中,导致了行政成本过大、干群的鱼水情关系被淡化等诸多问题。因此,要建立双向的人性化机制解决秸秆焚烧问题。

(1)解决秸秆焚烧问题,要站在农民的立场。各级政府和部门,要始终把农民的利益放在首位,要牢记"关心群众生活,注意工作方法"的宗旨,强调执政为民的理念。早在1934年,毛泽东同志在谈到革命中心任务时就指出:"一切群众的实际生活问题,都是我们应当注意的问题。假如我们对这些问题注意了,解决了,满足了群众的需要,我们就真正成了群众生活的组织者,群众就会真正围绕在我们的周围,热烈地拥护我们。”关于工作方法问题,毛泽东指出:“如果仅仅提出任务不注意实行时的工作方法,不反对官僚主义的工作方法而采取实际的具体的工作方法,不抛弃命令主义的工作方法而采取耐心说服的工作方法,那么,什么任务也是不能实现的。”所以,在当前秸秆尚难完全处理的情势下,为了解决抢收抢种的问题,政府的首要问题是要由领导型向服务型转变,要动员教育、宣传、财政、农委、农机、交通运输、能源和环保等各部门,帮助农民解决秸秆还田、离田、储运等资金与技术问题。农民的根本问题是增效与减负问题,即秸秆处理方案既要能迅速解决抢收抢种问题,又要在秸秆处理过程中不增加农民负担,这样秸秆焚烧问题就会迎刃而解。

(2)解决秸秆焚烧问题,还要站在基层干部的立场。在夏秋两季的禁烧期,很多奋战在一线的基层干部,尤其是乡镇干部,基本上是“5+2”“白+黑”地蹲守在田间地头,饿了吃方便面,渴了喝矿泉水,困了便打个盹,烧了轻则扣保证金,重则被撤职。这种用人机制不公平。因此,对一线工作的干部要包容,就是减轻干部的精神压力,强化其工作责任、工作艺术和工作能力的提升,淡化“罚”与“撤”的理念,让他们放下包袱,甩开膀子。基层干部的工作艺术提高了,就会融入农民,和他们打成一片,农民就会尊重基层干部的辛劳,理解他们的工作,干群关系就会发生根本好转。

2. 树立经营秸秆的理念

经营秸秆不是新理念。几千年来,我国农民利用秸秆烧饭、取暖等,经营的是秸秆能源;通过发展养殖业实行过腹还田,经营的是秸秆肥料,正所谓“养猪不赚钱,回头看看田”,其实质就是我国几千年来形成的循环农业理念。今天的秸秆焚烧,根源不在农民,而是农村能源结构的改变、化学农业的发展和农村劳动力转移等造成的。所以,秸秆焚烧具有久远的传统,现在禁烧则是观念的变革,必须为此寻求能实现其价值且全社会能接受的出路,那就是利用传统技术和现代高新技术相结合形成配套技术,推动焚烧秸秆向经营秸秆转变。结合安徽省秸秆资源禀赋和社会经济发展态势,我省应坚持以还田为主、其他利用为辅的经营秸秆方向。

(1)抓教育。要投入专项资金,在全社会开展经营秸秆的科普教育活动,让人们掌握经营秸秆的知识,了解经营秸秆的方向和技术,知晓焚烧秸秆不仅浪费资源,而且危害社会和环境。这样,农民就会视秸秆为宝,一些有识之士就会投资经营秸秆产业。

(2)抓宣传。①面向农村,有针对性地宣传。如宿州埇桥区,通过印发张贴《关于进一步加强秸秆综禁工作的通告》《致广大农民朋友的一封信》《致务工返乡农民朋友一封信》《致农机手一封信》等,将秸秆综合利用政策宣传到每家、每户、每个农机手,确保了政策不漏死角,不留盲点。②正面宣传,弘扬保护资源和环境的正能量,引导农民自觉加入经营秸秆的行列。

3. 实施差别化的经营秸秆政策

(1)依据主体功能区规划,制定秸秆还田的激励政策。要大力发展秸秆直接还田的农机与农艺。来自明光的经验:稻、麦采用高茬收割,不仅可提高收割效率,而且可减少收割损耗 10%;采用秸秆粉碎还田机灭茬不仅速度快,而且粉碎效果好;采用旋耕机耕翻,不仅不影响播种,而且有利于提高土壤肥力,可增产 5% 以上。因此,要加大水稻和小麦主产区的农机补贴力度,促进传统农艺向现代农艺转变,奠定经营秸秆的基础,加速我省现代农业的发展。

(2)有针对性地扶持发展大循环农业。①鼓励和扶持利用秸秆发展养殖业的企业或农户,示范推广“秸秆—畜—沼—水产—肥”的大循环农业发展模式;②鼓励和扶持利用秸秆发展食用菌栽培的企业或农户,示范推广“秸秆—菌—沼—水产—肥”的大循环农业发展模式。

(3)扶持发展具有发展前景的秸秆加工业。要制定包括资金、用地、税收、金融等方面在内的扶持与激励政策,促进具有市场前景的秸秆加工产业的发展,主要包括颗粒燃料及其利用设备制造业、生态秸秆板材制造业、秸秆编织业、秸秆肥料制造业等。

(4)谨慎建设秸秆发电厂。《安徽省人民政府关于加快发展农作物秸秆发电的意见》关于“结合全省秸秆资源条件、分布特点、收集半径及保障能力,科学规划秸秆发电项目。在沿淮和皖北粮食主产区,原则上每县(市、区)布局1座秸秆电厂,秸秆资源量较大的县(市、区)可布局2座;沿江及皖南2~3个县(市、区)布局1座秸秆电厂。力争2017年年底,全省秸秆电厂装机规模达到150万千瓦左右,年利用秸秆量1500万吨左右。”的提法本身就缺乏科学论证。①堆场问题。秸秆是季节性的,发电是常年性的,这就要求解决堆场问题,一个电厂一年需要30万吨秸秆,其复用率按2计算,则需15万吨的秸秆,即使压实、打捆,其堆场占地恐怕也不亚于电厂的本身。②秸秆的收集问题。因为收购价格过低,一亩地的秸秆离田就需要一个劳动日,再运到收购地点,很多是入不敷出,农民宁弃不卖。③管护和运输问题。秸秆堆放点肯定是分散的,其管护和运输又要增加成本。④安全隐患问题。一旦出现火灾,不仅是经济损失,其环境损失等恐怕比目前的秸秆焚烧更加巨大。⑤效益问题。秸秆的燃烧值低,发电成本高,需要政策补贴,是一个赔钱、赔地的项目。秸秆与垃圾不同,秸秆不是废料,如果秸秆发电仅仅为了解决焚烧问题,还是少上为好,因为只要经营得力,我省完全有能力解决秸秆焚烧问题。

27. 实施“源”“汇”管控并重　推进农业面源污染防治*

(2016 年)

随着经济社会的发展,点源污染越来越被重视,其治理力度不断加大,但在工业点源污染和城镇污染防治初见成效之后,农业面源污染在环境污染中所占比例却越来越大,已成为地表水和地下水污染的主要来源。据研究,全球已有 30% ~50% 的地球表面受到面源污染的影响。目前,我国农业已超过工业成为最大的面源污染产业,呈现量大类多、分布广的特点,总体状况不容乐观。安徽省农业面源污染也已成为化学需氧量最大的排放源,主要有两大污染方式,即“源”和“汇”。基于我省的农业面源污染分析,“源”的产生,首先是化肥和农药用量大,利用率低造成的污染;其次是养殖业面源污染,全省畜禽养殖业水污染排放量中的化学耗氧量达 4164 万吨,占农业污染源的 97%,一些地方高密度的水产养殖也造成了水体恶化;再次是生活垃圾和生活污水未经处理直接排放造成污染:据不完全统计,安徽省农村地区每年大约产生 1800 万吨生活垃圾和 5 亿多吨生活污水;最后是农业秸秆无序利用造成污染。“汇”的过程,重点是水

---

* 本文为本人在安徽省政协举行的“加快推进水污染防治界别协商会”上的发言。提出的实施化肥农药负增长行动,建立发展有机农业的服务平台和市场机制,坚持“两型社会”的发展理念,将粪便和秸秆归还农田,修复和完善农村塘坝体系,发挥其拦截水土和净化功能以及建设植被过滤带与人工湿地,构筑农业面源末级“汇”污染防治屏障等建议,尤其提出的“尝试实施城镇粪便与污水分流工程”的建议,若能落实,将是“利在当代、功在千秋”的德政工程。

土流失和对其汇入江河湖泊过程的有效拦截。目前,安徽省针对农业面源污染防治的突出问题,已经采取了一系列卓有成效的举措。本人仅从实施农业面源污染"源""汇"管控并重的视角做一些补遗,供决策参考。

1. 实施化肥农药负增长行动

安徽省化肥年用量为330万吨,利用率仅为35%;农药年用量5万吨,利用率仅30%。"十三五"末,如果能将化肥、农药的利用率提至50%,则化肥年用量可减少50万吨,农药年用量可减少1万吨,不仅从源头上减少了污染物进入环境,而且降低了农业生产成本。但是,实施化肥农药负增长行动,不能由政府强行推动,必须通过发展农业适度规模经营和科学使用化肥农药才能实现。因此,要进一步深化改革,加快推进以农业转移人口市民化为核心的新型城镇化进程,加大扶持发展新型农业经营主体力度,促进农村土地有序流转。基于目前的农地经营现状,安徽省要区别不同的农业经营主体,建立和完善多种形式的农业技术推广队伍,最大限度地整治乱施滥用化肥农药的行为,做到适时适量有针对性地施用化肥农药,尤其要推广无害化防治病虫害技术。

2. 建立发展有机农业的服务平台和市场机制

未来农业竞争力的强弱在很大程度上将取决于农产品的质量,而有机农业是接近零污染的农业,最具市场竞争力,是农业生产者控制农业面源污染的经济动因,即有机农业的高额利润促使农业生产者将控制农业面源污染变为自觉行动。但是,目前的农产品入市门槛低,有机品牌杂乱,消费者信任度不高,优质农产品没有市场竞争环境。因此,安徽省要为发展有机农业构筑服务平台,包括基地认证、生产过程监控和产品检测等;营造市场竞争环境，实行农产品分级销售，形成市场定价机制，让有机农业生产者得实惠。

3. 坚持“两型社会”的发展理念，将粪便和秸秆归还农田

实行家庭联产承包责任制以来，农村经济社会得到了空前的发展，尤其是“十一五”以来，粮食实现了“十二连丰”。总结粮食生产取得的辉煌成绩，主要源于“政策好，人勤奋，天帮忙，地给力”。“地给力”的过程，也是大量施用化肥“挖掘”土壤有机质库存的过程，不仅增加了农业面源污染，而且导致土壤肥力退化。与此同时，城镇粪便与污水合排，既浪费了宝贵的有机肥源，又增加了城市污水治理量；农村相当一部分秸秆丢弃在田间地头和路边沟旁，经水浸泡后进入水体，造成次生污染，甚至造成突发性水污染事件。因此，安徽省应着眼于构建资源节约型和环境友好型社会的高度，尝试实施城镇粪便与污水分流工程。将收集的粪便用于沼气发电后还田，可一举三得，即增加了能源、增加了有机肥源、减少了农业面源污染和城镇污水污染。坚持“还田为主，其他利用为辅”的经营秸秆方向，创新经营农作物秸秆的驱动政策，即因地制宜地实施秸秆还田、发展大循环农业、秸秆加工业和秸秆能源产业的驱动政策，将秸秆变废为宝，既保护了环境，又养护了土壤。

4. 修复和完善农村塘坝体系，发挥其拦截水土和净化功能

农村原有塘坝星罗棋布，绝大多数都布局在小区域的汇水区，既发挥了对水资源的调蓄功能，又形成了江河湖泊流域的第一道屏障，即降雨时拦截地表径流，雨后在土壤沉淀和吸附过程中，结合塘坝里的水草吸收等可基本消解水的富营养化。农民不定期地对塘坝进行清淤，淤泥又是上等的有机肥。因此，农村塘坝体系是天然的农业面源污染“处理厂”，是“汇”污

染治理的第一站。然而，当今的农村，绝大多数塘坝淤塞，遍布的是“碟子塘”。因此，安徽省要实施“千村万塘”工程，结合农村土地整治，修复和完善农村塘坝体系。鉴于安徽省农村土整治的新增耕地主要来源坑塘填埋，所以，建议取消新增耕地率3%的规定。

5. 建设植被过滤带与人工湿地，构筑农业面源末级“汇”污染的防治屏障

植被过滤带与人工湿地是农业面源污染的末级“汇”污染防治，应建立在水库和湖泊的周边与溪流两岸，用于过滤来自农田的泥沙和污染物。据研究，垂直水流湿地能有效地去除氨态氮，水平水流湿地能有效地去除硝态氮。因此，要推广巢湖月亮湾湿地的布局模式，建立垂直水流和水平水流交错的湿地系统。

6. 建立健全与农业面源污染防治相配套的法律体系

农业面源污染归根结底还是人类施用农用化学品的活动或行为造成的。因此，通过立法和制度设计来规制人的行为，控制施入农业环境的农用化学品数量、结构和方式，是从源头管控农业面源污染的有效方式。因此，在国家法律尚不完善的情势下，我省应依据中共十八届四中全会精神，适时启动地方立法权，制定和完善农药、化肥控制的地方法规，制定和完善养殖业环境技术标准，制定有机废物排放专项法规等。

2016 年 10 月 28 日，在安徽省政协加快推进水污染防治界别协商会上发言

2016 年安徽省政协加快推进水污染防治界别协商会会场

28. 关于耕地和基本农田“非粮化”“非农化”问题的思考*

（2015 年）

据统计，截至 2014 年 12 月，我省土地流转面积 3393.14 万亩，其中耕地 2541.7 万亩，约占全省耕地总面积的 41.09%，有力地促进了土地由分散经营向规模化、集约化经营转变，加速了现代农业的发展。但实际运作中也存在一些突出问题：有的土地流入者借流转之名，变相囤积土地；很多土地流入者在流转的土地上，采用“非粮化”的经营模式，甚至发展非农产业等。此外，农民违法占地建房、政府租地绿化等现象，也是造成耕地和基本农田“非粮化”“非农化”问题不可忽视的原因。为此建议：

1. 从严划定永久基本农田

我国第三轮土地利用总体规划虽然开展了基本农田规划工作，但普遍将城镇周边和区位条件好、交通便捷的优等耕地规划成了有条件建设区，导致优等耕地“非农化”、补充的劣等耕地“基本农田化”现象普遍发生。因此，全省要开展基本农田补划与重划工作，鼓励将大城市允许建设区内的耕地划为基本农田，尽可能将有条件建设区内的耕地划为基本农田，坚决将城镇村周边、道路两侧

---

* 本文为本人 2015 年 12 月 3 日在安徽省政协举办“耕地暨基本农田‘非粮化’‘非农化’”对口协商会的发言。发言中提出，从严划定永久基本农田，倒逼出“卫星城镇、都市农业和田园城市”的城乡一体化发展之路和要深化对“粮食”内涵的认识，区别对待耕地和基本农田“非粮化”问题，严格控制耕地和基本农田“非农化”问题具有创新性，出席会议的省领导在讲话中给予了充分肯定。后经进一步雕琢，作为提交全国政协提案，由民革中央转交并获表彰。

的优等耕地划入基本农田区,从而倒逼出“卫星城镇、都市农业和田园城市”的城乡一体化发展之路。各级政府要将耕地调查的成果图和基本农田规划图向社会公布,接受社会监督。对破坏耕地的当事人,无论其动机如何均要严格依法予以惩处。

2. 区别对待耕地和基本农田“非粮化”问题

为确保“中国人的饭碗主要要盛自己生产的粮食”,就必须像保护大熊猫一样保护耕地。随着人们生活水平的提高和饮食结构的变化,必须不断深化对“粮食”内涵的认识,即只要能保障人们吃得好和吃得饱的食物均可视为粮食。因此,农业经营者,在不破坏耕地和基本农田的前提下,因地、因市制宜地进行种植业结构调整,政府不要干预,应发挥市场配置资源的决定性作用,如种植蔬菜、草莓、牧草等。一旦市场饱和了,大米和小麦等主粮价格提升了,农业经营者会自觉地调整其种植结构。但是,禁止农业经营者利用耕地和基本农田挖鱼塘、建果园和苗圃等破坏耕地和基本农田的“非粮化”行为。

3. 严格控制耕地和基本农田“非农化”问题

(1)缩小征地范围。要将征地范围严格限定在不以营利为目的的公共设施和公益设施项目内。因此,要界定公共设施和公益设施用地,制定“公共设施和公益设施”项目用地目录,不在目录的用地项目一律不予启动征地程序。对建设确需占用耕地的,如公益性项目或公共设施项目,都必须遵循“补充耕地数量质量按等级折算”的程序实现耕地占补平衡。

(2)推行“谁执法,谁普法”的举措,严打“法不责众”的恶习。①国土资源部门要在广大农村普及有关土地的法律、法规和政策,全面开展“禁止和清除农民在自己承包地上违法建房”行动;②对利用流转耕地经营“非农化”产业的,要依法予以惩处。

4. 对耕地的实际用途进行清查

(1)核查退耕还林工程。退耕还林是从保护和改善生态环境出发,将易造成水土流失的坡耕地有计划、有步骤地停止耕种,恢复森林植被。退耕还林工程建设包括两个方面的内容:①坡耕地退耕还林;②宜林荒山荒地造林。但是,很多地方为了套取退耕还林项目和经费,不惜占用优等耕地造林。因此,对这部分"林地"应该进行核查,予以清退,恢复耕地。

(2)清查绿色廊道工程。真正的绿色廊道是指履行了征收手续的交通运输用地等,在完成了工程建设后,在其两侧空地上进行植栽的廊道。但是,一些地方为了完成千万亩森林工程下达的任务,假绿色廊道建设之名,租用农民的承包地进行植栽,有的道路两侧分别形成了200多米的绿化带,造成了大量的耕地和基本农田"非粮化"问题。这部分土地,应予以"退林还耕"。

5. 建立以家庭农场为主体,其他形式为补充,准入和监控制度为保障的农地流转新机制

家庭农场一个最大的优点是规模适度,但因为投资能力有限,难以发展高档次的设施农业,绝大多数都进行粮食生产。此外,中国的资源禀赋决定了其农业现代化既不能采用北美等发达国家以大规模农场为特征的发展模式,也不能采用拉丁美洲的大公司农场与小农户并存的"双元化"发展模式,应该根据中国国情,发展中国特色的现代农业,即在土地流转过程中,要确保农民家庭承包经营的主体地位。让公司法人大规模地流入农地,成为农业的经营主体,把农民变成农业工人,只是农村土地流转的一种方式,不是方向。因此,应该设置门槛,限制在有限的耕地上工商企业以资金雄厚的资本实力去和弱小的农户争夺耕地经营权。中共十八届三中全会做出的《中共中央关于全面深化改革若干重大问题的决

定》虽然指出:“鼓励和引导工商资本到农村发展适合企业化经营的现代种养业”,但并不意味着允许所有的企业家都投资农业,即农地流转要设置条件,防止形成新一轮掠夺农村土地资源的运动。因此,必须建立土地流转准入制度和监控制度,保障流转土地的用途不变和高效利用。

土地流转准入制度的核心内容是对土地流入者的资格认证,包括资信条件、经营能力、管理水平等。要运用规划约束土地流入者的土地利用行为,保障土地用途不改变,利用效益不断提升,真正通过土地流转,培育大批家庭农场,为推进城镇化提供有力的保障。监控制度是对土地用途和经营水平进行监控,发现流转土地的利用违反规划用途,或利用效益低下的,采取警告、整改、罚款和收回流转土地的惩罚措施,确保农地农用和高效利用。

2015 年安徽省政协耕地暨基本农田非粮化非农化对口协商会会场

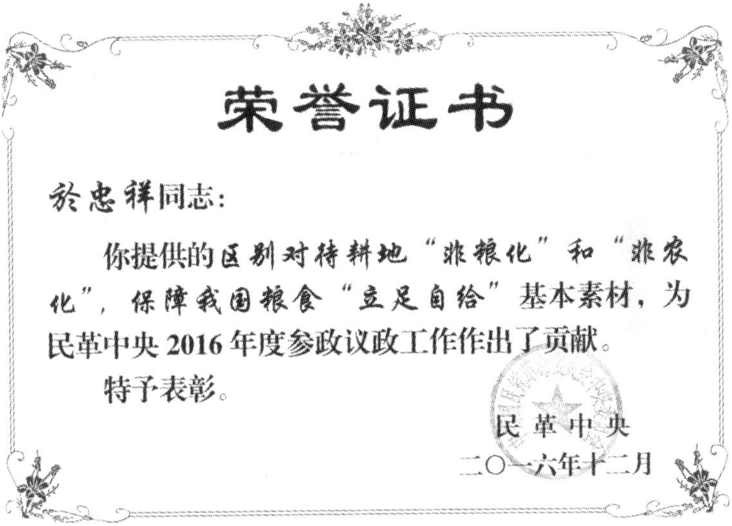

荣誉证书

於忠祥同志：

你提供的区别对待耕地“非粮化”和“非农化”，保障我国粮食“立足自给”基本素材，为民革中央2016年度参政议政工作作出了贡献。

特予表彰。

民革中央

二〇一六年十二月

29. 推进安徽省发展品牌粮食的思考与建议*

（2016 年）

至 2015 年，安徽省粮食产量实现了"十二连丰"，总产量突破了 350 亿千克。与此同时，安徽省出现了粮食供给结构性矛盾，即普通品质的通用粮食产品市场供给充裕，"卖粮难"的现象比较普遍；优质安全、营养健康的品牌粮食市场供不应求。安徽省自然条件优越，生态环境优良，适宜发展优质粮食生产。优质粮食必须要有品牌，它不仅是上市的标志，更是消费者辨别、比较的工具。显而易见，品牌已成为与对手竞争的重要武器。但是，安徽省品牌粮食发展却相对滞后，直至 2015 年 10 月才启动发展专用品牌粮食试点。因此，安徽省要扭转农业增产不增收的被动局面，提高农业核心竞争力，实现由农业大省迈向农业强省，必须加快推动品牌粮食发展。为此建议：

1. 抓基地工程建设

发展品牌粮食生产基地的耕地必须具备健康和规模两大条件，即品牌粮食生产基地建设的重点是维持和提高耕地健康水平，扩大耕地经营规模。

（1）实施耕地健康标识制度。要全面推进耕地体检，发布耕

---

* 本文为本人在有安徽省政协主席王明方出席、安徽省政协副主席邵国荷主持的"省政协发展专用品牌粮食对口协商会"上的发言。安徽省人民政府副省长方春明出席会议并讲话。会前几个月，由邵国荷带队的调研组，分别赴安庆、淮北、宿州等市，以及山东省济南、烟台、威海和青岛等市，进行了深入调研。本人发言得到方春明副省长的肯定。

地健康水平的地理分布状况，强制执行进入流通领域的粮食在包装上标识耕地体检结果，激励新型农业经营主体创中国地理标志商品。

(2)实施耕地健康提升工程。依据耕地体检成果，区别健康土地、亚健康土地和不健康土地等，实施差别化的耕地健康提升行动。

(3)实施耕地健康养护工程。建立政府和耕地经营者的互动养护机制。①实行行政长官耕地健康养护问责制，确保耕地健康水平稳中有升；②推行耕地健康养护补偿机制，让耕地养护者得实惠，提高耕地经营者养护耕地的积极性和自觉性。

(4)推进适度规模经营。目前，囿于家庭承包经营，耕地经营规模仍然较小，不利于发展品牌粮食。因此，在现行土地制度框架下，唯有推进土地流转才能实现农业适度规模经营。从制度的层面，要对耕地流转过程中形成的“三权分置”进行顶层设计，规定不同权利主体对其权利的实现方式和实现程度；从政策的层面，要以创新社会保障体系为抓手，建立农业转移人口市民化的体制机制，激励其释放耕地经营权，消除耕地流转的阻力；从经济的层面，要以社会平均利润为经济杠杆，构建农业政策供给体系，包括补贴、金融、保险和设施用地等，发展壮大新型农业经营主体。

2. 抓种子工程建设

种子是农业的“芯片”。但目前，我国从茄子、油菜等的菜子，到玉米、水稻等粮食作物的种子，很多都是地地道道的外国货。如果我国没有优良的种子品牌，纵有再好的基地也打造不出自己的粮食品牌。因此，发展品牌粮食，必须发展我国民族种业。

(1)严格品种登记制度，大力发展关系国计民生的大田作物产业化种子繁育基地,加大对本土国际化种子公司的扶持力度。

(2)继续大力培育国家重大科技专项,力争迅速、更多获得拥有自主知识产权的新品种。

(3)采取严格的市场准入制度,谨慎对外开放大田作物种子市场。

3. 抓农技推广体系建设

质量是品牌粮食的生命线,即树品牌,首先得强质量。优质粮食至少具备健康土地、安全种子、清洁灌溉和绿色生产四要素。其中的绿色生产要靠科技,科技重在推广。故此,发展品牌粮食,必须高度重视农业技术推广体系建设。

(1)建立健全农业社会化服务体系,让农业经营者从直接承担的农业生产环节中分化出来,实现农业生产过程专业化。

(2)建立健全全程的技术推广体系,包括农业产前、产中、产后的全面、系统、一体化的服务。产前主要是生产资料供应,包括种子、化肥、农药、薄膜等,产中主要提供耕种技术、栽培技术、病虫害防治技术等技术服务,产后主要包括销售、运输、加工等服务。

(3)健全农产品质量安全体系,推进农业标准化生产。

4. 抓龙头企业建设

龙头企业以农产品加工或流通为主,它通过各种利益联结机制与生产基地和市场相联系,实现“产加销”一条龙或“贸工农”一体化的产业互融与互动。因此,发展品牌粮食必须发展品牌龙头企业。

(1)实施扶强汰劣战略。要重点扶持几个能有效发挥科技、资本、自然、区位优势的跨区域的大中型种子企业,激励高等院校、科研院所的育种专家与之联手,发展我国民族种业,支撑粮食品牌建设;要重点扶持发展能带动品牌粮食生产基地发展的精加工、深加工、特色加工和流通的龙头企业，形成一批具有较强竞争力的跨地区、跨行业、跨所有制的企业集团，使它们在创建品牌、开拓市场、引导生产、科技创新、加工增值等方面发挥主导作用。

（2）实施一牌多品战略。同一企业生产开发的系列产品，包括新产品，要使用同一个品牌，这样既可以降低产品的入市风险，又可以节约广告促销费，同时还强化了品牌效应，提升了品牌形象。

（3）实施品牌延伸战略。①由强势品牌企业对其他企业的同类产品实施“贴牌”，实行品牌资源联合经营；②其他企业实行粮食产品的初加工，强势品牌企业实行精深加工后贴牌销售；③强势品牌企业对贴牌企业的产品实施全程质量管控，若贴牌企业的产品危及强势企业品牌的形象，或者贴牌企业的产品之间自相残杀，随即让其退出强势企业品牌序列。

2016 年安徽省政协发展专用品牌粮食对口协商会会场

2016 年 8 月 10 日，在安徽省政协发展专用品牌粮食对口协商会上发言

第三章　农村建设

30. 关于合肥市社会主义新农村建设规划的建议*

（2005年）

各位领导、各位委员：

大家下午好！我是安徽农业大学教师，我叫於忠祥。温家宝同志提出：社会主义新农村建设要规划领先，要体现农民的意愿。因此，本人想就合肥市社会主义新农村建设规划问题发表拙见，错误和不当之处恳请批评指正。

1. 要编制负责任的土地利用总体规划

我国人多地少，耕地资源尤其紧缺。至2005年，我国耕地保有量只有18.31亿亩，粮食安全

---

* 本文为2005年3月本人在合肥市政协资政会上的发言。时任中共合肥市委书记孙金龙等市委、市政府主要领导，以及合肥市各职能部门负责人、县（区）、乡（镇）负责人出席会议。该发言的相关观点在《新安晚报》上以《徽派建筑可能不服合肥"水土"》为题刊出。

问题长期制约着我国社会经济的可持续发展。因此,合肥市应当也必须对我国粮食生产做出一定的贡献,即为了杜绝新农村建设过程中盲目占地,尤其是占用耕地搞攀比的现象,必须要运用土地利用总体规划作为闸门,保障新农村建设过程中城镇发展、耕地不减。因此,土地利用总体规划要编制危机规划、历史性规划和科学、严格的规划,为子孙后代造福。所以必须做到三个保障:(1)保障耕地面积,尤其是基本农田面积的适当规模;(2)保障城镇面积扩展,农村居民点面积要缩减;(3)保障农村社会经济发展,生态环境优良。为此,建议合肥市率先建立三大保障机制:(1)建立耕地保护补偿机制,即为体现均衡发展,必须建立保护耕地的长效机制,建议建立耕地保护基金,每年对市辖区保护耕地的县、乡(镇)和村给予补偿(不是城市建设占用耕地的补偿)。(2)建立城镇建设用地扩展和农村居民点缩减挂钩补偿机制,即按照国发〔2004〕28 号文件精神,要建立城镇建设用地扩展和农村居民点缩减挂钩制度,但“挂钩制度”必须要以经济补偿作为支撑。因此,这部分支出要列入财政预算,具体可从土地出让金中划出。(3)建立生态保护补偿机制,即对全市生态敏感区应给予生态补偿,如董铺水库、大房郢水库和滁河干渠等周边地区,一方面要禁止破坏和污染环境的行为,另一方面对这些地区要支付环境保护费。

土地利用总体规划要坚持上述三个保障,使社会主义新农村建设目标顺利实现。为此,该规划要落实各项用地指标,科学布局土地利用功能区,为专项规划提供空间。

要突出土地利用总体规划的权威性。合肥市一些城镇把土地利用总体规划甩到了背后,由于没有约束,或者土地利用总体规划管制不力,导致了一些城镇的“大跃进”:如有的城镇规划随意扩大建设用地规模，占用耕地甚至基本农田；有的眼见城镇规划要“出圈”，并设法修改土地利用总体规划，甚至不做土地规划。因此，要把土地利用总体规划所框定的城镇界线视为“高压线”，其他规划如果确有必要突破，必须经过充分论证，履行法定程序，待土地利用总体规划的修改方案批准后方可用地。

2. 要编制新农村建设总体规划

一个地方的经济社会发展水平、资源禀赋等的不同，决定了新农村建设需要根据不同的区域、不同的实际，因地制宜加以推进，不可以一哄而起搞“一刀切”！因此，合肥市新农村建设总体规划的重点，是寻求和发现全市农村与城市之间各种事物的内在联系和矛盾，合理布局生产力，减少重复建设的损失，提高政策的连续性和连贯性，减少全局中局部决策的个体局限性，提高决策的整体性和科学性；要依据合肥市农村的经济社会发展水平、区位条件和资源禀赋等，找准难点和切入点，要充分引进参与式规划理念，体现农民是主体，要符合农民意愿、带给农民实惠、得到农民拥护、便于农民实施的理念。切忌搞“纸上谈兵”的规划，即规划目标要可望可即，任务要具体且能够完成，规划实施措施要得力便于操作。

规划最起码要完成三大任务：(1)围绕合肥市和中心城镇，对社会主义新农村建设进行分区；(2)在分区的基础上提出各区社会主义新农村建设的模式；(3)区别不同模式，提出相应对策。

规划还要把握和协调好六大关系，即城乡关系、点面关系、主导主体关系、软件硬件关系、生产生活关系和当前长远关系等。

3. 要编制专项规划

依据上述两个规划，编制专项规划。专项规划要互相衔接，不能“各唱各的调，各吹各的号”。专项规划很多，但要突出抓好下列规划的编制:(1)农村经济发展规划,其基础是产业规划,即新农村要发展新产业;(2)城镇和村镇体系规划,同时辅以交通网络、绿化带等线型规划(特别提出:不能把该项规划视作新农村建设总体规划,新农村建设不能没有新房子,但新房子不能代替新农村);(3)农村新社区规划;(4)民主政治建设规划;(5)农民保障体系规划;(6)农民培训与教育规划等。

4. 政府要有新思想

在新农村建设中,政府是主导者,各相关部门是参与者。各级党委政府要把新农村建设当作一项责无旁贷的政治任务来抓,充分发挥好组织协调和督促落实作用。政府不仅要把社会主义新农村建设从口头宣传转变为真实行动,还要把“好事做好、做实”。新农村建设的各项规划,农村做不好,也做不起(如编制一个村庄建设与发展规划就要几十万元),所以,应该由政府来做。故此,建议市、县和区政府把新农村建设规划的任务具体落实到规划部门,可下拨足够的事业经费,为农村免费提供规划服务。

5. 规划必须在深入调查研究的基础上编制

现下,有很多规划模式和格调一致,没有特色。究其原因,是迷信知名机构和知名专家,不惜花费高昂的代价。规划理论深刻叫人看不懂,脱离实际无法操作。这些规划者仅到当地索取一些纸质的、电子的资料,或者在网上下载一些资料就开始了闭门造车,即使到实际考察,也是走马观花。如村庄规划,很多地方都规划成徽派。但徽派建筑均为砖木结构式的两层楼房,在青山绿水的背景中,白墙青瓦,使人产生一种祥和而宁静的效果,体现了“人地和谐”的理念。徽派建筑一般都连片成群,为防火,建筑师们发明了“码头墙”。所以,只有在类似于皖南这样独特的生态环境,徽派建筑才能体现人与自然的和谐。如果在合肥广大农村,都搞徽派建筑,不实用也不适住,劳民伤财。因此,规划必须要深入实际,要有本土专家参与,有广大干部和农民参与,要体现当地的民风民俗,做到因地制宜,遵循当地规律。

31. 发展新事业　建设新农村*

（2006 年）

主持人：中共十六届五中全会吹响了全面建设社会主义新农村的号角，新农村建设成为当前全市上下共同关心的一件大事。新农村建设要取得实效，需要从农民群众最关心、要求最迫切、最容易见效的事情抓起，发展农村新事业、扎扎实实推进农村工作就是这一要求的具体体现。近年来，我市农村社会事业取得了可喜的进步，但在一些领域尚存在薄弱环节，亟待加强。前不久，市政协组织部分政协委员就新农村建设问题进行了专题调研，今天，我们很高兴地邀请到参加调研的两位委员和市民政部门负责同志，着重就农村新事业的发展这个话题进行探讨。於教授，您长期与农村工作打交道，可以说是我们农村问题的专家，请您先说说看。

於忠祥：不客气。首先我认为，新农村建设要有新思想。新思想包括三层含义：第一，我认为农民要有新思想：社会主义新农村建设一定要尊重农民的意愿，充分体现广大农民的根本利益，但更要弄清主人、主体和主导三者之间的关系，农民既是社会主义新农村建设的受益者又是建设者，不是农民怎么支持政府的问题，而是农民如何积极参与建设的问题，也就是说要让农民懂得他们自己

---

* 2006 年 6 月，合肥市政协依托合肥电视台举办新农村建设政协论坛，市政协和合肥电视台邀请本人撰写脚本，本人、合肥市妇儿工委办公室副主任耿茹和合肥市民政局副局长耿广成作为嘉宾参与主讲。以下为本人主讲部分。本次论坛的文字材料，经进一步整理后，形成了《关于新农村建设的若干建议》提案，由民革安徽省委提交安徽省政协。

是新农村建设的主人,新农村建设是农民自己的事情。你要去走访农民,问什么是新农村,大多数农民会回答:新农村建设就是要政府帮我把房子建好。毋庸置疑,新农村建设不能没有新房子,但其第一步目标不是马上改变农村的村容村貌,把农村建设成城市。那样急于求成会事倍功半,劳民伤财。现在建设社会主义新农村的第一步目标应该是让农民转换思想,让广大农民能够认识农村的现状,认识、理解和接受现代化社会发展方向。要让现在的农民能够充分掌握先进实用的科学技术,并能充分应用到农业生产中。因此,最主要的是提高农民的文化素质,让他们逐步掌握和运用科学绿色种植和养殖技术,能够逐步接受和养成城市化的生活习惯,在保证农林牧畜渔生产的同时,调动农村富余劳动力,根据实际情况从事农副业、手工业和外出务工等。随着农业科学生产的逐步系统化,农业产值的逐步稳定,应适度扩展农产品的转化和深加工。用社会和科学知识转换农民的思想意识,把农民真正发动成社会主义新农村的建设者。

主持人:社会主义新农村建设农民是主体,因此,农民要有新思想太重要了。农民不转换思想,靠观望、等待和支援去被动地接受政府的扶持,永远也建不成新农村。那么您所指的新思想的第二层含义呢?

於忠祥:第二,我认为是政府要有新思想。首先,在新农村建设中,政府是主导者,各相关部门是参与者。各级党委政府要把新农村建设当作一项责无旁贷的政治任务来抓,充分发挥好组织协调和督促落实作用。政府不仅要把社会主义新农村建设从口头宣传转变为真实行动,还要把“好事做好、做实”。其次,要全方位地认识和理解“城市支援乡村”的内涵,搭建城乡相互沟通的平台。“提高农民的文化素质,让他们逐步掌握和运用科学绿色种植和养殖技术，逐步接受和养成城市化的生活习惯”的最有效的方法就是城乡相互沟通。为此，政府应该从城市派遣有工作能力和经验的人员到农村通过2~3年或更长的时间，去影响和带动农民转变思想，从而逐步走向新生活。过去城乡结对就是由城市派行政干部到乡镇挂职，他们能够很好地把国家的政策传达给广大农村和乡镇的老百姓。但是，现在应该委派接受过高等教育、具有扎实的技术理论和丰富实践经验的企业技术管理工作人员下到农村去，他们接受和理解政策快，有自己的技术专长。和专业党务、行政人员比较，他们对新事物的接受、消化和运用相对要快。同时因为长期从事技术工作，这些人没有教条和官僚作风。所以，技术型人才在接受短期培训后，如果充实到村一级辅助性的领导岗位，同时让有一定文化基础、人品可靠的农村干部到城市接受2~3年的教育和感化后再回到农村，这两种人相辅相成，完全可以连续地带动广大农民认识、理解和接受新农村发展方向，真正理解社会主义新农村的目标是什么。那就是农民能够充分掌握利用科学的现代化技术，最大限度地充实应用到农业生产和加工中，使农民自己生产的农产品能够为农民创造更大的价值，从而带动农民生活更舒适，更丰富多彩，使广大农民认识到新农村才是农民最好的生活、生产的地方。

主持人：我明白了，新农村建设必须要突出农民的主体地位，建立城乡互动机制。因此，新农村建设不是简单的上项目，必须树立全新的理念和全局的观念！

於忠祥：是的，这就是我要说的新思想的第三层含义，即总体上要有新思路。建设新农村，不是单纯地搞“新村”建设，也不是简单地在农村搞一些移风易俗的宣传活动，而是有着特定的目标要求，这就是中央提出的“生产发展、生活宽裕、乡风文明、村容整洁、管理民主”。一个地方的经济社会发展水平、资源禀赋等的不同,决定了新农村建设需要根据不同的区域、不同的实际,因地制宜加以推进,不可以一哄而起搞“一刀切”！具体应从以下几个方面循序渐进地加以推进:

(1)农村经济要有新发展。加快发展高效规模农业,实现农业经济、农村工业和服务业的协调快速发展。

(2)农民共富要有新水平。全体农民的收入水平和共同富裕水平明显提高,城乡居民收入差距逐步缩小。

(3)农民保障要有新拓展。农民生活基本无后顾之忧,农村教育、医疗、卫生、文化等社会事业能满足农民基本要求。

(4)村容村貌要有新改善。

(5)民主政治建设要有新进步。农村基层党组织的凝聚力、战斗力进一步增强,村民自治、村务财务公开、依法治村得到进一步落实。

(6)农民素质要有新提高。通过培训教育,塑造新一代有文化、懂技术、会经营的新型农民,形成良好的农村道德风尚。

主持人:现在我市农村不少地方正在开展新农村建设的试点工作,结合村庄整治,加强中心村或集镇建设,陆续新建了一批农民住宅。对此,大家议论的也比较多,於教授,你怎么看待这个问题?

於忠祥:这实际上是我前面讲的村容村貌要有新改善,即建设新农村要创建新社区。新农村建设要有一个新社区的概念。现在老百姓不仅要求富裕,而且在文化、娱乐、卫生保障等方方面面都有新的要求,我们要按照城区的社区去规划、管理和建设新农村。要突出硬件建设,提高农村文化场所的功能,丰富农村文体活动,推进农村文化建设和精神文明建设。具体就是要使农村环境得到综合整治，老村庄逐步得到改造，新社区趋于集中，努力建设田园村镇、工业园区、生态社区，基本形成道路通达、科教文卫设施完善、环境优美、清新宜人的宜居环境。

主持人：您所指的宜居环境包含哪些内容？

於忠祥：靠牺牲环境来换取经济的发展，是一种落后的方式。我们要为后人留下“青山常在、碧水长流、蓝天白云”的宜居环境，这是统筹人与自然和城乡协调发展、是合肥市建设社会主义新农村的重要内容，也是合肥市城乡规划的新重点。鉴于此，我认为应优先解决如下几个方面的问题：

（1）结合土地整理做好村庄整治规划，打破原有结构松散格局。规划方案事先应广泛征求群众意见，并予以公示。应尊重群众意愿，不搞大包大揽，主要靠政策引导，靠新社区内良好的公共设施和便捷的公共服务吸引人住，对于暂时不愿搬迁的群众，应妥善安排好他们的生产和生活。

（2）搞好配套公共设施建设。重点抓好街道硬化、给水排水、电力通信、绿化美化等工程建设。优先解决农村饮水困难和饮水安全问题，加强集中供水工程建设，提高农村自来水的入户率。积极推广沼气等清洁能源，通过普及沼气带动农村改圈、改厕、改厨。加快规模化养殖场和养殖小区沼气工程建设，积极推广“种、养、加、沼”四结合的循环利用模式，推进禽畜粪便无害化处理。积极引导散养户向养殖小区集中，改变人畜混居状况，改善环境卫生。加紧建设垃圾处理设施，设立垃圾中转站，逐步实行垃圾密闭化管理。

（3）完善公共事业服务。建设农村公共文化服务体系，实现县有条件较好的文化馆、图书室，乡镇有综合文化站，集镇（中心村）有文化室，建立文化信息资源工程基层服务点，搭建起农村公共文化服务的基本框架。健全县、乡、村三级公共卫生服务网络，组建基层中心站，重点建设好乡镇卫生院，充分发挥其新型农村合作医疗制度“减压阀”的作用，确保“新农合”制度的安全运行。结合新农村社区建设，调整农村中小学布局，优化教育资源配置，加快普及学前教育。

(4)充分发挥农村新社区的人口吸纳和产业积聚能力，准确定位功能区间，居住区域、商业区域、产业区域应规划有序，促进农村劳动力就近转移，扩大当地就业容量，并注意预留一定的发展空间。此外，要按照农村实际、当地习俗和生活特点等因地制宜地进行住宅设计，避免搞“一刀切”！如有的地方一味追求搞徽派建筑，但决策者并没有了解徽派建筑的渊源。徽派建筑均为砖木结构式的楼房，在青山绿水的背景中，白墙青瓦的建筑远远望去白茫茫的一片，给人一种祥和宁静的感觉，符合“人地和谐”的思想。试想，在广袤无垠的淮北平原，或者在高低起伏的江淮丘陵，全部建起徽派建筑，那还有什么建筑风格和建筑特色可言呢？因此，住宅设计方案既要符合地域文化特点，又要经济、实用、美观。

主持人：刚才村子内的事情我们说了不少，那么村之外的呢？我觉得像农村道路、水利等基础建设也很重要，农村有句话叫作“富不富，先看路”，说得很形象。

於忠祥：我完全同您的观点，建设新农村要夯实新基础。道路、水利等农村基础设施建设在新农村建设过程中应摆在极其重要的位置，从我们的调研情况看，这恰恰是我们的薄弱环节。这应该是需要我们花大力气解决的问题，是需要我们不懈努力的攻坚之所，也是新农村建设的一个主要方向。

(1)要加快农村交通基础设施建设，完善乡村公路网络，改善农村交通环境。关于“村村通水泥路”工程，我有两点认识：①“好事要做好”。即一次性做好农村道路交通网络规划，分步实施规划，建一条成一条，距离长短要服从质量。如水泥路不能修成“豆腐渣”工程，宽度至少在4.5米。考察结果表明：肥西、肥东两县已经开通的农村水泥路只有3.5米，两车无法交汇，会引发很多矛盾和纠纷。②要拓展“村村通路”中村的含义。现在行政村扩大了，路只通到行政村的村部，很显然绝大多数农民还是不能受益。所以，“村村”的村应该是村镇体系规划确定的村落。当前，最迫切的是要在乡镇和客运班线密度大的干线沿线的集镇（中心村）建客运点，逐步在支线沿线的重要村庄建候车亭，形成便利的农村客运网络。完善管护机制，将一些重要的乡村公路逐步纳入市县道路管护范围。

（2）要持之以恒地推进农田水利建设，加快南淝河、店埠河、上派河、丰乐河的治理步伐，提高环巢湖等重要圩区、瓦埠湖等低洼区防洪排涝的标准。要做到开源节流并重，防汛抗旱并举，狠抓内水源建设。水源条件较好的地方，因地制宜，采取筑塘坝、截潜流、引山泉等多种措施，挖掘抗旱水源。切实加强水毁工程修复、防洪堤坝加固、小水库新建和加固等工程建设。开展田间小型配套农田水利工程建设，发展节水灌溉，加强电灌站改造，科学合理地实施渠道硬化工程。

（3）进一步提高财政用于农业基础设施建设的投资在预算内的基本建设投资比重，农村基本设施建设资金投入应按比例与城市基建资金挂钩，并确保逐年有所增加，政府应向社会公开承诺，并以地方立法的形式固定下来，人大代表、政协委员应切实加以监督；通过资金补贴、原材料补助或“以奖代补”等多种形式，引导农民对直接受益的基础设施建设投工投劳，开展群众性的公共设施基本建设；通过政策杠杆、资金杠杆、税率杠杆、信贷杠杆等多渠道向社会筹集资金，加快建立全社会参与的激励机制，形成政府主导，多元投入的良性局面。

主持人：近年来，由于农民合法权益受到侵害而引发的纠纷不断，也是影响城乡和谐的一个重要因素，於教授，您认为解决这个问题关键在哪里？

於忠祥：从根本上讲，新农村要推进新治理。需要我们进一步完善乡村治理结构，提高农民的组织化程度，消除利益冲突，强化利益整合，减少利益排斥，形成稳定的农民利益表达、利益互动和利益协调通道。具体应该从下面几个方面入手：

（1）完善村民自治制度。做实村民代表大会制度或村民理事会制度，将其塑造成乡村的决议机构，村委会应成为执行机构。村务大事村民知情，村务决策村民讨论，村务管理村民参与，村务工作村民监督。推行农村社区自治化。每个集镇为一个社区，社区安全保卫、环境卫生和公用设施管护、部分管理事务等既可由社区居民自行组织，也可聘用、委托专业人员或服务公司代行管理。全面推进乡镇机构改革，明确乡镇政府定位，强化乡镇政府的公共服务职能，从片面追求经济指标转移到引导农民群众创造农村经济可持续发展环境上来。

（2）要充分发挥基层党组织的领导核心作用，增强基层组织领导班子的凝聚力和战斗力，主要领导班子要配备“双能型”干部，即能创业、能经营，为新农村建设提供坚强的政治和组织保障。坚持“民管、民办、民受益”的原则，鼓励各类形式的农民合作经济组织发展，发挥典型示范作用，促进农民合作经济组织壮大。要积极培育农村社会化公共服务组织，开展农村基础设施建设和管护及平安农村创建工作等各项事业，以促进农村经济社会全面发展。

（3）加强农技服务组织建设和管理，做到政策上鼓励，设施上支持，项目上拓展，管理上规范，帮助提高农业科技水平和增强农业综合生产能力。农技服务要做到形式多样，可以是经营性的，也可以是非经营性的。建议政府投入、农业高校和科研院所参与，建立农业“12120”(类似于医院的“120”救护中心，寓意一年12个月都有“120”)，以便迅速组织有关农业专家，赶赴农业生产一线，解决农业生产中出现的诸多问题，如大灾之年的生产自救决策问题，病虫害防治问题，假冒伪劣种子、农药和化肥等识别问题。农业“12120”具有反应快捷、灵敏，解决问题针对性和实效性强等特点，因此，建立农业“12120”，是建立健全农业社会化服务体系的重要环节，是实实在在地对农业的投入和支持，是加快农业科技进步的重要举措，是为农民办好事、办实事，是党对农村、农业和农民政策的具体落实，真正体现了中共执政为民的本质。

(4)通过加强农村各类组织建设，进一步完善乡村治理结构，最大限度地提高农民组织化程度，消除利益冲突，强化利益整合，减少利益排斥，形成稳定的农民利益表达、利益互动和利益协调通道，促进城乡和谐发展。

新农村建设既是农民群众不断提高生活质量和水平的过程，也是不断推进乡村民主的治理过程，需要我们全面审视其管理机制、动力机制和发展机制，自觉从管理走向服务，从行政走向善治！

32. 关于新农村建设的若干建议

（2006 年）

中共十六届五中全会吹响了全面建设社会主义新农村的号角，新农村建设成为当前全省上下共同关心的一件大事。新农村建设要取得实效，需要从农民群众最关心、要求最迫切、最容易见效的事情抓起，发展农村新事业、扎扎实实推进农村工作就是这一要求的具体体现。近年来，我省农村社会事业取得了可喜的进步，但在一些领域尚存在薄弱环节，亟待加强。为此建议：

1. 农民要有新思想

社会主义新农村建设一定要尊重农民的意愿，充分体现广大农民的根本利益，但更要弄清主人、主体和主导三者之间的关系，农民既是社会主义新农村建设的受益者又是建设者，不是农民怎么支持政府的问题，而是农民如何积极参与建设的问题，也就是说要让农民懂得他们自己是新农村建设的主人，新农村建设是农民自己的事情。你要去走访农民，问什么是新农村，大多数农民会回答：新农村建设就是要政府帮我把房子建好。毋庸置疑，新农村建设不能没有新房子，但其第一步目标不是马上改变农村的村容村貌把农村建设成城市。那样急于求成会事倍功半，劳民伤财。现在建设社会主义新农村的第一步目标应该是让农民转换思想，让广大农民能够认识农村的现状，认识、理解和接受现代化社会发展方向。要让现在的农民能够充分掌握先进实用的科学技术，并能充分应用到农业生产中，因此，最主要的是提高农民的文化素质，让他们逐步掌握和运用科学绿色种植和养殖技术,能够逐步接受和养成城市化的生活习惯,在保证农林牧畜渔生产的同时,调动农村富余劳动力,根据实际情况从事农副业、手工业和外出务工等。随着农业科学生产的逐步系统化,农业产值的逐步稳定,适度扩展农产品的转化和深加工。用社会和科学知识转换农民的思想意识,把农民真正发动成社会主义新农村的建设者。

2. 政府要有新思想

在新农村建设中,政府是主导者,各相关部门是参与者。各级党委政府要把新农村建设当作一项责无旁贷的政治任务来抓,充分发挥好组织协调和督促落实作用。政府不仅要把社会主义新农村建设从口头宣传转变为真实行动,还要把“好事做好、做实”。要全方位地认识和理解“城市支援乡村”的内涵,搭建城乡相互沟通的平台。“提高农民的文化素质,让他们逐步掌握和运用科学绿色种植和养殖技术,逐步接受和养成城市化的生活习惯”的最有效的方法就是城乡相互沟通。为此,政府应该从城市派遣有工作能力和经验的人员到农村通过 2 ~3 年或更长的时间,去影响和带动农民转变思想,从而使农民逐步走向新生活。过去城乡结对就是由城市派行政干部到乡镇挂职,他们能够很好地把国家的政策传达给广大农村和乡镇的老百姓。但是,现在应该委派接受过高等教育、具有扎实的技术理论和丰富实践经验的企业技术管理工作人员下到农村去,他们接受和理解政策快,有自己的技术专长。和专业党务、行政人员比较,他们对新事物的接受、消化和运用相对要快。同时因为长期从事技术工作,这些人没有教条和官僚作风。所以,技术型人才在接受短期培训后,如果充实到村一级辅助性的领导岗位,同时让有一定文化基础,人品可靠的农村干部到城市接受 2 ~3 年的教育和感化后再回到农村,这两种人相辅相成,完全可以连续地带动广大农民认识、理解和接受新农村发展方向，真正理解社会主义新农村的目标是什么。那就是农民能够充分掌握利用科学的现代化技术，最大限度地充实应用到农业生产和加工中去，使农民自己生产的农产品能够为农民创造更大的价值，从而带动农民生活更舒适，更丰富多彩，使广大农民认识到新农村才是农民最好的生活、生产的地方。

3. 总体上要有新思路

建设新农村，不是单纯地搞“新村”建设，也不是简单地在农村搞一些移风易俗的宣传活动，而是有着特定的目标要求，这就是中央提出的“生产发展、生活宽裕、乡风文明、村容整洁、管理民主”。一个地方的经济社会发展水平、资源禀赋等的不同，决定了新农村建设需要根据不同的区域、不同的实际，因地制宜加以推进，不可以一哄而起搞“一刀切”！具体应从下面几个方面循序渐进地加以推进：

(1)农村经济要有新发展。加快发展高效规模农业，实现农业经济、农村工业和服务业的协调快速发展。

(2)农民共富要有新水平。全体农民的收入水平和共同富裕水平明显提高，城乡居民收入差距逐步缩小。

(3)农民保障要有新拓展。农民生活基本无后顾之忧，农村教育、医疗、卫生、文化等社会事业能满足农民基本要求。

(4)村容村貌要有新改善。

(5)民主政治建设要有新进步。农村基层党组织的凝聚力、战斗力进一步增强，村民自治、村务财务公开、依法治村得到进一步落实。

(6)农民素质要有新提高。通过培训教育，塑造新一代有文化、懂技术、会经营的新型农民，形成良好的农村道德风尚。

4. 要创建新社区

新农村建设要有一个新社区的概念。现在老百姓不仅要求富裕，而且在文化、娱乐、卫生保障等方方面面都有新的要求，我们要按照城区的社区去规划、管理和建设新农村。要突出硬件建设，增加农村文化场所的功能，丰富农村文体活动，推进农村文化建设和精神文明建设。具体就是要使农村环境得到综合整治，老村庄逐步得到改造，新社区趋于集中，努力建设田园村镇、工业园区、生态社区，基本形成道路通达、科教文卫设施完善、环境优美、清新宜人的宜居环境。为此，应优先解决如下几个方面的问题：

（1）结合土地整理做好村庄整治规划，打破原有结构松散格局。规划方案事先应广泛征求群众意见，并予以公示。应尊重群众意愿，不搞大包大揽，主要靠政策引导，靠新社区内良好的公共设施和便捷的公共服务吸引人住，对于暂时不愿搬迁的群众，应妥善安排好他们的生产和生活。

（2）搞好配套公共设施建设。重点抓好街道硬化、给水排水、电力通信、绿化美化等工程建设。优先解决农村饮水困难和饮水安全问题，加强集中供水工程建设，提高农村自来水的入户率。积极推广沼气等清洁能源，通过普及沼气带动农村改圈、改厕、改厨。加快规模化养殖场和养殖小区沼气工程建设，积极推广“种、养、加、沼”四结合的循环利用模式，推进禽畜粪便无害化处理。积极引导散养户向养殖小区集中，改变人畜混居状况，改善环境卫生。加紧建设垃圾处理设施，设立垃圾中转站，逐步实行垃圾密闭化管理。

（3）完善公共事业服务。建设农村公共文化服务体系，实现县有条件较好的文化馆、图书室，乡镇有综合文化站，集镇（中心村）有文化室，建立文化信息资源工程基层服务点，搭建起农村公共文化服务的基本框架。健全县、乡、村三级公共卫生服务网络，组建基层中心站，重点建设好乡镇卫生院，充分发挥其新型农村合作医疗制度“减压阀”的作用，确保“新农合”制度的安全运行。结合新农村社区建设，调整农村中小学布局，优化教育资源配置，加快普及学前教育。

(4)充分发挥农村新社区的人口吸纳和产业积聚能力，准确定位功能区间，居住区域、商业区域、产业区域应规划有序，促进农村劳动力就近转移，扩大当地就业容量，并注意预留一定的发展空间。此外，要按照农村实际、当地习俗和生活特点等因地制宜地进行住宅设计。住宅设计方案既要符合地域文化特点，又要经济、实用、美观。

5. 要夯实新基础

道路、水利等农村基础设施建设在新农村建设过程中应摆在极其重要的位置，从我调研情况看，这恰恰是我们的薄弱环节。这应该是需要我们花大力气解决的问题，是需要我们不懈努力的攻坚之所，也是新农村建设的一个主要方向。

(1)加快农村交通基础设施建设，完善乡村公路网络，改善农村交通环境。关于“村村通水泥路”工程，我有两点认识：①“好事要做好”。即一次性做好农村道路交通网络规划，分步实施规划，建一条成一条，距离长短要服从质量。如水泥路不能修成“豆腐渣”工程，宽度至少在4.5米。考察结果表明：肥西、肥东两县已经开通的农村水泥路只有3.5米，两车无法交汇，会引发很多矛盾和纠纷。②要拓展“村村通路”中村的含义。现在行政村扩大了，路只通到行政村的村部，很显然绝大多数农民还是不能受益。所以，“村村”的村应该是村镇体系规划确定的村落。当前，最迫切的是要在乡镇和客运班线密度大的干线沿线的集镇(中心村)建客运点,逐步在支线沿线的重要村庄建候车亭,形成便利的农村客运网络。完善管护机制,将一些重要的乡村公路逐步纳入市县道路管护范围。

(2)要持之以恒地推进农田水利建设。要做到开源节流并重,防汛抗旱并举,狠抓内水源建设。水源条件较好的地方,因地制宜,采取筑塘坝、截潜流、引山泉等多种措施,挖掘抗旱水源。切实加强水毁工程修复、防洪堤坝加固、小水库新建和加固等工程建设。开展田间小型配套农田水利工程建设,发展节水灌溉,加强电灌站改造,科学合理地实施渠道硬化工程。

(3)进一步提高财政用于农业基础设施建设的投资在预算内的基本建设投资比重,农村基本设施建设资金投入应按比例与城市基建资金挂钩,并确保逐年有所增加,政府应向社会公开承诺,并以地方立法的形式固定下来,人大代表政协委员应切实加以监督;通过资金补贴、原材料补助或"以奖代补"等多种形式,引导农民对直接受益的基础设施建设投工投劳,开展群众性的公共设施基本建设;通过政策杠杆、资金杠杆、税率杠杆、信贷杠杆等多渠道向社会筹集资金,加快建立全社会参与的激励机制,形成政府主导,多元投入的良性局面。

33. 关于健全农村基本公共服务的建议*

近年来，中央多次对基本公共服务均等化提出要求，2008 年中央 1 号文件对提高农村基本公共服务水平做出了部署。为促进我国农村基本公共服务的健全，5 月 8 日至 14 日，全国人大常委会副委员长、民革中央主席周铁农，全国政协副主席、民革中央常务副主席厉无畏及民革中央副主席钮小明、齐续春、修福金、何丕洁率民革中央调研组，在安徽省进行了考察和调研。

通过与中共安徽省委、省人大、省政府、省政协和一些政府部门领导同志，及马鞍山、芜湖、黄山等市有关负责同志的座谈交流，通过对凤阳、当涂、繁昌、绩溪、休宁等县及乡、村和农户的实地考察，我们认为，中央对推进基本公共服务均等化做出的重要决策是非常必要、非常及时的。推进城乡基本公共服务均等化是全面建设小康社会、构建社会主义和谐社会的迫切要求和重要内容。如果说城乡之间、区域之间存在较大差距的话，那么，差距突出表现为农村公共服务的缺失；如果说政府在新农村建设中应当起主导作用的话，那么，健全农村基本公共服务则应成为发挥主导作用的关键。我们应抓住当前有利时机和条件，加快发展农村公共事业，提高农村公共产品供给水平，进一步健全农村基本公共服务体系。

---

* 2008 年 5 月，时任全国人大常委会副委员长、民革中央主席周铁农，全国政协副主席、民革中央常务副主席厉无畏及民革中央副主席钮小明、齐续春、修福金、何丕洁率民革中央调研组，在安徽省就农村基本公共服务均等化问题进行了考察和调研。本人以专家的身份应邀参加调研组，并参与调研报告的起草。

近年来，安徽省按照统筹城乡发展和构建社会主义和谐社会的要求，加大“三农”投入，加快推动基础设施建设向农村延伸、公共服务向农村覆盖、现代文明向农村传播，农村基本公共服务的水平逐步提高。安徽健全农村基本公共服务工作主要有以下一些特点：

1. 坚持把发展放在首位，努力为健全农村基本公共服务奠定物质基础

安徽省委、省政府认识到，加强农村公共服务，首先必须加快农村经济社会发展。各级党委、政府坚持把发展作为第一要务，以加快经济社会的全面发展促进农村基本公共服务。许多地方把农村公共服务作为经济社会发展规划的重要组成部分，把它和新农村建设紧密结合、和推进农村综合改革紧密结合，促进了农村生产力的解放和发展，带来了公共服务和经济社会发展的良性循环。一些地方按照以工业化致富农民、以城市化带动农村、以产业化提升农业的思路，大力发展县域经济，健全完善农村基本公共服务的物质基础不断夯实，为提高农村基本公共服务水平创造了条件。

2. 坚持以人为本，从农民生产生活的需要出发，不断健全农村基本公共服务

安徽省着眼于解决农村民生问题来加强公共服务，公共财政对农业基础设施、农村交通、教育、卫生、文化、就业培训、社会保障等领域的投入不断增加。

3. 坚持政府的主导作用，以全方位的农村公共服务来体现社会主义制度的优越性

安徽省通过加强农村基本公共服务积极引导和推动社会主义新农村建设，体现了政府主导的关键作用。越是经济社会发展又好又快的地方，地方党委和基层组织的领导作用就越突出，农民参

与新农村建设的积极性也就越高涨。

4. 坚持改革创新,积极探索健全农村基本公共服务的新思路、新方法

着眼于创新农村公共服务的体制机制,安徽省积极推进农村综合改革,力求以较低的行政成本,为农民提供尽可能多的公共服务。在农业发展中,强调农业发展方式的转变,力求实现又好又快发展。许多地方正在根据农村经济社会发展新阶段的新情况,积极探索农村生产关系的变革,力图走出全面建设小康社会、建设社会主义新农村的新路子。

5. 坚持加强制度建设,努力以规范有序的制度和体制机制来保障农村公共服务的公平公正和效率

安徽在加强农村基本公共服务体系建设中着眼于农村基本公共服务的制度化、规范化、程序化建设,为农村公共服务体系建设提供了法律和制度依据,明确了各级党政干部所应承担的责任,建立了较为完善的责任管理体系,促进了农村公共服务体系建设的有序开展。

总体看来,安徽农村公共服务事业发展取得了长足进步,但安徽和全国大多数地方一样,在农村基本公共服务工作中还存在一些带有普遍性的问题。主要有以下几个方面:

1. 农村基本公共服务投入不足

在城乡二元体制下,我国财政体制基本上是一种城市财政,对农村公共服务的投入一直较少。按照《中华人民共和国农业法》的规定,财政每年对农业投入的增长幅度应高于其经常性收入的增长幅度,但这一规定未能切实贯彻执行。省以下财政体制还没有理顺,财政投入体制的一些弊端也使投入缺乏应有的效益。同时,由于社会资金进入农村公共服务供给领域的渠道

尚未畅通,政府仍是单一的供给主体。加上农村公共服务体系尚不健全,政府提供的公共服务数量有限,质量不高,难以满足农民的要求。

2. 中央和地方各级政府对农村提供公共服务的职能尚不清晰

中央和省级政府涉农部门的农村公共服务,存在各自为政,不分轻重缓急、一哄而起的问题。县乡政府的职能仍然较多为城市、为工业化服务,为农服务的职能有所缺失,履行农村公共服务职能的意愿和力度也不到位。

3. 农村公共服务与农民意愿相脱节

一些地方政府官员很积极,但农民反应冷淡,常常不愿意配合。事实上,现阶段除了村级公共服务实行“一事一议”外,农民对农村公共服务如义务教育、卫生防疫、道路修建、行政管理等,很难有机会表达自己的需求和愿望。也由于农民组织化程度低,不能形成有效的表达机制,使农村公共服务难以健全。

4. 一些现行政策滞后于农业农村的发展,影响了农村公共服务的开展

从安徽的情况来看,家庭土地承包制度总体上应当坚持,但在有些地方客观上存在制约农民离开土地的问题,对今天农业农村生产力水平的适应程度已明显降低,土地利用规划、土地流转、土地规模经营的创新已经成为农业农村经济社会发展的迫切需要。

从安徽农村基本公共服务的实际情况来看,在工业化和城市化加速发展的同时,我们必须积极推进改革,加快健全农村基本公共服务的步伐。我们建议:

1. 继续解放思想,坚持深化改革,加强农村基本公共服务体系建设,做到主体清晰、责任明确、财力到位、监督有力

首先要解决好各级党政领导干部的认识问题,牢固树立以人

为本的科学发展观，摆正健全农村基本公共服务在农村工作中的位置。中央、省级政府应充分发挥调控区域关系、城乡关系，促进基本公共服务均等化等方面的职能作用，同时，现阶段应扩大和加强县级政府在健全农村基本公共服务中的职能作用。应当根据农民生产生活的需要，着力加强县乡公共服务体系建设，着力发挥县乡人民代表大会的职能作用，强化对县乡政府公共服务行为的监督和公共服务投入的管理，推动县乡政府公共服务方式的创新。加快财政体制改革，健全中央和地方财力与事权相匹配的体制，加快形成统一规范透明的财政转移支付制度，提高一般性转移支付规模和比例，加大对农村公共服务领域投入，增强基层政府提供公共服务能力。中央政府要加大对粮食主产区和贫困农村地区公共服务的财政支持力度，建立耕地保护和生态保护补偿机制。进一步加强各项支农资金的整合，提高资金使用效率，推进金融体制改革，增强对农业农村发展的金融服务功能。

2. 加强统筹规划，根据各地实际情况，重点解决农村公共服务领域中的一些突出问题

由于区域经济社会发展的不平衡，各地农村情况千差万别，国家应鼓励各地根据本地实际来健全农村基本公共服务，结合社会经济发展规划、土地利用总体规划、城镇规划和社会主义新农村建设规划等，制定健全农村基本公共服务专项规划，分别轻重缓急、循序渐进地加以推进。从安徽等地的情况来看，现阶段农村公共服务应在加快体制改革和机制创新的同时，着重解决农民生存保障（包括饮水安全、环境保护、最低生活保障和“五保户”救助、就业服务、基本养老保险等）、健康保障（包括基本医疗、卫生防疫、计划生育等）、尊严和能力保障（包括基础教育，特别是学前班和幼儿教育，少数民族学龄前儿童的双语教育和职业教育）等迫切需

要解决的基本公共服务问题。国家要切实加大对农村义务教育的支持力度，下大决心提高农村学校的师资质量，高度重视农村留守儿童的教育问题。按照“低水平、多层次、分地区、分类别”的原则建立农村养老保险制度，对长期在城市工作、有相对稳定收入和住所的农民工，可纳入城镇养老保险体系；对季节工和流动打工者，可建立专项养老保险制度和参保关系正常转移机制，打通与城镇职工基本养老保险制度的连接通道；对纯粹种粮农民可利用现行农村最低生活保障平台，确保其基本生活需求。

3. 鼓励各地根据本地实际，探索农民土地集体所有权的实现形式

调研组在安徽小岗村和其他一些地方了解到，现行家庭土地承包制度和宅基地管理制度存在的一些问题，已经到了非解决不可的时候。为农村发展提供适应生产力发展需要的公共政策，应是健全农村基本公共服务最重要的内容之一。可选择一些地方作为改革试验区进行试点，积极探索和完善农村经济体制，改变不适应农村发展的体制机制和政策措施，消除阻碍农村生产力发展的体制性、政策性障碍。

4. 更加注重农民作为农村公共服务需求主体的作用

要建立农民对公共服务需求的表达机制，支持和促进农民发展多种形式的专业合作社及其他民间组织，支持和促进这些农民组织参与农村公共服务。创新政府投入农村公共服务的管理模式，增强农民的参与度和透明度。改革县乡政府的绩效考评机制，让农民参与到政府公共服务绩效考核之中。在国家大力引导大学生到农村工作的时候，应着力以“以钱养事”等方式，吸纳大学生参与农村公共服务。同时，更加注重提高农民素质，加大对农民各方面技能的培训，提高农民适应和参与农村公共服务的能力。

5. 鼓励社会各方面支持和参与农村公共服务，加快建立以工促农、以城带乡的长效机制

应大力推动城市公共设施向农村延伸、城市公共服务向农村覆盖，引导城市资金向农村流动，增强城市对农村的辐射带动作用。鼓励社会参与，积极引导社会资金投向农村公共服务体系建设，实现农村公共服务供给多元化。充分发挥市场在提供农村公共服务方面的作用，积极探索将市场机制引入农村公共服务领域的途径和方法，提升农村公共服务的供给效率。

6. 推行乡村为民服务的全程代理制

安徽各地积极探索建立以乡镇政务服务中心为龙头，县、乡、村三级联动的为民服务全程代理网络，乡镇有政务服务中心，村级有代理点，采取统一受理、分类承办、上下联动、限时办结的方式，实行一个中心对外、一个窗口受理、一条龙服务，为农民群众提供全程代理服务。这一做法方便了农民，提高了公共服务的效率，值得推广。

中国国民党革命委员会中央委员会

2008 年 5 月 20 日

附：本人所提修改完善意见，在调研报告里均有融入。

1. 坚持农村综合改革，积极推行乡村为民服务的全程代理制

安徽各地积极探索建立以乡镇政务服务中心为龙头，县、乡、村三级联动的为民服务全程代理网络，采取统一受理、分类承办、上下联动、限时办结的方式，实行一个中心对外、一个窗口受理、一条龙服务，为农民群众提供全程代理服务。全省不仅在乡镇建立政务服务中心，还建立村级代理点。同时，还围绕增强乡镇服务功能，按照“服务主体多元化、服务行为社会化、服务形式多样化”的

思路,积极探索农村公共产品供给新模式,基本建立了“政府花钱买服务”和“以钱养事”等新机制。

2. 明晰农村土地产权及其实现形式,为提供农村基本公共服务打造平台

30 年前,安徽凤阳小岗村的“大包干”,催生了我国农村土地使用制度改革,即由“两权合一”的土地使用制度改为“两权分离”,顺应了农民意愿,解决了温饱这一最根本的民生问题,维护了我国稳定和粮食安全。随着城镇化、工业化和信息化的发展,我国已经进入了“城市支援乡村,工业反哺农业”的时代,农民仍然沿袭传统的生产和生活方式,即土地分散经营、农民分散居住等,导致政府无法全方位地向农民提供基本公共服务产品,即不能实现基本公共服务均等化。同时,城镇化和工业化的快速推进,需征用大量的农村土地,但现行“两权分离”的土地使用制并没有从根本上动摇“三级所有,队为基础”的土地所有权制度,因此,集体土地所有权主体不明,难以行使,农民的土地使用权也没有保障,导致失地农民享受不到基本公共服务。据统计:改革开放以来,通过征地行为,我国农村向城市已经奉献了 2 万多亿元人民币。因此,建议中央政府尽快出台政策,明晰农村土地所有权主体,弱化农村土地所有权,强化土地使用权,即土地所有权归村委会,行使管理职能,取消乡镇和村民小组的土地所有权;土地使用权归农民,并建立流转机制,设定必须流转、有条件流转、自愿流转和不流转的条件,规定受益标准和受益方式,逐步实现土地集中经营,农民集中生活,为政府提供基本公共服务建立平台,为实现农村基本公共服务均等化奠定基础。

3. 统筹规划,建立健全农村基本公共服务体系

要结合社会经济发展规划、土地利用总体规划、城镇规划和社

会主义新农村建设规划等,统筹发展农村基本公共服务,不要“头痛医头,脚痛医脚”。当前最紧迫的是建立与我国国情相适应的农村基本公共服务体系,分别轻重缓急、循序渐进地去建设。农村基本公共服务体系应围绕三个基本点去构建:(1)保障人类的基本生存权,包括就业保障、基本养老保障和基本生活保障等;(2)满足基本尊严和基本能力的需要,即为每个人都提供基本的教育和文化服务;(3)满足基本健康的需要,要为每个人提供基本的健康保障。

4. 加大财政转移支付力度,建立耕地和生态保护补偿机制

(1)建立耕地保护补偿机制。中央政府应通过税收和财政转移支付等手段,加大对中部省份保护耕地的补偿力度,以体现公平和均衡。安徽省属于中部地区,也是我国粮食主产区,改革开放30多年来,服从“两个大局”的战略部署,为东南沿海的发展和耕地保护做出了巨大贡献!而今,在国家紧缩“地根”的大环境下,中央政府应通过建立保护耕地补偿的长效机制,加大财政转移支付力度,重点用于农村基本公共服务建设和对耕地保护者的直接补偿。

(2)建立生态保护补偿机制。我国可以建立5级生态保护补偿机制,即国家层面、省际、市际、县际和乡(镇)际等。生态补偿机制应遵循“谁受益谁投入,谁保护(受损)谁受偿”的原则。安徽省黄山市保护了新安江流域的生态,才有浙江千岛湖的优质饮用水源和旅游环境,那么安徽省应该得到浙江省给予生态保护补偿;江苏省徐州市把流入安徽省灵璧县境内的奎河视作下水道,结果污染了沿岸的土壤和地下水(经检测全部为劣Ⅴ类),江苏省应对安徽省给予补(赔)偿。

民革中央调研组在安徽小岗村调研(右六为周铁农)

34. 关于推进小城镇建设的建议与思考

（2010 年）

中国城镇化的高速发展起始于 20 世纪 90 年代中期，即从 1996 年开始。至 2009 年，中国的城镇化率已经达到了 46.6%，连续 13 年高速发展。城镇总人口从 1996 年时候的 3.6 亿人增加到 2009 年的 6.20 亿人。但是，总的趋势是：大城市、特大城市增长得快，中等城市比较平缓，小城市增长得缓慢。由于大城市、特大城市，甚至于中等城市，对人口素质要求高，大部分进城的农民只能是"打工"，也就是说，即使是工人，也只能是农民工。他们流动性强，工作不稳定，住所不稳定，心理不稳定，压力大，所以他们中的绝大部分最终仍然是"返乡"。国家统计局发布的调查报告显示，截至 2008 年 12 月 31 日，我国农民工总量为 22,542 万人。但是，真正在城市扎根的不到 10%。另据住房和城乡建设部对 109 个镇的调研资料显示：小城镇第一产业就业比重从 1985 年的 62% 下降为 2005 年的 38%，第二、三产业分别从 26% 和 12% 增加到 38% 和 24%，有 58% 的农村劳动力在镇域范围内实现了由第一产业向第二、三产业的转移，表明小城镇才是吸纳农村富余劳动力的"蓄水池"。因此，大力发展小城镇，一方面可以缓解大城市的人口、就业、子女就学等方面的压力，减少城镇化率的水分；另一方面可以结合新农村建设，完善农村基本公共服务设施建设，加速城乡一体化进程。小城镇是城市与农村的重要结合点，是农业产业化的服务载体，也是推进城乡一体化、建设社会主义新农村、切实改善民生的重要切入点，更是扩大内需、启动农村消费需求的重要突破口。但是,目前我国小城镇的大规模发展还处于起步阶段和自发状态,存在较多问题:(1)乡镇还缺乏统一的发展规划,城镇功能较弱;(2)新建的房屋大多是小产权房,没有经过国家土地的审批,不合法,留下了很大隐患;(3)促进农民向城镇转移的措施和机制还不完善,农民走进城镇的积极性不高;(4)房价缺乏管理,随着买房的人增多,乡镇房价也在大幅飙升,阻碍了农民走向小城镇的进程。这些问题亟待解决,必须加强小城镇建设的统一规划和管理,在更高的水平上推进小城镇建设,进而促进小城镇的健康发展。为此建议:

1. 用规划引领小城镇建设

小城镇建设是一项长期而艰巨的任务,既要着眼于改善镇容镇貌,又要从当地实际出发,尊重农民的意愿,充分利用当地的资源禀赋,发展小城镇的支撑产业,做到一镇一品;既要坚持节约和集约利用土地的原则,又要便于农民生产生活,体现地方特色。因此,推进小城镇建设,必须坚持从实际出发,因地制宜,分类指导,搞好规划。

(1)规划必须在深入调查研究的基础上编制。目前,有很多规划模式和格调一致,没有特色。究其原因,是迷信知名机构和知名专家,不惜花费高昂的代价。然而,规划理论深刻叫人看不懂,脱离实际无法操作。这些规划者仅到当地索取一些纸质的、电子的资料,或者在网上下载一些资料就开始了闭门造车,即使到实际考察,也是走马观花。如在建筑规划设计上,很多地方都规划成徽派建筑。但徽派建筑均为砖木结构式的两层楼房,在青山绿水的背景中,白墙青瓦,使人产生一种祥和而宁静的效果,体现了“人地和谐”的理念。同时,由于山区的土地紧缺,加之防盗需要,徽派建筑一般都连片成群。为防火,建筑师们发明了“码头墙”。也就是说，只有在类似于皖南那样独特的生态环境中，徽派建筑才能体现人与自然的和谐。因此，规划必须要对镇辖村进行充分调研，摸清农民的意愿、想法，农民对城镇的接受程度，然后在此基础上进行统一规划。规划要有超前性，起点一定要高；规划要有本土专家参与，有广大干群参与，这样才能突出自己的特色；规划要注重体现当地文化底蕴和内涵，走特色立镇之路。

(2)着力谋划小城镇产业发展。农村再新还是农村，是给农民居住的，没有离开农业生产，它不是城镇。城镇和农村的不同点在于要有非农产业，即发展小城镇的根本宗旨就是吸纳农村富余劳动力向非农产业转移。所以，小城镇建设需要产业支撑，没有产业化就没有城镇化。要加强城镇产业发展规划，大力推进产业集中区建设，把产业集中区作为承接产业转移和农民工返乡创业的重要载体，促进产业集聚规模发展。依托当地的特色资源，做大做强特色产业，尤其要着力挖掘小城镇文化内涵，开发文化旅游精品，发展旅游经济。大力招商引资，吸引更多的企业在小城镇投资兴业，同时积极鼓励农民创业，进而形成城镇建设和产业互动发展的生动局面。

(3)编制小城镇体系规划。依据土地利用总体规划，尽快编制小城镇体系规划。小城镇体系规划要从布局、规模、交通、水利、产业发展等各个方面入手，避免无序发展，便于形成合力，共同推进。

2. 小城镇发展要体现两大特色

(1)地方特色。小城镇要体现个性，不能千城一面，有些小城镇(包括农业城镇)要实现地方化，甚至于乡土化。

(2)尺度特色。目前，我国一些小城镇有追求大城市尺度的倾向，虽然它本身规模小，可总是想要建得像大城市一样，“小孩穿大人衣服”。如有些小城镇,在编制“十一五”规划的基础年时,只有3平方千米左右,到2010年要建成30平方千米。如今,很多地只圈没建,造成大量的土地浪费。所以,小城镇应该保持小的尺度,建设成本要低,包括建筑以低层、多层为主,不建高层建筑,更多一点地方的风格和色彩,更多一点乡土气息。

3. 节约集约利用土地,妥善推进旧城改造

安徽省现有17个地级市,105个县(市、区),1029个小城镇,都在谋求“大发展、大建设”,导致保护耕地和保障发展用地的矛盾突出。至2020年,如果每个地级市平均扩展5000公顷,每个县(市)所在地的镇区平均扩展2000公顷,每个建制镇区平均扩展100公顷,每个小城镇区平均扩展50公顷,则至少需要建设用地30万公顷(这是极度保守的估测数据)。而在新一轮土地利用总体规划(2006~2020年)修编中,国家下达给安徽省的城乡建设用地增量约束性指标只有18.05万公顷,即建设用地缺口很大。然而,安徽省很多小城镇的内部构造却杂乱无章,浪费土地现象严重,甚至于城镇内部还有菜地等。因此,在建设用地指标特别紧缺的情势下,小城镇发展用地要注重内涵挖潜。只有内部确实无潜可挖的时候,才能依据地方经济社会发展的态势和资源禀赋,适度进行规模扩张。

内部挖潜小城镇发展用地,必然要进行旧城改造,包括整合闲置土地和拆迁低矮、杂乱、违章等建筑。旧城改造要循序渐进,稳妥地推进,要注重保护居民利益,强调“关心群众生活,注意工作方法”。1934年,毛泽东同志在谈到革命中心任务时就指出:“一切群众的实际生活问题,都是我们应当注意的问题。假如我们对这些问题注意了,解决了,满足了群众的需要,我们就真正成了群众生活的组织者,群众就会真正围绕在我们的周围,热烈地拥护我

们。”关于工作方法问题,毛泽东指出:“如果仅仅提出任务不注意实行时的工作方法,不反对官僚主义的工作方法而采取实际的具体的工作方法,不抛弃命令主义的工作方法而采取耐心说服的工作方法,那么,什么任务也是不能实现的。”然而,现在有些地方为了所谓的跨越式发展和新城建设,不惜动用警察,把农民置于对立面的位置,采用强拆民房的举措,应该说是工作方法不妥帖。拆民房之前,为了保障农民的生命和财产“安全”,强行把人和物清出拆迁区,之后并无人问津,导致拆迁户居无定所,可以说是没把群众生活当回事。这样生硬的工作方法,如此不关心群众生活,群众不会拥护,党纪国法也不会容许。

4. 与农村土地整治相结合,允许通过“置换”解决建设用地指标

由于土地资源的稀缺性和城镇建设用地的难逆转性,农村宅基地整治要严格按照中共十七届三中全会《关于推进农村改革发展若干重大问题的决定》确定用途,即“农村宅基地和村庄整理所节约的土地,首先要复垦为耕地,调剂为建设用地的必须符合土地利用规划、纳入年度建设用地计划,并优先满足集体建设用地”。当前,应组织技术力量,对城镇节约集约用地潜力进行评价,根据评价结果划分城镇发展时段,依据不同时段的城镇建设规模确定允许外围扩张的城镇、有条件外围扩张的城镇和暂缓外围扩张的城镇。对允许外围扩张的城镇,可在规划的范围内实施“增减挂”制度;对有条件外围扩张的城镇,在满足设置的条件下,实施“增减挂”;对暂缓外围扩张的城镇,在该时段内不允许实施“增减挂”,鼓励城镇建设内涵挖潜。整理的建设用地指标可作为下一个时段的挂钩指标,以保证城镇化目标的顺利实现。

5. 与新农村建设相结合，让进城农民有房住

小城镇发展的关键是农民在小城镇能买得起房、住得起房。小城镇建设规划，应将居住区划分为商品房区和居民安置区。在安置区，允许进城农民按照城镇统一设计出地房屋样式图纸，自己盖房，或委托政府统一招标进行建设；鼓励进城农民在商品房区购买商品住房。无论是建房资金还是购房资金，其来源主要有 3 个方面：(1) 农民原有宅基地置换折抵；(2) 农民自己拿一部分；(3)金融机构为农民进镇购房提供信贷支持一部分。要特别注意，防止小城镇推进过程中一些房地产开发商乘机囤积土地，抬高房价，弱化农民的购房能力。

6. 通过设立耕地占补“缓冲期”，循序渐进地推进农村居民点拆迁整治

我国第三轮土地利用粮食主产区要发展农业，必须要致富农民。然而，农民致富光靠政府补贴是富不起来的，关键是要有适应地方经济发展的政策。尤其是中西部地区，不仅仅是要国家有好的财政政策，更重要的是要有灵活稳妥、行之有效的土地配置政策。具体到“耕地保护目标落实”上，应通过编制规划，划定城镇建设与耕地补充“缓冲区”。“缓冲区”规划的重点是在土地利用总体规划的指导下，划定城镇建设范围和建设时序以及耕地补充范围和补充时序，并严格规定补充耕地质量。在“缓冲区”内，做到耕地占补的空间平衡，但时间上允许暂不同步，可通过设定“缓冲期”规定时序。土地督察部门要实施既灵活又严格的土地督察制度，即严格监督检查规划的实施和落实情况，在“缓冲期”内实现“缓冲区”耕地占补平衡的，均视为“先补后占”。

35. 以规划为引领　以土地整治为抓手 又好又快地推进美好乡村建设

（2013 年）

美好乡村[1]建设是一项系统工程，必须统筹推进，其中规划引领是关键，土地整治是抓手。只有规划才能把握美好乡村建设内容之间的关联度，找准美好乡村建设的难点和切入点，实现布局合理、发展科学、彰显特色；只有土地整治才能实现土地利用的“三个集中”（农业向规模经营集中，工业向园区集中，居民向城镇和中心村集中），建立城乡统一的土地市场，解决耕地保护、建设用地指标、建设资金等“一揽子”问题。为此建议：

1. 夯实美好乡村建设规划基础，建立相关规划协调互动机制

（1）全面启动美好乡村建设规划规划的编制，要满足以下要求：要编制科学的、严格的和历史性规划；规划内容要环环相扣；规划要尊重规律，广泛听取基层和农民群众的意见和建议；规划要具有前瞻性和可操作性。

（2）相关规划要协调互动。一是要充分发挥土地利用总体规划刚柔相济的功能。要用活第三轮土地利用总体规划的有关政策，挖掘农村居民点整治的巨大潜力，充分利用有条件建设区的建设空间，发展小城镇和中心村，只要用地是农村居民点整治的指标不纳入新增建设用地，为美好乡建设提供土地保障。二是城乡规划要注重均衡发展。重点是要将规划延伸至村级，关键是要引导

---

① 当时安徽省称美好乡村建设，至 2015 年年底，安徽省称美丽乡村。

大中小城市和城镇村协调发展，保障城乡要素平等交换和公共资源均衡配置。三是美好乡村建设规划要与相关规划融入，做到合理、科学地融入，切忌排斥甚至否定已有规划。四是专项规划要及时跟进。

2. 围绕美好乡村建设规划，全面推进土地整治

(1) 新一轮土地整治规划要服务美好乡村建设。新一轮土地整治规划要实现重心转移，即规划既要符合土地利用总体规划，又要满足美好乡村建设，否则不予评审和审批。

(2) 土地整治要处理好三种关系。首先是近期和长远的关系。土地整治和任何一种发展模式一样，都必须要注重近期效益，保证当代人的生存和发展。土地整治不仅要增加耕地面积和提高土地的综合生产能力，还要改善人们的生产和生活条件，为后人留下“青山常在、碧水长流、蓝天白云”的宜居环境。其次是主体和主导的关系。美好乡村建设与土地整治要充分引进参与式理念，体现农民是主体，要符合农民意愿、带给农民实惠、得到农民拥护，不要强拆农民房子，强逼农民搬家。同时，美好乡村建设与土地整治，政府是主导者，各相关部门是参与者。各级党委政府要把此项工作当作一项责无旁贷的政治任务来抓，充分发挥好组织协调和督促落实作用。政府不仅要把口头宣传转变为真实行动，还要把“好事做好、做实”。最后是人们意愿与客观实际的关系。土地整治是一项惠及“三农”的德政工程，一定要充分尊重农民的意愿，切忌强制推进。但是，土地整治又是一项尊重自然、尊重科学的工程，农民的意愿要经过科学的提升，合理满足。当两者出现矛盾时，干部要以关心群众的生活为出发点，深入调查研究，注意工作方法，寻求解决矛盾的突破口。

3. 土地整治要做到“五个结合”

(1)整治模式要与自然和经济发展水平相结合。不同区域的自然与社会经济条件迥然不同,其整治模式不可千篇一律,应该实行差别化的土地整治政策。

(2)要与农村土地制度改革相结合。土地整治要与农村土地流转、土地股份制改革等同步推进,要切实维护农民土地财产权利。

(3)要与城乡一体化发展相结合。建设用地整治要为实现基本公共服务均等化搭建平台。如为中心村培育建设和自然村治理改造提供土地保障,促进基本公共服务设施集中布局等。

(4)要与发展现代农业相结合。农地整治要为发展现代农业搭建平台。如应利用土地整治资金拉动、整合涉农资金,集中财力发展现代农业。

(5)要与生态建设相结合。土地整治要运用“反规划”理论,即先确定哪些地方为禁止建设区,将其控制起来,然后在这个基础上再进行土地整治,实现土地整治促进生态建设的目标。

中共安徽省委政策研究室

对安徽省政协十一届一次会议第0625号提案的答复

於忠祥委员：

在收到您在省政协第十一届一次会议上关于“以规划为引领 以土地整治为抓手 又快又好地推进我省美好乡村建设”的提案（第0625号）后，我单位会同省国土资源厅、省住房和城乡建设厅、省农委等部门对提案进行了认真研究，现答复如下：

自去年9月份全省美好乡村建设动员大会召开以来，各地各部门按照省委、省政府的统一部署，在省领导小组的直接领导下，切实加强工作谋划，加大推进力度，美好乡村建设各项工作稳步有序开展。今年初，在各地申报的基础上，省里确定了首批1710个美好乡村建设中心村，要求今年全面启动建设，建设周期2年。为确保首战必胜，尽快形成示范效应，今年5月份，省领导小组在深入调研、广泛听取意见的基础上，在首批中心村中确定586个交通便利、基础较好、村“两委”班子能力较强的中心村作为重点示范村，并把今年的工作重心放在重点示范村建设上，确保今年年底、最迟明年第一季度基本建成，力求建一个成一个，为后续美好乡村建设蹚出路子、积累经验、提振信心。

与经济发展水平相结合、与农村土地制度改革相结合、与城乡一体化发展相结合、与发展现代农业相结合、与生态建设相结合等“五个结合”，这些建议抓住了土地整治工作的要害，既顺应民心，又符合农村实际，对此，我们完全赞同。下一步，我们将会同省国土厅、省农委等相关部门，围绕美好乡村建设规划，进一步加大工作力度，全面推进土地整治。一是严格实施土地规划、土地整治规划，年底前全面完成全省 732 万亩高标准基本农田建设任务。二是开展城乡建设建设用地增减挂钩试点，整治村庄 20 万亩，结合工矿废弃地复垦利用试点等工作，完成采煤塌陷区综合治理 8 万亩，矿山地质环境恢复治理 2 万亩，实施地质灾害搬迁避让和工程治理 110 处。三是严格控制耕地转为非耕地，落实好国家占用耕地补偿制度、基本农田保护制度，落实好国家制定耕地质量保护措施，建立耕地保护目标责任。

感谢您对美好乡村建设工作的关心与支持，希望您一如既往地支持我们的工作，多提宝贵意见。

办复类别：B 类

联系单位：省委政研室调研三处

联系电话：0551-62609390

省委政研室

2013 年 8 月 19 日

抄送：省政府督查室、省政协提案委员会办公室

6

安徽省委政策研究室答复件(部分选用)

36. 关于推进新型城镇化和美好乡村协调发展的建议

（2014 年）

2013 年，本人以提案撰写者的身份，参加了全国政协赴江浙两省就《关于以农业转移人口市民化为核心，稳步推进城镇化健康发展的提案》的督办调研。通过调研座谈和交流，本人发现：江浙在实施“创新驱动，转型发展”的过程中，积极发展科技密集型产业，一改以往消耗资源（主要是土地资源和劳动力资源）、污染环境的发展模式，意味着很多农民工不可能异地城镇化。因此，绝大部分农民工返乡就地城镇化是趋势。为此建议：

1. 要把美好乡村建设纳入新型城镇化规划体系，为农业转移人口就地城镇化奠定基础

新型城镇化的核心是人的城镇化，不仅进入城市的农业转移人口要市民化，更要着力推动农业人口和留在农村的农业转移人口就地城镇化，即人不离开农村，但生活方式实现城镇化。否则，只要农村居民还在受到城市的诱惑，农业转移人口市民化的问题就不能最终解决。因此，各级政府制定新型城镇化规划，建立“（特）大城市、中等城市、建制镇、小城镇和美好乡村”五级规划体系，奠定新型城镇化和美好乡村协调发展的基础和龙头。

2. 加快土地制度改革，促进土地资源优化配置和节约集约利用

新型城镇化和美好乡村建设的一个关键和核心问题，就是通过土地制度的改革和创新，实现土地资源的整合和高效利用。建议完善城乡建设用地增减挂钩政策，做好美好乡村建设规划和乡

镇土地利用总体规划的协调衔接。积极推进增减挂钩管理创新,探索增减挂钩节余指标在更大范围内有偿调剂使用机制。应允许各地根据本地实际情况,在保证土地集约节约利用的前提下,采取灵活政策,推进在省域范围内实施耕地占补平衡政策,从而让偏远农村能够得到(特)大城市在资金和人才方面的反哺和支持,为美好乡村建设注入更大的活力和动力。

3. 积极推动基本公共服务资源向农村流动,突出重视将高等教育资源和优质基础教育资源向农村区域配置

安徽省很多地方,虽然建成了新型农村居民区,但留不住外出务工的农民,农村从"空心旧村"又变成了"空心新村"。因此,根据中华民族高度重视教育的优良传统和教育优先发展的现代理念,各级政府应当把高等教育资源引向县城乃至中心镇、把优质基础教育资源引向美好乡村,作为新型城镇化规划的一项重要内容和关键措施。可以采取推动高等院校在县城办分校区、中小学名校在美好乡村办分校区的办法,让农村教育水平向城市靠近,这对农业人口就地城镇化将起到十分突出的推动和巩固作用。同时,各级政府对农村社区公用事业部门和社会建设要加大支持力度,在税费征收方面给予政策优惠。

4. 积极引导、严格规范社会资本和金融资本参与新型城镇化和美好乡村建设

2013 年中央 1 号文件明确提出,"鼓励社会资本投向新农村建设",这是一个意义重大的决策。城市工商资本参与新型城镇化和美好乡村建设,应当是城市支持农村、工业反哺农业的主要形式之一。在我国城市资本过剩、城市居民缺乏投资渠道的情况下,国家应当大力推动企业和居民向新型城镇化和美好乡村建设投资。在此过程中,应当十分注意"新型城镇"和"美好乡村"的不同职

能。城镇可以是农村区域的工业中心,而美好乡村则应当是发展现代农业和服务业的基地。必须按照生态文明建设的要求,坚决杜绝污染企业到城镇特别是农村去。

政府应重点引导和推动城市工商企业参与美好乡村的社会建设,鼓励企业和社会组织采取投资筹资、捐款捐助、人才和技术支持等方式在农村兴办教育培训、医疗卫生、社会福利、社会服务、文化旅游体育等各类事业,按规定享受税收优惠、管护费用补助等政策。落实公益性捐赠农村公益事业项目支出所得税前扣除政策。鼓励企业以多种投资方式建设农村生产生活基础设施。同时,各级政府要进一步整合资金、按照基本公共服务均等化的原则,充分发挥政府投资的导向吸附作用,引导社会资本和金融资本参与美好乡村各类基本公共服务设施建设。应鼓励企事业单位、社会团体、有实力的个人乃至外资以多种形式捐赠或兴办社区便民、利民服务(如"雷锋超市"),形成政府支持、社会捐助和村(居)委会自筹相结合的多元化的美好乡村建设资金筹措体制。

进一步完善村民自治法,以美好乡村建设为契机加强基层群众自治制度建设。

第四章　区域经济生态协调发展

37. 建立生态补偿机制　打造和谐省会经济圈*

（2007 年）

安徽省省长王金山在省十届人大五次会议上所做的《政府工作报告》明确提出，我省将以合肥为中心，六安、巢湖为两翼，构建省会经济圈；2006 年 11 月 12 日，省委常委、合肥市委书记孙

---

* 2006 年，安徽省提出以合肥为中心，六安、巢湖为两翼，构建省会经济圈。合肥市、巢湖市和六安市决定，在六安市举行"省会经济圈论坛"，合肥市政协约我写一篇会议发言稿。当时，我敏锐地感觉到，建立省会经济圈要和谐共处，尤其要注重皖西大别山区和巢湖的水体保护等问题。因此，提出建立生态保护补偿机制的问题，其根本宗旨是在发展经济的同时保护皖西大别山区生态和巢湖水体。该发言经修改压缩，上升为提案提交省政协。因为较早关注生态补偿问题，2011 年，由财政部和环保部牵头组织、每年安排补偿资金 5 亿元的全国首个跨省流域生态补偿机制试点，在新安江启动实施，新华网等多家媒体均对我进行了采访。

金龙率领的合肥市党政代表团在六安市考察时,就构建省会经济圈的大计与六安市委书记、市人大常委会主任倪发科等进行了广泛深入的交流。两市主要负责同志一致认为,合肥、六安等城市着手构建省会经济圈的时机已经成熟;巢湖市为融入省会经济圈,正根据合肥与巢湖两市主导产业的互补性和差异性,着手抓"工业产业、城市建设、科教人才、旅游开发、基础设施、生态环境、机制体制"等多方面的对接。2007 年,我省将加强中心城市和城市群建设,支持合肥现代化滨湖大城市建设,完成省会经济圈规划编制工作,促进六安、巢湖等地加速融入省会经济圈。所以,省会经济圈已初露雏形,今后的关键是要迈出实际性的合作步伐。

构建省会经济圈的核心是实现城际资源共享和产业分工协作。值得警示的是:资源共享过程应该是打造和谐省会经济圈的过程,绝不能造成掠夺经营资源的局面,尤其是要处理好经济发展与生态环境保护的协调问题。众所周知,良好的生态环境是可持续发展的重要保障。但在自然生态保护方面,跨行政区域却面临着政策结构性缺位的挑战,特别是相关的环境经济政策严重短缺,无法解决诸如重要生态功能区、流域和矿产资源开发等领域的生态环境保护问题。在这类生态保护及其相关污染防治问题的背后,有一个共同的利益关系规律在发生着作用,即受益者无偿占有环境利益,保护者得不到应有的经济回报,缺乏保护的经济激励;破坏者未能承担破坏环境的责任和成本,受害者得不到应有的经济赔偿,责任人丧失保护的经济压力。这种环境与经济利益关系的扭曲,不仅使跨区域的生态保护面临很大困难,而且也威胁着地区间和不同人群间的和谐发展。说白了,合肥、六安和巢湖唇齿相依,构建省会经济圈的目的就是要把三个市或者更广的范围融成一个整体,为解决上述诸多问题搭建平台。合肥市作为省会城市,近几年的发展取得了令人瞩目的成就,但合肥市的发展离不开周边城市的资源和环境,即合肥市的发展辐射并带动六安和巢湖,而六安和巢湖为合肥的发展提供了资源和环境;如果没有六安和巢湖等地区的优良环境,就没有合肥市又好又快发展的新局面,即使有一时的跨越,但绝没有可持续的远景。因此,建议把建立生态补偿机制作为构建省会经济圈的重要内容,此举不仅是有效保护生态环境的紧迫需要,也是构建和谐省会经济圈的非常措施,具有重要的战略地位;不仅是完善环境政策,保护生态环境的重要措施,而且是落实科学发展观和建设和谐社会的重要途径。

生态补偿是要生态环境和自然资源利用的受益者支付代价,向生态环境和自然资源的保护者提供补偿的一类社会经济活动;生态补偿机制就是促进补偿活动、调动生态保护积极性的各种规则、激励和协调的制度安排。其目的是通过经济、政策和市场等手段,解决一个区域内经济社会发展中生态环境资源的存量、增量问题和改善区域间的非均衡发展问题,逐步达到区域内的平衡和协调发展,从而激励人们从事生态保护和建设,使生态资本增值、资源环境永续利用。

1. 建立生态补偿机制的现实意义

(1)有利于促进省会经济圈的区域合作与协调发展。随着经济社会的快速发展,资源环境的压力日益加大,人民群众对生态环境的要求也越来越高,生态环境的优劣已经成为影响经济社会发展的重要因素。建立生态补偿机制有利于加强生态环境保护,促进省会经济圈内的城乡统筹、区域合作与协调发展。

(2)有利于维护生态保护区群众利益。长期以来,生态保护重点地区的群众为了资源环境建设做出了贡献,走出了有本地特色的依靠生态环境发展的路子,在改善了自身的生活环境同时,也为其他地区提供了良好的资源环境保障。建立生态补偿机制有利于生态重点保护地区的发展,维护当地群众的利益。

(3)有利于推进生态建设。传统的生产发展方式,往往无偿使用资源环境,不计资源环境成本。建立生态补偿机制,有利于确立资源环境的价值观念,推进资源环境有偿使用的市场化运作;有利于促进清洁生产,发展循环经济,实现经济增长方式的根本转变,有效推进生态建设。

(4)有利于维持义务与权益的平衡。省会经济圈内的河流上游、湖和水库流域的人民通过植树种草等经济和社会方面的大量投入,直接或间接地改善了当地的生态环境,恢复了绿色植被,减少了水土流失,产生了积极的生态效益。由他们创造的部分经济效益流进河流的下游、湖和水库之中,也就是说,在奔腾的江河或平静湖和水库的水中,已经蕴含着物化了的河流上游、湖和水库流域人民的众多劳动。当人们使用这些流水安排生活、从事生产时,他们就无偿地享受了保护区居民的这些特殊劳动产品,或者说是从保护区创造的生态价值中截取了一些利益。这种现象以隐蔽的方式违反了价值规律,使保护区人民植树种草、保护生态环境的生产积极性被严重挫伤,导致这里的生态环境恶化愈演愈烈。“我花钱种树,他免费乘凉”“上游保护,下游受益”“上游污染,下游遭殃”等现象,是目前我国流域生态环境建设与保护普遍面临的尴尬与不公平,在以合肥市为中心的省会经济圈内这种现象开始逐渐显露。如果这种不公平长期继续,就无法实现统筹城乡发展、统筹区域发展、统筹经济社会发展,影响我们构建省会经济圈的目标的实现。建立生态补偿机制,就是用计划、立法、市场等手段解决下游地区对上游地区、开发地区对保护地区、受益地区对受损地区的利益补偿。即把保护流域生态环境的责任和利益进行分割,获益方对为保护流域生态环境做出牺牲的一方进行补偿协调,不仅可以维持义务与权益的平衡,而且可以促进区域的共同发展,体现生态保护的经济价值和市场价值。

2. 建立生态补偿机制时机已趋成熟

(1)有法律支持。生态补偿机制作为一项有利于生态环境保护的环境经济政策和制度,具有法律支撑。《中华人民共和国环境保护法》第4条规定:"……国家采取有利于环境保护的经济、技术政策和措施,使环境保护工作同经济建设和社会发展相协调"。第29条规定:"开发利用自然资源,必须采取措施保护生态环境"。《中华人民共和国森林法实施条例》第15条规定:"防护林和特种用途林的经营者,有获得森林生态效益补偿的权利。"《国务院关于环境保护若干问题的决定》(国发〔1996〕31号)中也提出:"国务院有关部门要按照'污染者付费、利用者补偿、开发者保护、破坏者恢复'的原则,在基本建设、技术改造、综合利用、财政税收、金融信贷及引进外资等方面,抓紧制定、完善促进环境保护、防止环境污染和生态破坏的经济政策和措施。……建立并完善有偿使用自然资源和恢复生态环境的经济补偿机制。"安徽省在实践基础上对流域生态补偿进行了有益的探索。如1999年年底,因兴修水利工程,安徽省天井湖上游污染严重的新濉河改变河水主要流向,致使大量污水集中下泄注入天井湖,造成天井湖水面受污染面积8000亩,直接经济损失达610万元,经环保和渔业部门联合调查认定后,安徽省人民政府制定了三项处理措施:①责成事故责任单位所在地政府分别对有关责任人予以行政处分;②由省财政厅、省环保局从环保专项补助资金中补助20万元,用于解决天井湖受污染灾民生活困难,从打井经费中补助20万元用于解决天井湖受污染群众饮用水问题;③责成上游县政府对下游造成的损失给予一定赔偿。该案例的处置实际上就是跨界污染赔偿的实践操作。

（2）有战略目标。省委、省政府提出了“建设生态安徽”的战略举措，要达到生态省建设目标，欠发达地区和农村的经济指标是难点和重点，它们肩负着建设和保护的双重担子，必须建立起有效的生态补偿机制才能加快它们的发展。通过建立生态补偿机制，把生态环境资源的生态价值通过价格体现出来，明确生态环境保护的权、责、利，实现利用资源创造经济价值的利益再分配，体现了市场经济中公平竞争的原则。因此建立生态环境补偿机制，运用经济手段强化生态环境保护工作是应纳入省会经济圈生态省建设的一项十分紧迫的任务。

（3）有社会共识。各级领导和社会有识之士对建立生态补偿机制均存在共识。省会经济圈内的干部和群众的呼声非常高，各级领导也看到了问题的严重性。因为经济发展和环境保护具有互动关系，生态环境保护是为了又好又快地持续发展，发展依托良好的生态环境，因而可以促进生态环境的保护。

（4）有财力支持。省会经济圈内的三个市，尤其是合肥市，经过 20 多年改革开放，已积聚起比较强的经济实力，为建立生态补偿机制奠定了雄厚的物质基础，已经具备了反哺生态环境的条件。

（5）有科学发展观的引导。中共十六届三中全会提出了“五个统筹”和“五个坚持”，确立了全面协调持续的科学发展观。国家正在探索建立绿色国民经济核算体系并取得重大突破。建立生态补偿机制正是贯彻实施科学发展观的一项具体举措。因此，省会经济圈全省范围内率先建立生态补偿机制，对于加快生态安徽建设，促进全省生态补偿机制的确立具有重大的意义。

3. 建立生态补偿机制的基本原则

（1）谁污染，谁赔偿，谁受益，谁补偿。环境污染造成的是环境公害,污染者不但要为污染行为付出代价,而且有责任和义务对自己污染环境造成的损失做出赔偿。同样,环境受益者也有责任和义务对为此付出努力的地区和人民提供适当的补偿。这样,才能鼓励大家共同为保护生态环境做出贡献。

(2)公平、公正。前述,合肥市、六安市和巢湖市唇齿相依,互为资源,互为环境。因此,六安市提供给合肥市的是经过努力后的、优于标准的水质,合肥市就应该对此作出应有的补偿;各大水库周边的群众承担了水源保护的义务和责任,受益者就应该给予应有的补偿;如果造成对下游地区、湖或水库的污染,那么污染者就要赔偿。唯此,才能显示出公平和公正的原则。

(3)水质和水量相结合。水质和水量是不可分割的统一体,如果只有水质没有水量,水质再好,数量不足,水资源还是不能满足需要;如果有水量没有水质则会产生水质性缺水,同样无法满足经济社会发展的需要。因此,在制定生态补偿机制时要同时考虑水质与水量的问题。只有将二者有机结合起来制定的生态补偿机制才会科学合理,起到真正的实效。

4. 建立生态补偿机制的若干建议

(1)加强宣传,绿色核算。针对人们生态价值的模糊认识,要加大宣传力度,向全社会灌输环境有价的理念,大力提倡“污染者付费、利用者补偿、开发者保护、破坏者恢复”。全面提高领导层、企业和公民的生态环境意识,增强生态功能区居民和领导的维权意识,增强受益地区干部和群众进行生态补偿的自觉性。加快国民经济绿色核算体系建设,将生态资源遭到破坏的部分,打入国民经济成本,改变传统过分注重经济增长指标的政绩考核办法。在全社会形成生态环境不是免费的观念,从而为建立和实施生态补偿机制奠定浓厚的舆论基础。

(2)建立省会经济圈生态补偿基金。建议成立省会经济圈生态补偿基金委员会,负责筹措生态补偿资金。资金实行统一管理,明确资金使用范围,严格用于生态建设和保护。

①讲究实效,模糊决策。在目前的GDP中,包含着对资源环境的无偿占用和破坏。因此,在目前生态价值尚不能准确地以货币形式进行估价的境况下,可以在GDP中确定一定的比例作为生态补偿基金。实际操作时,先低征,即根据GDP的大小将比例控制在各地心理可承受范围内,如0.01%~0.05%,以后逐步提高。

②全民动员,捐募结合。生态补偿涉及面广,操作难度大,全部由政府负责显然不现实,必须提倡社会共济。因此,可以动员社会力量,一是募捐,二是接受捐赠。

(3)突出重点,分类执行。生态补偿的内容很多,涉及面极广,而且随着人们认识水平的不断深入,需要补偿的范围还要增多。首先,应对群众反映突出、严重影响生产生活的和需要实行抢救性保护的区域进行补偿。如自然保护区、饮用水源保护区等地的居民,应该成为补偿的重点。其次,补偿金分配可以实行分类。如生态公益林补偿金的分配中,虽然同属某一级别,但可分成三至五类,对重点区域、重点流域、特殊位置和受损失严重的划为一类,提高补偿金,拉开补偿档次。

(4)双方举证,协议补偿。经济圈政府间应成立协调委员会,对某些难以定量计算的,由协调委员会主持,采取双方协议的方式进行补偿。如上下游地区间的补偿,由上游区举证该获得的补偿数,下游地区与之谈判并形成协议。

(5)合理分配,公开高效。获得生态补偿权应该是受到损失公民的应有公民权,因此,在生态补偿金分配时,原则上政府部门不能截留,能到户的尽量到户,能到村的尽量到村,能到乡的尽量到乡,能到县的尽量到县。由于有时补偿对象非常复杂,上一级政府及有关部门可以统一使用。但必须本着公开高效的原则,尽可能多听取需补偿地区的干部群众的意见,通过项目或其他形式,造福于民,切实提高资金的使用效果。

38. 强化土地出让金收支管理　促进城乡和谐发展*

(2008 年)

“新农村建设”的提出,“土地出让金”渐渐成为最热的名词。中国城市这些年里的蓬勃发展,主要仰仗于土地出让金。然而,被出让的土地主要源于农地征收。因此,土地出让金收益不仅在短期内刺激了中国城市的飞速发展,透支了城市的未来,而且侵吞了大量的农田,威胁了粮食安全。据统计:“九五”和“十五”期间,我国耕地总量净减少了 800 万公顷,相当于 1 个半的安徽省耕地总面积;期间,安徽省耕地面积也净减少了 23.71 万公顷。与此同时,很多城市内部土地利用却非常松散,如工业用地比发达国家要高出 11 ~13 个百分点,有的城市土地闲置率至少为 15%;目前,我国城市平均整体容积率只有 0.31,而合理的容积率应为 0.5 以上。如果把这些土地盘活,城市可挖掘出约 40% 的利用潜力;如果节约利用城市土地,每年可节约占用耕地面积的 60%。但是,由于征地安置补偿偏低、土地出让金没有考虑或者很少考虑到土地资源价值的补偿等,导致在占用耕地外围扩张城市的同时,城市内部却在上演“空城计”,而且愈演愈烈。所以,土地出让金的确定必须以科学发展观为指导,全面涵盖耕地补偿安置费和土地资源资

---

* 本人长期从事国土资源工作教学、研究与生产服务,深感地方政府不吃“土地财政”活不了;“土地财政”长期吃下去,中国人吃饭问题受威胁。基于此,本人在工作中酝酿、出炉了这份提案。诚然,直至今日,很多地方政府还在吃“土地财政”,但已经引起了政府的重视。目前,我国正在推进土地征收工作试点,可望通过修改相关法律,解决土地征收问题。

产价值等，这是实现城乡和谐发展的基础和前提。为此建议：

1. 土地出让金要涵盖被征地农民的补偿费用

农地价格由以下几个部分构成：

(1)被征用部分的补偿包括土地所有权补偿、土地使用权补偿和地上青苗及附属物补偿等。

(2)土地投资利息的补偿主要是农民在经营土地过程中，长期对土地进行了活劳动和物化劳动的投入，改变了土壤的物理、化学和生物学特征，使之产生了人工肥力和经济肥力，使土地具有了资产特性，应对此进行补偿。

(3)有害或不良影响补偿主要针对被征用地块剩余的非征地，指因建设或公共项目对其造成的各种损害的补偿。

(4)干扰损失补偿是被征地所有者或承租人因为不动产全部或基本征用，其生活秩序被打乱，造成各种混乱而额外增加的成本或开支的补偿。

(5)其他如重新安置的困难补偿等。

农地本身价格应作为动用出让金补偿失地农民损失的依据。

2. 土地出让金还要涵盖被征地农民的安置费用

征地安置方式主要有保险安置、创业安置、“保权”安置、就业安置、货币安置和其他安置6种。所以，土地出让金应安排足够的资金，建立失地农民安置资金。这是利国利民的德政工程，是建设社会主义和谐社会，实现城乡统筹发展的战略举措。

3. 动员部分土地出让金建立耕地与生态保护补偿储备基金

(1)耕地保护补偿要分国家层面和地方层面。国家层面就是国家通过财政转移支付等手段，对粮食主产区耕地保护的补偿，其中一部分资金应动用上缴中央财政的土地出让金。安徽省属于中部地区，为农业大省，是重要的粮油棉生产基地。2006年，全省粮食播种面积为617 万公顷,占全国的5.85%,粮食总产量为2860万吨,占全国的5.75%,除满足本省的自身需求外,还为国家提供了5 亿千克的商品粮,为维护国家的粮食安全做出了重大贡献。因此,特殊的经济区位和其在农业上所处的战略地位,决定了安徽省耕地资源保护对于中国耕地保护具有示范、指导和借鉴意义,对中国政府制定关于耕地保护的决策具有重大参考价值。为此建议我省应向中央提出,逐年加大对我省耕地保护补偿的财政转移支付力度,直至粮农的收入与我国发达地区的农民收入持平,此后每年可稳定转移支付。

地方层面就是要强制城市动用部分土地出让金建立耕地保护基金,每年对辖区农村保护耕地的县乡给予补偿。

耕地保护补偿基金的支出主要有两项:一项用于对种粮农民的直接补贴,提高他们珍惜耕地和种粮的意识;另一项用于农业基础设施建设,提高农业生产能力。

(2)建立城镇建设用地扩展和农村居民点缩减挂钩补偿机制。按照国发〔2004〕28 号文件精神,建立城镇建设用地扩展和农村居民点缩减挂钩制度,但"挂钩制度"必须要以经济补偿作为支撑。建议我省各级政府财政部门应该把这部分支出列入预算,所需资金应从土地出让金中划出。

(3)建立生态保护补偿机制。土地出让金部分主要用于征收耕地,或者是因土地建设等而对周边生态环境造成破坏后需要修复、再造的资金补偿。

4. 土地出让金确定要体现公平与效率最大化原则

现行的农地征用安置补偿标准是依据征地用途来确定,显然没有体现"国民待遇"的原则。如公益性项目和基础设施建设项目等,尤其是地方政府重点项目,与其他项目相比,征地补偿费用明显偏低，有的甚至低于法定标准。如建高速公路征地，其补偿费只有9万～12万元/公顷，而同期用于其他建设项目征用的同类土地，补偿费却高达几十万元/公顷，有的甚至超过150万元/公顷。在国外，建设高速公路的土地取得成本一般占工程总投资的50%～60%，而中国只占10%～15%。这样，同时、同地征用同类土地，因为征地后的用途不同，农民的安置补偿标准悬殊。因此，建议我省应出台有关条例，规定无论是公益性用地、国家重点项目用地，还是经营性项目用地，其补偿安置应一视同仁。具体做法是，通过财政部门设立专门账户，建立土地征用补偿安置基金。即财政部门动员一部分经营性项目用地的土地出让金建立征地基金，再通过转移支付给国家重点建设项目用地或公益性项目用地的补偿安置，从而实现征地过程中的"国民待遇"原则。

土地出让金应该按照土地最适宜的用途确定，以实现效率最大化。具体讲就是，无论土地的实际用途，均应按照评估的最佳用途出让，因此，土地出让金也应按最佳用途测算。

5. 控制增量土地，挖掘存量土地

从资源资产化的角度出发，建设用地增量土地出让金总额应大于存量土地。然而，现实却恰恰相反，往往是城市存量土地出让金额远远高于增量，土地出让金中忽略了增量土地的资源资产价值和生态价值等，这就促使土地使用者更愿意选择增量土地，导致城市无节制外围扩张，侵占大量耕地，同时城市内部土地大量闲置，处于低效利用状态。所以，建议增量土地出让金测算时，要逐渐融进资源资产价值和生态价值的价格，实现用经济杠杆迫使用地者走内涵挖潜的道路。

6. 土地出让金须一次付清

要严格执行国土资源部发布的《招标拍卖挂牌出让国有建设用地使用权规定》，建设用地使用权证书必须在受让人完全付清全部土地出让金后才能获得，不得按比例分期付款，否则，应依法追究相关人的责任，唯此才能使“地王”大大减少。

39. 关于把合肥市建设成区域型特大城市的建议与思考

（2010 年）

最近，中共安徽省委、省政府明确提出，合肥要努力建成充满活力、独具魅力、创新发展、宜居宜业的“区域型特大城市”。依据《合肥市域城镇体系规划（2010～2030）》（征求意见稿，以下简称《规划》），到 2030 年，合肥市市域人口为 1000 万，城镇人口为 900 万；城镇化水平为 90%；全市城镇建设用地为 900 平方千米。届时，合肥市除了中心城区和副中心外，现在三县所辖的长临河、三河、紫蓬、吴山、下塘等小镇将成为“小城市”，如同“卫星城”一样围绕在合肥市区周围，人口规模达到 25 万左右。按照上述规划，未来的合肥市就如同“一只母鸡带着一窝小鸡”很难成长起来，一旦成长起来就是每只“小鸡”变成“大鸡”，又步入“摊大饼”的非理性之发展模式，将会大量侵占农田，破坏生态与环境，有悖于建设资源节约型和环境友好型社会。为此建议：

1. 树立大“合肥”的概念，建设“一核五星”的区域型特大城市

20 世纪 30 年代，德国的地理学家克里斯塔勒就提出了城市区位论的理论，认为城市的设置要考虑四个因素，即中心地、中心地职能、中心性和服务范围。如果按照《规划》谋划合肥未来的发展，势必会造成中心城区、副中心和卫星城市之间的功能重叠、职能重叠和服务范围重叠，可能会导致过多的重复建设，浪费资源，危害环境。所以，合肥市要跳出“合肥”做规划，推进组织模式创新与观念更新、体制创新协同联动，要打破城市户口和乡村户口的

旧观念，用城乡一体化的新思想，来构建“区城特大城市”的整体发展框架，在更大的区域范围内进行城镇布局，从而形成多中心、多层次的城市群或组团式的卫星城市结构。故此，未来合肥市的规划，应以城市区位论为依据，建成以现在的合肥市主城区为核心，以巢湖、滁州、淮南、六安和安庆为卫星的“一核五星”区域型特大城市。

2. 编制概念性规划，围绕功能定位，确定区域型特大城市的发展方向

要围绕充满活力、独具魅力、创新发展、宜居宜业的区域型特大城市的功能定位，编制合肥市概念性规划。概念性规划要立足皖中，树立“抱团发展”的理念打造合肥经济圈；敞开“胸怀”，东向发展，营造皖江城市带承接产业转移示范区的大环境；重点确定“一核五轴一环”的发展方向，即依据资源禀赋和交通区位等，首先确定核心区的发展方向；其次确定合宁沪发展轴、合淮埠发展轴、合六发展轴、合安发展轴以及合芜发展轴上的卫星城市滁州、淮南、六安、安庆和巢湖的发展方向；再次确定以核心区为辐射“原点”，以五轴上各卫星城市为结点的合肥市外环以内的城镇和村镇之发展方向；最后确定合肥外环以内、五轴两侧的农业等发展方向。

3. 重新审视现行的六个城市和所辖县（区）各镇区的规划，适当控制规模，树立区域型特大城市一盘棋的观念

城市面貌应该是自然、社会和历史演变的综合体现，城市规划必须首先通过大量的调查研究，来解决诸如城市如何地位，城市起何作用，城市发展如何保护、发展、利用当地的自然、社会和文化优势，如何避免、弥补、缓解当地的劣势，如何使城乡经济形成良性循环，如何发挥地方经济、文化优势逐步提高人民生活水平，如何选

择经济进一步发展的突破口以及城市建设的各个方面要制定的政策等许多重大问题。然而,目前确有一些城市规划方案没有真正关心社会的前途,大家各自为政,有的是市长和投资商的规划,不是市场和规划师的规划,规划的城市功能、内部结构和规模都不尽合理。因此,省政府应该组织有关专家,尽可能排除干扰,重新审视现行的六个城市规划,科学地定位其功能,进一步优化其内部结构,按照统筹发展的原则,依据1000万人口的规模为现行的城市规划规模“瘦身”。

合肥外环以内的各县(区)所辖镇,应定位为农村富余劳动力的“蓄水池”或“缓冲区”,主要以发展第三产业为主,不宜也不应大规模发展工业,避免侵占耕地,污染环境,危害农产品安全。因此,其规模不宜过大,县政府所在地的镇可以大一些,其他镇区规模可小一些。

4. 强化合肥外环以内的耕地和生态屏障的保护

运用反规划理论,把合肥外环以内、五轴两侧的耕地以及生态屏障区域规划为禁止建设区优先保护起来。区内除了建设必要的农村居民点、农业基础设施建设、交通建设以外,禁止各类建设(合法的独立选址项目除外),全力营造田园城市景观。

5. 制定适应区域型特大城市发展的差别化政策

要依据各卫星城市的功能定位,将耗能高、耗水量大、占地过多、运量过大的工业企业分期分批地从核心区迁往卫星城市的产业园区,同时要适当分散核心区的部分文化职能、部分经济管理中心职能、部分行政职能及部分商业和市场职能。为此,必须要制定差别化的优惠政策和措施,运用经济杠杆手段,鼓励核心区企事业单位和居民迁往新型卫星城。适当放宽卫星城镇的户籍管理政策,更新人口管理方式,引导城乡人口职业流动和区域流动的有序化。进一步深化城市土地使用制度和住房制度改革,运用价格、税收、工资等经济手段,吸引更多的人口和企业到卫星城镇落户,加快卫星城镇的发展步伐,为构建区域型特大城市形态的新格局新组合贡献力量。

40. 关于土地整理与城乡一体化发展的若干建议*

（2010 年）

新中国成立以来，为了防止农民大量涌入城市，政府赋予城市发展太多的优惠政策，人为地拉大了城乡差别。1949～1979 年的 30 年间，通过工农“剪刀差”，我国农民为工业化和城市化发展奉献了 6000 亿～8000 亿元人民币；从 1952～2002 年的 50 年间，农民向社会无偿贡献的土地收益为 51，535 亿元。以 2002 年无偿贡献的土地收益为 7858 亿元计算，相当于无偿放弃了价值 26 万亿元的土地财产权（按照银行利率 3% 计算）。自我国实行土地征用补偿政策以来，我国累计支付的土地征用费不超过 1000 亿元。所以，我国城市发展在很大程度上是以牺牲“三农”利益为代价的。如今，我国工业化、城市化发展已经具备“工业反哺农业、城市支援乡村”的能力了，但在实际运作过程中还存在一些障碍和问题。为此建议：

1. 以创新制度为切入点，为实现城乡一体化“大拆围”

计划经济时代沿袭下来的一些旧制度，至今还是一道道围墙，阻碍了城乡一体化的发展进程。其中最主要的是土地制度和户籍制度。

（1）土地制度。现行的农村集体土地所有制，类似于物权法中讲的“共有产权”，是几乎不能退出的“共同共有”。在农村目前

---

* 本文份提案后被转为社情民意，被安徽省政协办公厅采用，并报有关省领导参阅。

这样一个环境下,只要讲土地是集体的,那么集体的“代表”即村干部就可能会行使自己的控制权,农民的土地承包权面对依靠组织资源而成立的集体所有权,显得十分脆弱。因此,这种局面必须改变,应使“共同共有产权”的适用对象减少到最低限度。因此,有条件的地方,如合肥市应该抓住作为全国节约集约用地试点城市的契机,进行创新土地制度试点。

合肥市为安徽省省会,毛泽东主席曾有“合肥不错,就在皖中”的赞语。近年来,合肥市在建设现代化滨湖大城市的实践中,受土地“瓶颈”的制约越来越凸显。为了探索保护耕地和保障发展的新路径,构建城乡一体化发展新格局,破解“三农”和城镇化发展的难题、深化农村土地使用制度改革、促进农民增收和节约集约利用土地,中共合肥市委、合肥市人民政府经过充分调研后,决定以整村推进的土地整理模式(以下简称“合肥模式”)组织实施土地及宅基地整理和新农村建设试点项目。其要旨在于,以农村集体土地流转为动力,以土地整理为平台,以农村居民点整理为抓手,以市、县(区)政府为主导,整合所有支农项目和涉农资金,引入社会资本,打政策和资金“组合拳”,把土地整理、新农村建设和城乡一体化发展结合起来,实现城镇化过程中的“双增一减一提升”之目标,即耕地面积增加、城镇建设用地面积增加、农村居民点面积减少和土地利用效益提升。2008 年,合肥市顺利实施了 4 个项目,共减少 349. 6 公顷农村建设用地,复垦成耕地后用于“增减挂”,农田整理新增 200. 80 公顷耕地,既保护了耕地又为城市的发展拓展了空间;既节约集约利用了土地,又极大地提高了土地利用效益。合肥市因此而被确定为全国唯一的节约集约经营土地试点城市。“合肥模式”实施过程给我们的启示是:创新土地使用制度的核心就是全面推进“放开产权,管住规划”的土地使用制度改革。

①弱化农用地所有权,强化使用权。土地关系的调节、处置应实现社会化、法制化,避免由少数村干部说了算,有了土地纠纷,让农民找仲裁机构,或者找法院,村干部仅仅管农民授权的村庄公共事务。土地使用权长久归农民,可以抵押和继承。运用规划规定土地用途,制约产权,实行农地农用;运用法律和政策,完善流转机制,设定必须流转、有条件流转、自愿流转和不流转的条件,规定受益标准和受益方式;采取土地整理手段,逐步实现土地集中经营,农民集中生活,为政府提供基本公共服务建立平台,为实现城乡一体化奠定基础。

②建立城乡统筹的土地市场。《第二次全国农业普查主要数据公报》(2008 年 2 月发布)披露,到 2006 年年末全国共有 22,592 万个住户,其中 484 万个家庭 1 年以上不在农村居住。按照 2006 年年末农村居民平均每户拥有住宅面积 128 平方米计算,实际农村空置住房面积达 61,952 万平方米;以《中国农村统计年鉴》公布的 2006 年末农村住房市场价值 287.8 元/平方米计算,闲置资产总价值约为 1.78 万亿元。

农村闲置住房和土地不仅是巨大的资产浪费,也是提高土地利用效率、增加农民收入、拓展土地利用空间的难得机遇。“合肥模式”应进一步深化和完善,应推进宅基地上市改革这一利民之举,为构建城乡一体化的土地市场提供方法和途径。

③实施政府引导、经济主导城乡土地利用和配置政策。实施农村建设用地与城镇建设用地置换工程,必须运用区位级差地租理论,以政府为引导,以经济为主导,充分发挥级差地租的经济杠杆作用,把整理出的农村建设用地置换后用于城镇发展,使建设用地在置换中实现升值,其中一部分用来返还农村,用于新农村建

设,解决民生问题;一部分用于城镇工矿建设,解决发展问题。“合肥模式”运作的实践表明:农村宅基地在置换中,其资产价值呈现十倍甚至数十倍的升值,这是市场经济条件下政府引导、经济主导城乡土地利用行为和配置行为的成功典范。政府引导就是政府要优化政策环境,做到还利于民,把土地资产升值进行“剥离”,其升值的“净值”应大部分用于新农村建设,这样才能产生动力,化现行的被动整理置换为主动整理置换。具体可以尝试将出的建设用地指标通过招标、拍卖、挂牌等方式进入市场。

④实施规划引导与市场调控相结合的政策。编制城镇和村镇体系规划,引导和控制农村建设用地的范围和规模,规定村镇规划范围内的宅基地可以自由上市,规划外的老宅基地应通过整理还耕,政府按市价给予补偿;对于违反规划的新建房,应强令拆除,不予补偿,实现新建房向规划的村镇区集中。建立统一的建设用地定级与估价体系,向全社会公布地价和农村建房成本。

(2)户籍制度。打破城乡二元结构的户籍制度。市辖区域范围内的居住人员,均应改为城镇居民。在不违背土地规划的前提下,允许城镇居民购买农村宅基地,这样有利于吸引企业下乡投资农业,发展农业产业化,带动富余农村劳动力就业。原居住农村的居民进入城镇,其就业、子女上学等,均应享受同样的“国民待遇”。如此,就形成了互动的城乡一体化户籍制度。

2. 创新有利于推动城乡一体化发展的土地配置和产业政策

(1)建立规划实施的动态监督检查机制,激励走“规模控制,内部调剂”的城乡一体化发展道路。要发展农业,必须要致富农民。实践证明:农民致富光靠政府补贴是富不起来的,关键是要有适应地方经济发展的政策。改革开放起始,我国实施的特区政策,国家没拿一分钱,特区发展起来,关键是政策好。现今,我国已经进入了发展的第二个大局了，对农村的发展不仅仅是要国家有好的财政政策，更重要的是要有灵活稳妥、行之有效的土地配置政策。具体应通过编制规划，划定城镇建设与耕地补充“缓冲区”。“缓冲区”规划的重点是在土地利用总体规划的指导下，划定城镇建设范围和建设时序以及耕地补充范围和补充时序，并严格规定补充耕地质量。在“缓冲区”内，做到耕地占补的空间平衡，但时间上不一定同步，可通过设定“缓冲期”规定时序。要严格监控规划的实施和落实情况，在“缓冲期”内实现“缓冲区”耕地占补平衡的，均视为“先补后占”。缓冲期的长短，应根据“非农业人口增加引起的农村宅基地退耕滞后于城镇建设用地扩张时间”来定，起始可长一点，往后可逐年缩短，直至最后真正实现先补后占。这样，农村城镇发展了，剩余劳动力可实现就地转移，减少了农业人口，加速了农地流转，实现了农业适度规模经营，产生了农业规模经济。不仅农民可以致富，农业也可以获得更大的发展，整个农村经济就会繁荣，就会提高农民珍惜土地、整理土地的积极性，最终在推进农村城镇化过程中，实现耕地增加、城镇规模增加、农村居民点减少和土地利用效益提升的“双增一减一提升”的战略目标。

(2)围绕资源禀赋，发展具有地方特色的产业，为城镇化发展提供支撑。没有产业支撑的城镇只是空城，即只有夯实产业发展的基础，才能推进城镇化进程。所以，合肥市应该抓住良好的发展机遇，首先做好产业规划。对于农业产业化龙头企业和农贸市场等涉农建设用地，应给予优惠的土地配置和扶持政策，同时在金融、财政政策上应予以倾斜。因此，可出台鼓励有条件的企业面向农村经营农业的有关政策，为招商引资打造宽松的政策环境。如鼓励企业家在城镇建立农业产业化龙头企业，其所占土地允许其通过土地整理进行置换，也就是“规模控制，内部调剂”。该企业可以通过租赁、入股等方式，把农民承包的土地组织起来，进行统一规划、统一整理、统一经营、统一管理等，形成农业产业化的原料生产基地。属于整理新增的耕地，通过国土部门认定，纳入基本农田保护范围，部分可以折算成建设用地指标，由政府掌握，给企业补偿，不允许企业自己用作占补平衡指标。企业建厂房占用的耕地，必须通过“缓冲区”的宅基地整理来完成占补任务。企业也可以通过市场，购买农村集体建设用地。

3. 建立健全土地整理的投入机制

(1)改革涉农资金投入机制。社会主义社会的一个重要优越性就是能集中力量办大事。然而，我国目前因为部门利益、政绩、权利等因素，涉农资金却被“化整为零”地分散至近 20 个部门。“合肥模式”实施前，市、县两级有 30 项支农项目和资金，各部门分散上项目、撒“胡椒面”做项目，形成了同样项目重复投资、“尔拆我建”“朝填夕挖”的局面，人民的血汗被白白地浪费。合肥市的做法值得借鉴，即本着“资金来源不变、用途不变、整合集中使用”的原则，按各类子项目的原审批渠道、原实施办法进行申报审批，实现整个项目统一推进，诸如村村通道路、给排水、电力、电信、农村文化设施、污水处理设施、种植业、养殖业等项目资金按原用途集中投入。为此，由市政府专门出台了资金整合意见和方案，将新增建设用地有偿使用费、耕地开垦费和出让金设立专户作为土地整理复垦开发专项资金，各级各类支农资金用于整理后土地建设的配套资金。实践证明：整合资金不仅做的是大项目，而且是综合项目。然而，“合肥模式”中关于资金整合的做法仍然是面对形势的权宜之计，应该要从根本上改革涉农资金投入机制，目前至少要撤销财政部门下属的农业综合开发部门。

该部门存在至少有三大弊端：①财政部门设立农业综合开发部门，没有专业人才，所有项目规划设计都是临时在各部门抽调人员组成的“杂牌军”，不仅专业技能差，而且缺乏责任心，项目规划设计大部分都“带病”进入施工环节；②财政部门设立农业综合开发部门，既当运动员又当裁判员，即使是“带病”的规划设计也能通过评审，即使是不合格的施工项目也能验收，项目究竟能否发挥效益全凭“裁判员”自己评价；③投入大、权力大，一个上千万元、上亿元的项目，领导可以先拍脑袋，后做规划设计，甚至可以不做可行性研究。

（2）建立土地整理基金。土地整理基金是土地基金的一种，是为了拓宽土地整理融资渠道，促进土地整理事业顺利开展而专门设立的土地基金。土地基金是指以土地资源为载体，为了对土地利用方式、土地利用结构进行重新规划与调整，提高土地利用率，实现土地集约利用目标，达到土地资源的合理开发和利用而设立的一种专门基金。因此，建立土地整理基金，实质就是建立土地整理投入的长效机制，其关键是解决基金的来源问题。笔者认为，至少有四个方面的来源，即动员一部分土地出让金、部分宅基地整理流转升值、部分财政转移支付以及社会资金注入等。

（3）引进 BOT 融资模式，扩大土地整理投资渠道和效益。当前的土地整理由政府发起、政府组织实施和政府组织验收。这种土地整理机制，不符合市场经济规律。在政府宏观调控下，运用市场手段，充分利用国内外资金，引入 BOT 模式拓展土地整理融资渠道，以实现土地整理目标，是未来土地整理的趋势。这种融资模式，可以减少政府在土地整理项目建设的初始资金投入；可以吸引外资，引进先进技术，改善和提高土地整理项目的建设、经营和管理水平；有助于促进土地整理和农村居点整理，提高城市化质量；通过市场竞争和政府的验收，有助于完善土地整理规划设计技术；有助于减少乃至杜绝政府在土地整理中的腐败行为。

(4)发展农村土地金融。成立农村土地流转合作社，并到工商部门登记注册，获得法人资格。合作社在遵循依法、自愿、有偿的原则下，运用农村土地使用权流转方式，使土地集中形成规模，再进行抵押融资。还可以通过发行土地整理债券，广泛吸纳社会闲散资金投资土地整理等。

4. 以实施整村推进项目为动力推动农村土地向综合整理完善

新村建设是社会主义新农村建设的重要组成部分。合肥市在结合新村建设的同时，实施“整村推进”的土地整理模式，其意义已经不仅仅是解决了农村“脏、乱、差”的居住环境问题，更重要的是通过“退宅还耕”整理出大量的优质耕地，为城镇发展提供了大量建设用地折抵指标，统筹了城镇发展和耕地保护的矛盾。然而，从战略的高度来审视和总结土地整理的成效，“整村推进”的模式只是土地整理的起始阶段。随着工业化、城镇化水平的进一步提高，实现城乡一体化的发展目标是必然趋势。所以，必须把“整村推进”建成的新村纳入更高的村镇建设层次，实现居民在更大规模上集中，使他们均等地享受改革开放的成果，如基本公共服务等；必须把整理的耕地在更大规模上纳入农地整理的范畴，通过实施土地平整、农田水利、道路和农田防护四大工程，促成农业向规模经营集中，搭建发展现代农业平台。最终使大量的富余劳动力从土地里释出，成为农业工人。也就是说，必须实施综合土地整理，才能建成真正意义上的城乡一体化，即土地整理不能停留在专项整理的层面上，否则，农民最终是“守着新房子，过着穷日子”。

41. 实施差别化的土地政策　助推区域经济社会协调发展*

（2012 年）

改革开放 30 多年来，我国经济社会发展令世人瞩目。2010 年，我国 GDP 为 397,983 亿元，总量跃居世界第二位；人均 GDP 突破了 3 万元。2011 年年底，国家统计局公布的《中国全面建设小康社会进程统计监测报告（2011）》显示，中国全面建设小康社会进展顺利，实现程度由 2000 年的 59.6% 提高到 2010 年的 80.1%。但是，我国区域经济发展失衡，收入差距拉大，也同样令人担忧。有关媒体披露，中国的基尼系数已从改革开放初的 0.28 上升到 2010 年的 0.5，表明收入差距悬殊。中国发展的轨迹表明：中国在推进城镇化和工业化的同时，"三农"事业发展进程滞后。改革开放前，仅通过工业产品和农业产品的价格"剪刀差"，农村向城市就无偿奉献了 6000 亿～8000 亿元人民币；改革开放后，通过土地价格"剪刀差"，农村和农业就向城市和工业奉献了 5 万多亿元人民币，但同期给失地农民的安置补偿费仅在 1000 亿元左右。2010 年年底，我国城镇化水平已达 47.5%，我国工业化进程已经处于中期，东南沿海已经实现了工业化，而我国农村还相当落后，中西部发展还相对滞后。我国政府提出到 2020 年全面实现小

---

* 本人长期深入安徽省全省乃至全国各地调研，经常参与全国研讨会。调研中，发现很多适宜人居而不适宜农耕的土地闲置、荒芜，因受建设用地指标闲置却不能搞建设。如新疆等西北地区的戈壁滩、安徽省江淮分水岭严重缺水干旱地区等。著名学者党国英亦就对此问题作出论断。受其启发，本人撰写了上述提案，由民革中央提交全国政协。

康社会的建设目标，并通过实施新农村建设、中部崛起和西部大开发等战略，试图消除区域和城乡之间的差距。但是，目前的土地政策，尤其是土地征收与出让政策，仅仅向城镇和工业发展供地，新农村建设无地；有的地方，如重庆市合川区，针对返乡农民工“无乡可返”的问题，拟规划建设农民创业园，却因为有规划无用地指标而“望规划兴叹”；中央提出至2020年，新疆与全国同步进入小康社会，号召举全国之力支援新疆建设，但很多项目却因为建设用地指标问题而难以落地……凡此等等，严重制约着农村与落后地区的发展。为此建议：

1. 实行城镇与农村建设差别化的供地方式，迫使城镇内涵发展，促进农村集中居住

现行城镇发展供地，政府采取“招拍挂”的方式，将土地使用权出让给土地使用者；如果是农村土地，则得由政府动用征收的权利，将其转为国有土地后再出让给土地使用者。后者称为新增建设用地，政府通过廉价的征收，再通过出让环节就可以收取高额的出让金。所以，新增建设用地指标无法惠及新农村发展过程中的新村建设。但是，在新农村建设过程中，通过村庄整治，使大量的宅基地复垦成耕地的同时，仅占用少量的耕地实施新村建设也纳入新增建设用地指标，导致新农村建设过程中的“居民向中心村和集镇集中”成为“望地兴叹”的口号！所以，要进一步解放思想，实事求是，针对农村实际，从国家层面上制定政策，为新农村建设下一道“尚方宝剑”，即通过宅基地整治腾出的部分农村建设用地用于新村建设，不应将其列入年度新增建设用地指标，但前提是保证复垦的耕地质量不能低于被占的耕地质量。今后，要充分发挥政府土地储备机构的作用，要提高土地征收的成本，新增建设用地出让金要大部分返还农村，用于新农村建设，使“还利于民”和“城市

支援乡村"落实到实处;对于挖掘存量,内涵发展等获得的出让金主要用于城市自身发展。

2. 针对返乡农民工"无乡可返"的现实,制定开发区与农民创业园的不同供地政策,使"工业反哺农业"落到实处

建设农民创业园有助于消除"农业副业化、农民老龄化、农村空心化"的农村"三化"现象,促进社会主义新农村建设;有助于提升农村的产业结构,发展规模和现代农业;有助于推进农村工业化、城镇化,实现城乡一体化共同发展;有助于激活内在动力,振兴县域经济;同时也有利于扩大投资,拉动内需,促进农民就地就近转移就业,解决老人、孩子无人照顾等后顾之忧。因此,政府应该积极、主动地创造条件,支持和扶持一些怀有一技之长,已经有一定的资本积累,且有创业愿望、创业理念和建设家乡抱负的打工农民返乡创业。然而,我国农民创业园却和开发区、工业园区采用统一的供地政策,即农民创业园占地也需占用年度新增建设用地指标,即使是土地利用总体规划,通过农村集体建设用地内部移位、归并等,集体建设用地整治增加的耕地再多,只要农民创业园是占用农地的均视为新增建设用,结果造成农民创业园建设举步维艰,新农村建设等规划因为和土地利用总体规划不衔接而无法落地,很多农民工"无乡可返",因为他们农地已经流转,创业或再就业没有平台,只得再度离乡。所以,我国需从国家的层面出台政策,把农民创业园占地视作农村集体建设用地,规定允许其通过集体建设用"增减挂"的供地方式占用农地搞建设,即只要通过宅基地等其他集体建设用地整治供地,不视为新增建设用地,不占用年度新建设用地指标,但必须做到"三个严格一个确保",即严格核实农民创业园的"身份",严格审查入园人员的身份,严格实行"补充耕地数量质量按等级折算",确保农民创业园建设过

程中达到“双增一减一提升”的土地利用目标,即耕地增加、农民创业园用地规模增加、农村宅基地及其他建设用地减少和耕地质量提升。

3. 针对新疆等西部地区实际,制定鼓励利用戈壁滩发展城镇和工业的优惠政策,实现建设用地增加,耕地面积不减的土地利用目标

戈壁滩主要分布在我国的新疆、青海、甘肃、内蒙古和西藏的东北部等地。据初步统计,新疆戈壁滩的面积为4800多万公顷,占新疆土地总面积的30%左右;青海戈壁滩的面积为1065万公顷左右,占青海土地总面积的15%左右;甘肃戈壁滩的面积为1300万公顷左右,占甘肃土地总面积的29%左右;内蒙古戈壁滩的面积为1500万公顷左右,占内蒙古土地总面积的13%左右;西藏戈壁滩的面积为1860多万公顷,占西藏土地总面积的15%左右。戈壁滩荒芜贫瘠,是绿洲与沙漠的“缓冲地带”,很多地方地下水资源十分丰富,适宜开辟为建设用地。但是,由于受建设用地指标限制,很多项目只能是“望戈壁滩兴叹”!利用戈壁滩发展城镇和工业:(1)不占耕地和其他农用地,既保证了农业优先的原则得以贯彻落实,又保护了生态和环境;(2)针对西北地区的特点,发展“卫星”城镇,避免了“摊大饼式”的城镇发展模式在西部重演;(3)充分利用了土地资源,提高了土地利用率;(4)在沙漠和绿洲之间的缓冲带,建设生态工业园或城镇,防止了沙漠外缘扩展和绿洲的缩减;(5)更重要的是利用难以利用的土地“筑巢引凤”,吸引投资,发展经济,可谓一好百好的大好事。所以,国家要制定优惠政策,即利用戈壁滩发展城镇和工业,不仅不占年度新增建设用地指标,而且还要在税费等方面给予优惠或减免。

42. 关于推进城乡一体化发展的若干建议

（2013 年）

中共十八大报告中指出："加快完善城乡发展一体化体制机制，着力在城乡规划、基础设施、公共服务等方面推进一体化，促进城乡要素平等交换和公共资源均衡配置，形成以工促农、以城带乡、工农互惠、城乡一体的新型工农、城乡关系"，即中共十八大为城乡一体化发展指出了路径和目标。近几年，我省在土地整治促进美好乡村建设，以及构建农村基本公共服务均等化等方面取得了显著的成效，但在实际工作中，由于计划经济时代沿袭下来的一些旧制度，俨然是一道道"围墙"，阻碍了城乡一体化的发展进程。其中，最主要的是两道"围墙"：户籍制度和土地制度。

为了推进城乡一体化户籍制度改革，消除城乡户口管理的二元结构，2011 年 10 月 23 日，安徽省铜陵市出台了《铜陵市推进城乡一体化户籍制度改革实施方案》（以下简称《方案》）。依据《方案》，全市户籍人口将取消"农业户口"和"非农业户口"性质的划分，统一登记为"居民户口"，意味着延续了 50 多年的二元户籍将在铜陵市消解。

铜陵改革为最终消除城乡差距、实现共同富裕。拆掉城乡二元户籍制度的"围墙"迈出了历史性的第一步，继而为拆除阻碍城乡一体化发展的第二道"围墙"，即城乡二元的土地制度奠定了基础。

现行的农村集体土地所有制，类似于物权法中讲的"共有产权"，是几乎不能退出的"共同共有"。目前，只要讲土地是农村集体所有，那么集体的"代表"即村干部就可能会行使自己的控制权，农民土地承包权面对集体所有权，显得十分脆弱。因此，必须改变这种局面，使"共同共有产权"的适用范围缩小到最低限度。安徽省小岗村是农村土地使用制度改革的发源地，安徽省在推进城乡一元化的土地制度改革方面也应该成为全国的"领头羊"。为此建议：

1. 最大限度地弱化农用地所有权，强化使用权

户籍制度改革后，土地关系的调节和处置可以逐步实现社会化、法制化，改变由少数村干部说了算的局面，即使有了土地纠纷，当事人也能通过仲裁机构或者法院解决问题。原行政村改为社区后，社区干部仅仅管居民授权的公共事务。改革后，现有土地承包经营权的归属不变，仍可以长久享用，可以抵押和继承；运用规划规定土地用途，制约产权，实行农地农用；运用法律和政策，完善流转机制，设定必须流转、有条件流转、自愿流转和不流转的条件，规定受益标准和受益方式；采取土地整治手段，逐步实现土地集中经营，居民集中生活，为政府提供基本公共服务建立平台，为实现城乡一体化奠定基础。

2. 完善农村土地制度改革的顶层设计，促进农村土地的流转和集中

城乡一体化过程必须"四轮"同时驱动，即信息化、城镇化、工业化和农业现代化等"四化"同步，其中农业现代化是最后一道壁垒，即没有农业现代化就没有城乡一体化。实现农业现代化，必须要发展现代农业。现代农业的标志是"科学化、规模化、机械化、集约化、产业化、商品化、社会化"。很显然，在农村现行家庭承包责任制的土地经营制度下，发展现代农业的前提是土地的流转和集中。铜陵市实施户籍制度改革仅仅改变了农民身份，在社会保障等方面户改农民也享受了应有的"国民待遇"，下一步应全力为热心于农业的投资商营造投资农业的环境。农村户改人员长久享用的土地承包经营权，可以有偿流转、入股或有偿退还其所在社区，本人可以进城就

业,或受雇于土地流入者当农业产业工人,不仅使分散的土地得以集中,奠定现代农业的发展基础,而且还释放出大量的劳动力支援城镇化和工业化发展。因此,这种改革可谓利在当代,功在千秋,是一项德政工程,我省应在总结铜陵改革经验的基础上,逐步推广。

3. 建立城乡统一的土地市场

农村闲置住房和土地不仅是巨大的资产浪费,也是提高土地利用效率、增加农民收入、拓展土地利用空间的难得机遇。铜陵市通过户籍制度改革,为完善"整村推进"的土地整治模式,推进宅基地上市改革,建立城乡统一的土地市场提供方法和途径,我省应进一步解放思想,在不违背土地规划的前提下,允许居民通过出让程序取得农村建设用地使用权,以吸引企业下乡投资农业,发展农业产业化,带动富余农村劳动力就业。

4. 在推进城乡一元化土地改革过程中要注重维护农民利益

城乡一元化户籍制度改革,切忌变相把农村土地产权也城镇化了,不能借改革之口侵害农村、农业和农村户改人员的利益,即在推进城乡一体化进程中,仍然要执行中央的各项惠农政策。在农地征收、整治与流转等过程中,不仅要保障农村户改人员的生活水平稳中有升,最终与全市居民同步进入小康,而且还要逐年加大对农业和农村社区的投入,实现美好乡村的建设目标。因此,在户籍制度改革的同时,要积极推进农村土地产权改革,并要保护和提升"三农"利益,保障农村户改人员对于土地的权利,即要明晰土地产权,强化土地物权意识。因此,土地产权改革的基本方向就是加强农村土地统一登记,实现国有土地与集体土地的权利平等,使农村社区可以跟城镇一样,在其所拥有的土地上设立建设用地使用权,并运用土地市场作为杠杆,向土地使用者出让。当然,其用地必须符合土地利用总体规划规定的用途,其各项程序也必须依法进行。

安徽省国土资源厅

皖国土资函〔2013〕860号

对安徽省政协十一届一次会议第0156号提案的答复

於忠祥委员：

您提出的关于推进我省城乡一体化发展的若干建议的提案，现答复如下：

近年来，我厅在深入总结全省集体建设用地使用权流转试点和土地整治等工作经验的基础上，结合全省实际，积极探索开展农村土地使用制度综合改革试点。特别是2009年以来，我厅先后批准在广德、长丰、固镇、南陵4个县开展农村土地使用制度综合改革试点，在宁国市开展统筹城乡土地使用制度综合改革试点。2012年又批准铜陵市在部分县、区开展集体建设用地有偿使用和使用权流转试点；批准桐城市开展统筹城乡土地使用制度综合改革试点，扩大试点范围。改革试点按照“以不征地为原则，以确权登记为基础，以土地流转为核心，以权地分离为突破口，以项目实施为平台，以城乡统一土地市场为目标”的思路，以土地股份制为切入点，依法登记成立股份合作制的农村集体经济组织，交易市场和交易网络，将数量众多的小宗土地产权交易放在基层。按照同地同权同利的原则，建立与国有建设用地使用权相统一的集体建设用地使用权价格机制。完善土地产权交易监督办法，建立交易与土地管理的衔接制度，明确交易行为与土地登记发证及缴纳各种税费、用途变更等各个环节的联系，将土地管理制度融于交易之中。

六是探索耕地保护新机制，统筹推进耕地保护。探索建立耕地保护补偿制度，设立耕地保护专项资金。探索建立运用市场机制保护耕地的办法。鼓励各项建设使用荒山荒地等未利用地和废弃地，尽量不占或少占耕地。

办理类别：B 类

联系单位：安徽省国土资源厅调控监测处

联系电话：0551-62553063

2013 年 5 月 28 日

抄送：省政府督查室，省政协提案委员会办公室

安徽省国土资源厅办公室　　2013 年 5 月 29 日印发

- 4 -

安徽省国土资源厅答复件(部分选用)

43. 关于推进生态强省建设的若干建议*

（2014 年）

1. 推进生态强省建设要突出区域重点

安徽省土地总面积为 14.01 万平方千米，南北跨距大，因山地、丘陵、岗地、平原等多种地貌类型的组合，使全省自然形成淮北平原区、江淮波状平原及丘陵区、沿江平原区和皖西皖南山丘区等四大区域。因此，推进生态强省建设要突出区域重点。皖西皖南山丘区，要巩固退耕还林成果，建立健全公益林保护补偿和补贴机制，解决“靠山不能吃山”的问题；淮北平原区，不仅要加强防护林建设，更重要的是要建立健全农业补贴和耕地保护补偿机制，建议积极推进洪水资源化管理；江淮波状平原及丘陵区，早就有“把树栽上，把水留住”的说法，这两点要加大力度做好；沿江平原区要以保护长江水质和水面畅通为原则，实施“三退三还”的生态建设工程，减少和杜绝水患，实现经济发展与生态建设同步进行。

2. 要推进新型城镇化和美好乡村协调发展

2013 年，我省城镇化率在 48% 左右。实际上，含有很大的虚数，总的趋势都是土地城镇化快于人口城镇化，即过去的城镇化很多靠的是消耗资源、消耗环境，靠的是“三农”的奉献。新型城镇

---

* 本文为本人于 2014 年在省委常委、副省长组织的一次生态强省座谈会上的发言，后经整理提升为递交安徽省政协的提案。这份提案提出“建立健全公益林保护补偿和补贴机制，解决‘靠山不能吃山’的问题”引起了省领导的关注。目前，公益林的补助标准已经有所提高。

化应该是以农业人口市民化为核心，重点解决的是“三农”问题。如何实现农业人口市民化，关键是要把握方向，我认为还是以就地城镇化即实现农业转移人口就地就业为主。因此，新型城镇化和美好乡村建设不是简单意义上的“灭村”运动，应该是以县城为核心，向下延伸，推进“村改居”工程。县城和重点镇建设要实现产城融合，“村改居”要推进“两区同建”，即建设新型农村社区和农村产业园区，推进现代农业、农村居住环境、城镇化、工业化和生态文明协调发展。

3. 美好乡村建设与“整村推进、土地整治”不可千篇一律，采取统一模式

(1)建设与整治模式要与自然和经济发展水平相结合。我省不同区域的自然与社会经济条件迥然不同，美好乡村建设与“整村推进、土地整治”模式不可千篇一律，应该实行差别化的土地整治政策。淮北平原宜采用“两区同建”，集中建社区的模式。皖西皖南山丘区要谨慎推进“整村推进、土地整治”，对于单家独户的宅基地可以采取“捆绑式”申报项目的方式实施宅基地整治；村镇布局要借鉴古民居布局，做到因地就势，注重与自然、生态的融合；注重节约资源和充分利用资源，兼顾防灾、环境美学与心理学等因素；注重建筑文化的沿袭与传承；村镇规划要体现尺度特色和地域特色，即不贪大求洋。

(2)要与生态建设相结合，即土地整治要运用“反规划”理论，即先确定哪些地方为禁止建设区，将其控制起来，然后在这个基础上再进行土地整治，实现土地整治促建生态建设的目标。

4. 工业园区的土地应该用来发展工业

工业园区就是发展工业，不是栽树，更不是修建高规格的观光大道。因此，工业园区只要注重节约集约用地、延伸产业链、发展

循环经济和低碳产业等就是对生态强省最大的贡献。我省有些城市的工业园区，还没建就修建了百米宽的观光大道，移栽了很多价值连城的大树、名树，并美名为生态工业园区；有的工厂厂房寥寥无几，却美名为花园式工厂，大量的圈地、占用耕地，部分地区不得不走耕地“上山、下海”的路子来实现耕地占补平衡，不仅耕地质量退化，而且严重地破坏了生态。建议对工业用地进行普查、评估，纠正工业园区的建设方向，清理花园式工厂，建立工业用地退出机制。

5. 承接产业要设置门槛

现在都在提倡创新驱动，转型发展，摒弃了过去靠消耗资源、能源和污染环境来驱动发展的模式，尤其是我国东南沿海等发达地区，都在推进“腾笼换鸟”战略，而我们却在积极“筑巢引鸟”，即所谓“承接产业转移”。所以，建议皖江城市带承接产业转移示范区对承接的产业要设置门槛，不仅是投资强度，更重要的是低碳产业，以保证“一江净水向东流”。

6. 要积极防治农业面源污染

大家都知道，我国用占世界不到10%的土地养活了22%的人口，而很少有人清楚用了全球35%氮肥的事实。农业面源污染是水体环境污染的主要原因之一，农业面源污染达到总污染量的45%～55%。农业面源污染主要是化肥、农药用量过大、使用不合理和水土流失等原因造成。因此，除要加强农业技术推广力度，科学、合理地使用化肥和农药外，还要加大水土流失的防治力度，以及推进江河、湖泊等水源地周边的湿地建设。

44. 关于建立省域内生态保护补偿机制的建议*

（2015 年）

中共安徽省第九次党代会提出“三个强省”的建设目标，其中生态强省是“美好安徽”建设的新优势，是加快建设资源节约型、环境友好型社会，力争以最小的资源环境代价保障更高水平、更长时期发展的支撑点。生态强省建设必须要处理好经济发展与生态环境保护的协调问题，特别是要解决跨行政区域面临的政策结构性缺位问题，如相关环境经济政策严重短缺，无法解决诸如重要生态功能区、流域和矿产资源开发等领域的生态环境保护问题。在这类生态保护及其相关污染防治问题的背后，有一个共同的利益关系规律在发生着作用，即受益者无偿占有环境利益，保护者得不到应有的经济回报，缺乏保护的经济激励；破坏者未能承担破坏环境的责任和成本，受害者得不到应有的经济赔偿，责任人丧失保护的经济能力。这种环境及其经济利益关系的扭曲，不仅使跨区域的生态保护面临很大困难，而且也威胁着地区间和不同人群间的和谐发展。因此，建立跨行政区域的生态保护补偿机制日益受到

---

* 2011 年，国家在新安江流域启动了全国首个跨省界流域水环境生态补偿试点。试点工作实施以来，新安江流域总体水质在优于基本标准的情况下持续好转，新安江已成为全国水质最好的河流之一。参照新安江流域生态补偿的做法，2014 年，通过多方协调，安徽省选择在具有重要水源保护涵养功能的大别山区，建立水环境生态补偿机制，正式启动了省内跨区域生态补偿工作。针对本人提出建立省域内生态保护补偿机制的建议，省环保局答复件：鉴于我省水系较为复杂，各流域水质情况差别较大，拟逐步建立统一而有差异的生态补偿模式。该提案后转为社情民意，直接呈报时任安徽省委常委、常务副省长詹夏来。

重视。

生态补偿是要生态环境和自然资源利用的受益者支付代价，向生态环境和自然资源的保护者提供补偿的一类社会经济活动；生态补偿机制就是促进补偿活动、调动生态保护积极性的各种规则、激励和协调的制度安排。其目的是通过经济、政策和市场等手段，解决一个区域内经济社会发展中生态环境资源的存量、增量问题和改善区域间的非均衡发展问题，逐步达到和体现区域内的平衡和协调发展，从而激励人们从事生态保护和建设的积极性，使生态资本增值、资源环境永续利用。因此，建立省域内生态补偿机制有利于促进安徽省均衡发展，有利于维护生态保护区群众利益，有利于推进生态建设，有利于维持义务与权益的平衡。为此建议：

1. 加强宣传，绿色核算

针对人们生态价值的模糊认识，要加大宣传力度，向全社会灌输环境有价的理念，大力提倡“污染者付费、利用者补偿、开发者保护、破坏者恢复”。全面提高领导层、企业和公民的生态环境意识，增强生态功能区居民和领导的维权意识，增强受益地区干部和群众进行生态补偿的自觉性。加快国民经济绿色核算体系建设，将生态资源遭到破坏的部分，打入国民经济成本，改变传统过分注重经济增长指标的政绩考核办法。在全社会形成生态环境不是免费的观念，从而为建立和实施生态补偿机制奠定浓厚的舆论基础。

2. 建立生态补偿基金

建议成立安徽省生态补偿基金委员会，负责筹措生态补偿资金。资金实行统一管理，明确资金使用范围，严格用于生态建设和保护。(1)讲究实效，模糊决策。在目前的 GDP 中，包含着对资源环境的无偿占用和破坏。因此，在目前生态价值尚不能准确地以货币形式进行估价的境况下，可以在 GDP 中确定一定的比例作为生态补偿基金。实际操作时,先低征,即根据 GDP 的大小将比例控制在各地心理可承受范围内,后逐步提高。(2)全民动员,捐募结合。生态补偿涉及面广,操作难度大,也不能全部由政府负担,必须提倡社会共济。因此,可以动员社会力量,一是征募,二是接受捐赠。

3. 突出重点,分类执行

生态补偿的内容很多,涉及面极广,而且随着人们认识水平的不断深入,需要补偿的范围还要增多。首先,要对群众反映突出、严重影响生产生活的,和需要实行抢救性保护的区域进行补偿。如自然保护区、饮用水源保护区等地的居民,应该成为补偿的重点。其次,要实行补偿金分类分配。如生态公益林补偿金的分配中,虽然同属某一级别,但可分成三至五类,对重点区域、重点流域、特殊位置和受损失严重的,提高补偿金,拉开补偿档次,解决他们"靠山不能吃山,靠水不能吃水"的窘境。

4. 双方举证,协议补偿

跨区域政府间应成立协调委员会,对某些难以定量计算的,由协调委员会主持,采取双方协议的方式进行补偿。如上下游地区间的补偿,由上游区举证该获得的补偿数,下游地区与之谈判并形成协议。

5. 合理分配,公开高效

获得生态补偿权应该是受到损失公民的应有公民权。因此,在生态补偿金分配时,原则上政府部门不能截留,能到户的尽量到户,能到村的尽量到村,能到乡的尽量到乡,能到县的尽量到县。由于有时补偿对象非常复杂,上一级政府及有关部门可以统一使用。但必须本着公开高效的原则,尽可能多听取需补偿地区的干部群众的意见,通过项目或其他形式,造福于民,切实提高资金的使用效率。

45. 用规划引领我省资源城市转型发展*

(2015 年)

根据《全国资源型城市可持续发展规划(2013～2020 年)》,我省资源型城市共有 11 个。新中国成立以来,尤其是改革开放 35 年来,资源型城市对我省的经济社会发展起到了重要的推动作用,但随着资源不断被开采,资源总量不断减少,有些资源型城市出现了经济结构不稳定、发展动力不足、地方财政收入减少、环境问题严重等一系列问题,如铜陵市、淮北市等因矿产资源而兴旺的城市,随着矿产资源的逐渐枯竭,面临着产业衰退、就业和民生保障难以为继等困境,必须要实行转型发展。资源型城市转型发展是建立资源节约型和环境友好型社会的客观要求,是实现经济社会可持续发展的必由之路。近年来,安徽省在资源型城市转型发展方面做了不少卓有成效工作,如探索了各具特色的转型模式、开展了矿山地质环境恢复治理、加大了对产业升级转型的资金支持等,但因缺乏规划,导致一些城市转型发展项目成为"头痛医头,脚痛医脚"的形象工程。因此,只有编制安徽省"十三五"资源型城市转型发展规划,才能引领安徽省资源型城市转型发展有序推进,解决资源枯竭城市历史遗留问题,显著增强可持续发展能力。故在此建议:

---

* 本文为本人 2015 年 8 月 27 日在安徽省政协召开的"加快资源型城市转型发展"对口协商会上的发言,得到省领导的充分肯定。会前几个月,由安徽省政协副主席牛立文率领的省政协人资环委员会调研组,分别赴淮南、淮北、铜陵、马鞍山等市,以及内蒙古自治区的包头、鄂尔多斯、锡林郭勒和呼和浩特等市,进行了深入调研。

1. 要体现特色做规划

依据各市资源保障能力和可持续发展能力，我省 11 个资源型城市可分为 4 类，即颍上煤炭剩余可采储量近 10 亿吨，开采潜力较大，属于成长型资源城市；宿州、亳州、淮南、滁州、池州、宣城、巢湖处于资源稳定开发阶段，属于成熟型资源城市；淮北、铜陵资源枯竭，属于衰退型资源城市；马鞍山经济转型发展初见成效，资源开发依赖程度较低，属于再生型资源城市。因此，我省编制资源型城市转型发展规划要根据上述 4 类资源型城市的资源禀赋和经济社会发展现状，体现其特色，实施差别化的发展模式和扶持政策。

(1) 对于成长型资源城市，要摒弃过去"依托资源、短期建城、产业单极化"的发展模式，要着眼长远，科学规划，合理处理资源开发与城市发展之间的关系，推进新型工业化与新型城镇化同步协调和有序发展。

(2) 对于成熟型资源城市，要抓住转型面临的问题少、压力小、成本低、效益高的最佳时期，既要运用市场机制遴选出具有竞争优势的主导产业，又要动态地确定成熟期资源型城市的接续产业，避免产业转型的盲目性。

(3) 对于衰退型资源城市，要建立健全城市产业转型、城市产业升级、城市自身提升的互动机制，结合安徽实际，可以考虑把旅游产业作为战略性支柱产业。

(4) 对于再生型资源城市，要摆脱对资源的依赖，抢抓新一轮发展机遇，主动对接国家和全省重大战略布局，推动城市创新发展。

2. 要围绕发展做规划

发展是硬道理，但盲目发展没道理，只有科学发展才是硬道理,只有科学的规划才能实现科学的发展。因此,资源型城市转型发展必须要有科学的规划来引领。

(1)要利用优势促转型。如马鞍山市利用旅游资源优势,打造全国优秀旅游城市;利用港口优势,打造航运产业等。淮北市、淮南市可利用采煤沉陷区大面积水面发展水上旅游、规模养殖和湿生经济作物等。

(2)要利用产业升级促转型。如成长型和成熟型城市要打造若干产业链完整、特色鲜明、主业突出的资源深加工产业基地。

(3)要发展循环经济促转型。要化资源优势为经济优势,有序推进资源产业向下游延伸,大力发展循环经济。如两淮等煤炭基地要推动煤电一体化发展,马鞍山要推动钢铁产业化发展等。

(4)要创新驱动促转型。要与高等院校、科研院所联姻,做好人才培养与引进工作,实施科技创新驱动战略,提升资源型城市转型发展的质量。

(5)要调整结构促转型。推进产业结构战略性调整是促进资源型城市转型发展的引擎。因此,要通过规划,发挥市场配置资源的决定性作用,实现落后产能自动淘汰,有序推进资源深加工产业、优势替代产业、吸纳就业能力强的产业和特色服务业的发展与壮大。

3. 要优化布局做规划

包钢是我国重要的钢铁工业基地,其白云鄂博矿是举世瞩目的铁、稀土等多元素共生矿,是西北地区储量最大的铁矿。然而,包钢生产用铁矿石有60%是从澳大利亚进口的。因此,我省要借鉴包钢经验和做法。

要运用规划优化资源开发利用布局,严格限制重点生态功能区和生态脆弱地区矿产资源开发。要合理利用省内与省外、国内与国外的资源，以保证再生型资源城市加快转型，衰退型资源城市顺利转型，延缓成长型资源城市最佳转型期，延长成熟型资源城市的最佳转型期。

4. 要关注民生做规划

资源城市转型发展的首要民生问题是解决就业与社会保障问题。因此，规划应本着以人为本的理念，着力破除城市内部二元结构，提出解决历史遗留问题、失业矿工再就业问题、棚户区改造问题等诸多问题的时间表，实现"学有所教、劳有所得、病有所医、老有所养、住有所居"的目标。

5. 要注重生态编规划

资源型城市转型发展的成功标志之一是生态文明，即生态文明建设是资源型城市转型发展规划的重要内容。

(1)规划要引进全程绿色矿业的发展理念。①矿山开采要实现采前、采中和采后的全程绿色开采，即采前要对采矿范围的周边环境和生态做好防护措施，避免采矿后对周边的水资源、土壤资源等造成污染；采中要推行规范化管理，做到循序推进，不乱采、不漏采；采后要及时对损毁地进行复垦和生态修复。②资源利用要实现全程绿色，即加强资源的综合利用，延伸产业链，如有序推进资源产业向下游延伸，大力发展循环经济等。

(2)要制定采矿损毁地的复垦与生态修复方案。要依据11个资源城市的地形地貌特点和采矿地损毁程度，构建不同的土地复垦与生态修复模式，本着因地制宜的原则，运用工程措施、技术措施和生态措施等手段，对废弃矿坑、沉陷区等损毁地进行综合治理，使其恢复到可利用状态，实现生态优美，环境友好。

2015 年安徽省政协加快资源型城市转型发展对口协商会会场

46. 强化县、乡、村三级扶贫队伍体系建设实现精准扶贫精准到位*

（2016 年）

截至 2015 年年底，我国仍有 5575 万农村贫困人口。中共十八届五中全会提出，到 2020 年，我国现行标准下农村贫困人口实现脱贫，贫困县全部“摘帽”，解决区域性整体贫困。要实现脱贫攻坚的既定目标，完善扶贫开发队伍体系建设是关键。但是，目前我国扶贫开发队伍普遍存在体系不健全问题，使精准扶贫难以精准到位。

实现精准扶贫精准到位，其基础是精准识别，做法是因人因地施策，因贫困原因施策，因贫困类型施策，即该项工作政策性强、针对性强和专业性强，必须要有强有力的组织保障，尤其是要有过硬的县、乡（镇）和村三级扶贫队伍做支撑。但是，现行的县级扶贫机构普遍存在不规范、不稳定，处于经常调整和合并的不连续境地；乡（镇）无专职扶贫部门和工作人员，大多是党政办工作人员兼职；大部分贫困地区村级党建工作滞后，领导核心作用弱化。为此建议：

1. 建立与扶贫攻坚职能相匹配的县级扶贫机构

国家要明文规定，单独设立县级扶贫机构，要统一名称，保障

---

* 2016 年 5 月，民革中央调研部电话称：全国政协拟召开关于扶贫攻坚的双周协商会。全国政协副主席、民革中央常务副主席齐续春要求，就县、乡、村三级扶贫队伍建设写一篇 1000 字左右的发言稿。我接受任务后，结合自己调研成果，并与安徽省政协机关下派至某贫困村挂职村党支部第一书记的周瑞明同志进行多次交流与沟通，形成了这份发言稿，获民革中央表彰。在此，向周瑞明同志表示深深的谢意。

编制,明确赋予精准扶贫方略下的职能。扶贫干部要纳入全县统一的干部考核系统,要把扶贫工作成绩纳入考核指标。要加大干部的交流力度,优先提拔做出突出成绩的扶贫干部到关键岗位任职。贫困县扶贫机构一把手可以高配,以便加强部门协同联动;要制定激励政策,激发懂扶贫、会扶贫、察民情、具有责任心和使命感的优秀人才自愿投入扶贫事业。随着新型城镇化的推进,扶贫对象将会出现空间位移,即会产生一些贫困的城镇居民,所以,无论是贫困县,还是非贫困县,即使是"脱帽"的贫困县,都必须建立城乡统筹扶贫的长效机制,确保不致贫、不返贫。

2. 充实与扶贫攻坚责任相匹配的乡(镇)扶贫力量

要把熟悉现代农业、旅游发展、村镇建设、农村金融、群众工作等方面的领导干部充实到贫困乡(镇)的党政班子,并适当提高他们的待遇。对于异地任职干部,要体现人文关怀,节假日期间,要为其与家人团聚提供便利条件。要建立激励机制,优先考虑在贫困地区工作时间长、做出的贡献大、工作能力强、具有大局意识和奉献精神的贫困乡(镇)干部充实县级领导班子和扶贫机构。

贫困地区乡(镇)要参照相关职能部门的工作体制,如计划生育工作体制等,成立扶贫办,配备乡(镇)扶贫专干,做到一村一专干,其待遇和规格应等同于其他职能部门。乡(镇)领导班子选拔时,应把扶贫工作成绩纳入考核指标,优先考虑长期在扶贫一线工作的专干。

3. 打造一支与精准扶贫精准到位相匹配的村级扶贫队伍

(1)要把党建工作置于村级扶贫工作的统领地位。村级扶贫是整个扶贫工作的末端,必须有责任心强、乐于奉献精神的领头人,才能做到精准识别。因此,村级党建工作的首要任务是选好配强村党支部书记,使之成为扶贫开发攻坚的谋划者和实施者,唯此才能实现精准扶贫精准到位的扶贫目标；其次是要补充新鲜血液，要创造条件，培养年轻和有文化的村民入党，培养专业能手、致富精英入党；最后是加强党员干部队伍培训，要把党员培养成致富能手，把致富能手培养成党员。

（2）要加大大学生村官与选调生工作并轨力度，促进选拔优秀大学生村官工作常态化，为农村基层党组织带头人队伍持续补充新鲜血液。

（3）要充分发挥驻村扶贫干部作用。组织部门要出台文件，明确驻村扶贫干部的政治待遇，同时要进一步提高办公经费标准，加大对驻村扶贫干部工作的支持力度，让驻村扶贫干部政治有奔头、物质有保障、扶贫有希望。

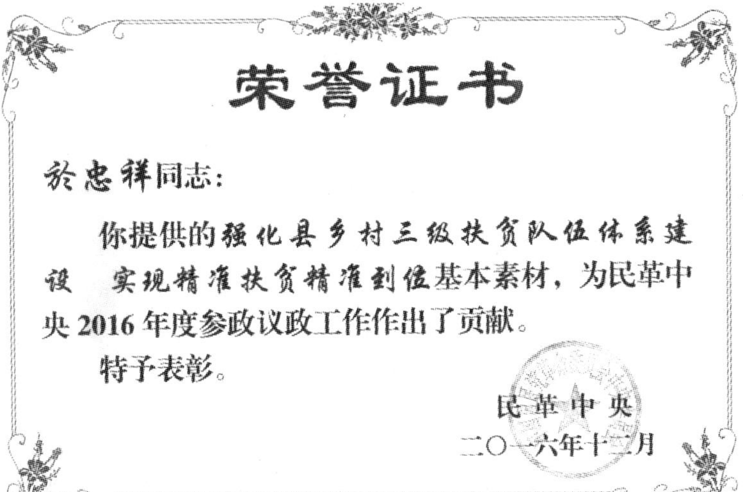

荣誉证书

於忠祥同志：

你提供的强化县乡村三级扶贫队伍体系建设　实现精准扶贫精准到位基本素材，为民革中央2016年度参政议政工作作出了贡献。

特予表彰。

民革中央

二〇一六年十二月

47. 强化国土空间管控　推进城乡绿色发展*

(2016 年)

中共十八届五中全会把“绿色发展”作为五大发展理念之一，省委九届十四次全会把“生态强省”作为创新型“三个强省”的建设内容之一，表明我省在发展理念上，与中共中央保持了高度一致。在发展行动上，坚定不移地沿着“两山”的路子走，即把绿水青山护得更美，把金山银山做得更大。目前，我省围绕“生态空间山清水秀、人居环境宜居舒适、建设方式集约高效、生活方式绿色低碳”的城乡发展格局，提出了绿色规划引领、绿色城市建设、绿色村镇建设、绿色建筑推广、城市智慧管理、绿色生活倡导六项重点行动。归根结底，实现城乡绿色发展的落脚点还是要回归到“一要吃饭，二要建设，三要生态”的本位上来，其关键是在优化国土空间格局的基础上强化管制。为此建议：

1. 推进“以用定地”向“以宜定地”回归，引导城市土地格局重构

长期以来，我国城市发展走的是一条“以用定地”的路子，即耕地只能用来种粮食，城镇及其周边的土地就是用于建设。因此，当地方政府面临城市发展用地紧缺的困境，就会采取降低耕地生产服务水平的方式，如通过耕地占补平衡、城乡建设用地“增减挂”等方式改变耕地区位，或通过污染、改变灌溉条件等其他方式

---

* 本文发言为实现城乡绿色发展指出了路径，即要“一回归，两转变”：推进“以用定地”向“以宜定地”回归，引导城市土地格局重构；推进城镇村发展由“摊饼”式向“卫星”式转变，全力打造田园城镇；推进由用地项目管控向用地空间管控转变，构建环境友好型社会，得到了安徽省住建厅和林业厅的有针对性地回应。

降低耕地的质量，迫使城市周边耕地调整利用方式。基于此，为了建设绿色城市，需回归“以宜定地”的本位，采取“中西结合”的耕地利用方式，引导城市土地格局重构。

（1）在空间布局上，发挥耕地的养育功能，把大中城市规划的有条件建设区范围内的宜耕土地划为永久性基本农田。

（2）在功能发挥上，体现耕地的多功能性，借鉴国外的做法，既可将农业景观作为城市生态景观的重要组成部分，也可将农地作为都市的重要空间。

（3）在利用模式上，体现多样化，如引进高科技，提高土地生产率，发展高附加值农业；以普通市民为对象，发展市民农园、都市田园学校、学校农园和绿化中心等；发展高楼农田、地下农村，运用城市空间和最新技术，展示现代都市农业。

2. 推进城镇村发展由“摊饼”式向“卫星”式转变，全力打造田园城镇

我省城乡差别依然很大，尤其是基本公共服务上的差距。主要体现在：农村和城市界限分明，有的县城甚至仅一条公路之隔，即从县城跨过公路就是农村。其根本原因是我国长期以来实施的城市偏向政策，导致农村资源，尤其是土地资源大量流向城市。因此，为了实现绿色村镇建设，需引进理性发展的理念，限制城市盲目膨胀，推进“城市—城镇—乡村”相结合的发展模式，即建设田园城市。

（1）实施城乡统一规划，构建五级“卫星城镇村”结构体系。安徽省城乡规划，要引进“卫星城市”的发展理念，用城乡一体化的新思想，构建城镇和美丽乡村相融的整体发展框架，在全省范围内统筹进行城镇村布局，形成五级“卫星城镇村”结构体系。①以省城合肥市主城区为“核”，以巢湖、滁州、淮南、六安和安庆为“卫

星”的一级“卫星城市”，辐射带动全省，形成合肥都市圈区；②以其他15个地级市的中心城区为“核”，以其周边县城为“卫星”，形成二级“卫星城”；③以县城为“核”，以其周边的建制镇为“卫星”形成三级“卫星城镇”；④以建制镇为“核”，以行政村或农村社区为“卫星”形成四级“卫星镇村”；⑤以中心村或农村社区为“核”，以自然村为“卫星”形成五级“卫星村”。

（2）建设交通网络，营造田园风光。目前，安徽省市际和县际高速网已基本建成，要加快推进合肥市与其他15个地级市之间的城际高铁建设；要依据美丽乡村建设规划，尽快完善乡村交通网络建设，推进基本公共服务向乡村延伸。要将交通网络建成绿色廊道，廊道外侧的耕地要划为永久基本农田，营造田园风光。

3. 推进由用地项目管控向用地空间管控转变，构建环境友好型社会

长期以来，我国用地主要实行项目管控，如建设用地按项目的类型、投资强度、投资规模、生产规模，甚至项目法人代表的主观愿望等进行选址和供地，导致土地利用总体规划频繁修改和区位好、环境优、交通便捷的土地被占，很多是建设占用了优等耕地，开发生态用地补充了劣等耕地，扰乱了国土空间布局。所以，必须通过绿色规划引领，对用地实行空间管控。

（1）突出规划的持续性和约束性，强化用地边界管控。推进城乡绿色发展，关键要落实在行动上。这个行动不是拍脑袋的行动，要用规划引领。因此，必须准确定位规划功能，实现“多规”无缝衔接，做到不越位、不缺位，即国土规划管控空间，土地利用总体规划管控边界，城乡规划管控建设。实践中，一要突出规划的超前性，为未来预留足够的发展空间；二要保障规划的延续性，坚决摒弃“一届政府一规划”的陋习；三要强调规划的严肃性，违反规划

应视为违法，突破空间边界，无论动机如何，均应进行问责。

（2）延伸生态屏障内涵，确实发挥塘坝的生态功能。目前，人们在强调湿地、森林、水源涵养地等生态屏障建设的同时却忽视了塘坝的生态屏障功能。农村原有塘坝星罗棋布，降雨时拦截地表径流，雨后在土壤沉淀和吸附过程中，消解了水的富营养化。所以，塘坝结合其周边的绿化工程，不仅具有调蓄水资源和调节小气候的功能，更重要的是形成了江河湖泊流域的第一道屏障，削弱了农业面源污染强度。然而，当今农村土地整治项目，重增加耕地，轻生态建设，不惜填埋大量的坑塘。因此，我省要推进由增加耕地的土地整治模式向生态土地整治模式转变，禁止土地整治项目通过填埋坑塘来增加耕地，确保不同区域空间的坑塘系数不降低。

2016 年 11 月 25 日下午，在安徽省政协推动城乡绿色发展对口协商会上发言

2016 年安徽省政协推动城乡绿色发展对口协商会会场

48. 坚决打赢脱贫攻坚战*

(2016 年)

1. 安徽省在“坚决打赢脱贫攻坚战”行动中的做法与经验

(1)主要的做法

一是通过精准识别,实行分类指导。在精准识别扶贫对象、找准致贫原因和帮扶需求的基础上,坚持因地制宜、分类指导,制定帮扶措施,做到一村一策、一户一法,扶真贫、真扶贫、真脱贫,切实提高扶贫针对性和有效性。

二是实施五种模式,落实精准扶贫。包括财政兜底模式,即对没有劳动能力或暂时无法通过扶贫开发脱贫的困难家庭,通过低保政策“兜”起来;产业扶贫模式,即对有技能的劳动者通过产业扶贫“动”起来,如建立了林下套种、草地畜牧业和家禽混养、山地家禽放养、水面生态利用、红色与绿色旅游业互衬等多种产业扶贫模式;盘活闲置土地模式,即对于外出务工的家庭通过流转将其闲置的承包地“活”起来,如金寨县,仅猕猴桃产业就流转土地 2 万多亩;异地搬迁模式,即对于单门独户或几户一村居住的贫困户通过移民搬迁扶贫“聚”起来,我省有 30 个搬迁任务县(市、区),已有近 20 个开工建设,超过了 60%;多措并举模式,即对多种贫困原因叠加的贫困户通过综合施策“扶”起来。

---

* 这是安徽省政协和安徽电视台联合举办的《2016 年政协论坛》,由我和安徽省扶贫办副主任陈先德同志主讲。本着“谁讲谁写”的原则,以上为我撰写的主讲内容。这次论坛的成功举办,要感谢安徽省政协社会和法制委员会陈则权主任的全力推荐,感谢安徽卫视的所有编辑,尤其要感谢马滢的精彩主持。

三是聚心合力，推进了多元扶贫。包括包干扶贫，我省建立了“单位包村、干部包户”和驻村扶贫工作队制度；社会扶贫，如企业利用自然资源禀赋，结对帮扶到户等；行业扶贫，包括改善贫困地区交通条件、加强贫困地区水利建设、解决无电人口用电问题、开展农村危房改造、开展科技扶贫、光伏扶贫等；信息扶贫，即引进新型的扶贫工具，运用“互联网+扶贫”的模式，推进信息化扶贫等。

(2)取得的经验

第一，产业扶贫是实现脱贫攻坚的治本之策。扶贫不扶懒。时下，贫困地区的部分农民等、靠、要的思想依然存在，导致其安逸于现状；有些人虽已脱贫但因生病、孩子上学等原因而返贫等。究其原因，前者是没有感受到致富的幸福感，后者是缺乏经济来源，而产业扶贫是解决这一系列问题的金钥匙。所以，用产业调动贫困群众积极性和主动性，才能彻底根治贫困的“病根”。

第二，扶贫是手段，致富才是目的。安徽省提出，“十三五”期间，31个贫困县要全部“摘帽”、3000个贫困村要全部出列、309万贫困人口要实现脱贫，并确保到2020年，现行标准下农村贫困人口全部脱贫，稳定实现“两不愁、三保障”。可以自信地说，这个目标肯定能实现。但光停留在“两不愁、三保障”的水平还是不够的，即我们既要打赢扶贫攻坚战，还要为脱贫后的贫困地区发展谋良策。

第三，新房子不等于新生活。基层调研发现，很多移民搬迁的农户，远离自己耕种的农田，给发展生产造成了的一定的困难。所以，要做好移民搬迁的后续工作，实现“生产发展，生活富裕，老有所养，病有所医，学有所教”的目标。

2. 安徽省扶贫工作存在的问题

一是扶贫队伍依然不强。实现精准扶贫精准到位，其基础是精准识别，做法是因人、因类、因地施策，即该项工作政策性强、针对性强和专业性强，必须要有强有力的组织保障，尤其是要有过硬的县、乡(镇)和村三级扶贫队伍作支撑。但是,现行的县级扶贫机构仍存在不规范、不稳定,处于经常调整和合并的不连续境地;有些乡(镇)仍无专职扶贫部门和工作人员,大多是党政办工作人员兼职;一些贫困地区村级党建工作滞后,领导核心作用弱化。

目前,安徽省各级党委、政府部门选派了部分驻村扶贫干部担任村党支部第一书记或扶贫工作队队长,但仍有部分县级职能部门驻村干部以单位人手少、工作忙为由,继续从事单位工作,兼职扶贫的现象依然存在。

二是贫困地区脱贫依然有一定的难度。"十二五"期间,我省扶贫开发取得了显著成效,但要彻底打赢脱贫攻坚战仍任重而道远。然而,目前贫困地区的土地资源浪费依然严重(包粗放利用和抛荒等),绝大部分土地资产依然沉睡(主要是宅基地和农村集体经营性建设用地),没有发挥行业扶贫的应有作用。

三是贫困地区基础设施依然薄弱。经调研,贫困地区耕地流转租金为500元/亩·年左右,而发达地区为800～1200元。有的地租确定为粮食,再按当年粮价折算现金。过低的土地租金进一步拉大了贫困地区和发达地区的差距,以粮折现让农户分担了市场风险。其根本原因是,随着新型城镇化的推进,越是贫困地区其精壮劳动力外出务工的就越多。同时,由于基础设施落后,生产条件差,即使实施了一系列促进农村承包地流转的政策措施,流转渠道依然不畅,抛荒地增多,形成了绿水青山没有变成金山银山被动局面。

四是形式主义依然存在。据一些驻村干部及乡镇干部反映,他们除了忙于扶贫的实际工作,还要经常应付各种检查和评估,尤其是要准备大量的表册,投入精力和财力过多。

3.若干建议

一是强化县、乡、村三级扶贫队伍体系建设,实现精准扶贫精准到位。包括建立与扶贫攻坚职能相匹配的县级扶贫机构,充实与扶贫攻坚责任相匹配的乡(镇)扶贫力量,打造一支与精准扶贫精准到位相匹配的村级扶贫队伍。

二是以土地改革为引擎,盘活土地资源与资产。首先,依托贫困地区自然条件,创新农用地流转机制,包括推行“股田制”、土地流转风险金制度、差别化的农业供给政策(主要是土地整治、小农水治理等“以工代赈”项目要向贫困区倾斜)等;其次是依托贫困地区的地缘条件,实施资产盘活工程,包括制定土地保障政策,推进贫困地区“村改居”工程,重点是“村改居”后,腾出的建设用地首先用于农村社区建设,结余部分纳入集体储备,折股分配给农民,使农民变股东。其次,实施灵活的土地供给政策,推进多元化的宅基地资产盘活模式,如用政策撬动“打捆”式移民搬迁扶贫工程,就是将单门独户或几户一村居住农户,实施“打捆”式(分批次)推进移民搬迁扶贫工程,并通过制定宅基地二次开发利用政策,如就地改造空置农房,打造“岭上人家”“石门土屋”和“农家小院”等,以及在符合规划的前提下,允许退出的宅基地就地入市、调整入市和改造入市等,退出宅基地的农户,可以用扣除安置用地的结余一次性拿补偿,也可以入股分红。

三是脚踏实地,消除形式主义。要做到精简资料,注重实效,尽可能地把一线扶贫人员从资料堆里解放出来,让他们腾出精力,真正用到脱贫攻坚的主战场。本人从事一线工作多年,认为“调研验收重五看,心知肚明全释然”,即一看生产知发展,二看基础知建设,三看生活知贫富,四看环境知文明,五看制度知保障。这里的精简资料是指要按规定标准建档立卡;这里的“看”要求要动腿、动眼、动嘴、动笔和动脑。

4. 展望

习近平总书记说:“小康不小康,关键看老乡。”我的理解,至2020年,要全面建成小康社会,贫困地区必须同步进入小康社会。

我坚信：在以习近平同志为核心的党中央指引下，在安徽省委、省政府的坚强领导领下，在全省人民的共同参与下，我省脱贫攻坚战必将取得全面胜利。

2016 年 12 月，在安徽电视台作《坚决打赢脱贫攻坚战》政协论坛

49. 筑牢生态安全屏障　恢复和提升自然保护区功能*

(2016 年)

中共十八届五中全会提出,坚持绿色发展,强调要筑牢生态安全屏障,坚持保护优先、自然恢复为主,实施山水林田湖生态保护和修复工程;中共安徽省第十次代表大会提出,着力推进生态文明建设,强调要牢固树立尊重自然、顺应自然、保护自然的理念,把筑牢生态安全屏障作为重要内容,表明我省在发展理念上与中共中央保持了高度一致。

筑牢生态安全屏障是推进自然保护区建管,实现人与自然和谐共处的治本之策。我省有国家级自然保护区 7 个,省级自然保护区 29 个,总面积 4199.65 平方公里,占全省国土总面积不到 3%,且存在面积萎缩和功能退化等问题,主要是由于土地用途替代、水土流失、污染和重建轻管等原因造成。为此建议:

1. 推进"以宜定地"理念回归,筑牢自然保护区的空间屏障

在"以粮为纲"的年代,我国因大规模"劈山造地""围湖造地""垦荒造地"等活动,造成耕地挤占生态用地;推进城镇化以来,因推行"耕地占补平衡",造成建设用地挤占耕地,耕地又挤占生态用地。也就是说,我国长期走的是一条"以用定地"的路子,即土地功能服从于用地需求,造成了土地生态用途被替代,使自然保护区萎缩,生态功能退化。因此,必须回归"以宜定地"的本位,实施

* 本文是受安徽省政协提案委员会的委托撰写的提案。2017 年 1 月 17 日,在安徽省政协十一届五次会议上作口头发言,已列为 2017 年重点提案。

生态优先战略,推进自然保护区复位。

(1)在空间布局上,发挥规划的引导和约束作用,突出多规协调功能,实施主体功能区规划管控空间,土地利用总体规划管控边界,城乡规划管控建设,确保自然保护区既布局合理,规模适当,又不被侵占。

(2)在用地顺序上,遵循"以宜定地"原则,优先设定国土生态屏障用地,通过实施"生态退耕"工程,将被挤占的自然保护区逐步复位,恢复功能。

(3)在利用模式上,体现多功能叠加。如坚决杜绝建设准看不准用的湿地,不仅发挥其作为地球"肾"的功能,而且发挥其基因库、生物多样性、水生动物繁殖等多功能。

2. 推进山水林田湖综合整治,筑牢自然保护区的外围屏障

山水林田湖是一个生命共同体,其中的一个环节出问题会就会影响共同体的持续循环,尤其是水和土的问题,即筑牢自然保护区外围屏障的重点是整治水与土。

(1)延伸生态屏障内涵,确实发挥塘坝的生态功能。农村塘坝星罗棋布,人们往往只重视其灌溉功能,却忽视了其生态功能。塘坝在降雨时拦截地表径流,雨后在土壤沉淀和吸附过程中,消解了水的富营养。农民通过对塘坝定期清淤,淤泥又是上等的有机肥。所以,农村塘坝体系是天然的农业面源污染处理厂,是江河湖泊等自然保护区的第一道屏障。因此,我省要全力推进生态土地整治模式,实施"千村万塘"工程,禁止土地整治项目通过填埋坑塘来增加耕地,确保坑塘系数不降低。

(2)因区因类施策,精准防治水土流失。一是山区要注重保护历史形成的陡坡梯田,禁止新修陡坡梯田;保护现有水平梯田,谨慎新修水平梯田;采取工程、生物和技术等综合措施治理

水土流失区。二是江淮丘陵岗地等农区,要加快推进耕地休养生息进程,采取休耕和免耕技术,消除因农艺措施不当造成的水土流失。三是优化水保林、经济林和草地布局,确保其规模适当,功能提升。

3. 推进管护机制建设,筑牢自然保护区的制度屏障

目前,我省自然保护区人为干扰和破坏仍是主导因素。因此,只有推进自然保护区管护机制建设,才能筑牢自然保护区的制度屏障。

(1)制定和完善相关法律法规。除了贯彻落实我国现有的法律法规外,我省要适时启动地方立法权,根据实际制定相应法规,把对自然保护区的管护纳入法制轨道。

(2)建立省域内生态保护补偿机制。重点是建立流域内行政区之间的协调机制和生态保护补偿基金,解决受益者无偿占有环境利益,保护者得不到应有的经济回报等问题,确保自然保护区居民能靠山吃山,靠水吃水。

(3)建立化肥农药负增长的激励机制。要区别不同的农业经营主体,建立和完善多种形式的激励机制,大幅度地减少化肥农药使用量,对农业面源污染实行源头管控。

(4)建立健全绩效考核机制。建立科学的政府政绩考核体系,推行自然保护区考核一票否决制,使各级政府能真正重视自然保护区,切实推进保护区的建设、管理和保护工作。

2017 年 1 月 17 日，在安徽省政协第十一届五次会议上作口头发言

50. 实施河湖休养生息　健全生命共同体系统*

山水林田湖是一个生命共同体,它们之间互为依存,又相互激发活力,其中的任何一个"成员"不健康,该共同体的运行就会发生重大变异,甚至断链停歇。共同体中,水是最活跃的因素,其重要的载体是河湖。然而,我省河湖资源利用与保护却存在工业污染、农业面源污染、水土流失造成河流淤塞和湖(库)萎缩、湿地功能退化和塘坝退化与减少等诸多问题。目前,长江流域Ⅳ类、Ⅴ类水比例高达15.6%;一些湖(库)富营养化,水华时常发生;农业面源污染已成为化学需氧量最大的排放源;农村塘坝淤塞,坑塘系数降低,不仅造成了雨季洪灾,雨后旱灾现象频繁发生,而且失去了对水土流失的拦截功能,使大量泥土直接汇入江河湖泊。因此,实施河湖休养生息对保障生命共同体健康运行已迫在眉睫。为此建议:

1. 因区制宜,保护河湖生态系统

要坚持尊重自然、顺应自然和保护自然的理念,以保障生产、生活和生态为目标,分"两江一河一湖"四区域,对我省的河湖生

---

* 2017年4月14日,安徽政协在对太平湖湿地考察的基础上召开了"省政协加强湿地保护修复界别协商会"。之前,本人受安徽省发改委委托,已完成了《安徽省耕地草地和河湖休养生息实施方案(2016—2030年)》的课题研究。基于此,本人在会上作了《实施河湖休养生息,健全生命共同体系统》的口头发言。出席本次会议的有安徽省政协副主席牛立文、省政协副秘书长、办公厅主任江刘伍、省政协副秘书长李奎、省政协人资环委员会主任刘自林、安徽农业大学副校长马传喜、黄山市政协、安徽省储备物资管理局、国土资源厅、林业厅,以及各市县有关部门的主要领导和专家学者。这是安徽省政协2017年首场协商会,开创了把协商会开在现场的先河。

态系统进行保护。

(1)要针对长江流域自然资源特点,打造山水田林湖系统工程,包括强化水源涵养区保护、建设湿地保护区、修复水生态和划定河湖生态空间等。

(2)要针对淮河流域的水资源禀赋,一是采取工程措施,保障河湖生态、生产和生活用水;二是科学确定河湖生态流量,核定重要河湖泊生态流量和生态水位,将生态用水纳入流域水资源配置和管理;三是注重地下水超采区生态修复,实施地下水开采总量和水位双控制;四是保护和合理利用河湖水生生物资源,包括控制渔业养殖强度、调整淡水养殖空间、加强水生生物自然保护区和水产种质资源保护区建设等。

(3)要针对新安江流域生态现状,强化水源涵养区和湿地的保护与恢复,包括实施封山育林、防护林体系建设、生态退耕、小流域治理、水土流失治理、水污染防治等系统工程。

(4)巢湖流域一是治理污染,修复水源地;二是实施山水田林湖综合整治,修复环巢湖生态。

2. 因类施策,恢复和提升湿地功能

(1)对湖泊湿地,要进行生态保育、恢复和修复,建立良好的湖泊生态系统结构,开展湖泊富营养化的治理,恢复湖泊湿地生态系统的功能,为水禽提供良好的栖息地,保护和恢复生物多样性。

(2)对水禽栖息地,要在对其现状和水禽栖息受威胁程度等调查的基础上,实施水禽栖息地恢复和修复工程。通过消除胁迫、构建完善的湿地生态系统和构建满足不同水禽需求的栖息地等措施,为水禽提供良好的栖息地。

(3)对生态河流廊道,要配置合理的乡土植被,建立从河流水体至河堤一定范围的结构合理、功能完善、景观优美的生态系统序列,并且对生物的栖息地、鱼类产卵场等进行严格的保护。在河湖的闸坝修建鱼道,减轻和消除水利工程对鱼类等水生生物洄游的影响。

(4)要因地制宜地实施退耕还塘(坝)工程,调查登记现有或有条件扩建成当家塘的塘口,充分考虑来水面积、蓄水能力、灌溉和生态拦截等因素,编制实施规划,落实建设计划,逐步恢复坑塘水面面积,改善和恢复坑塘水面生态系统功能。

3. 管养并重,健全河湖休养生息政策体系

(1)建立生态补偿机制。通过对湿地生态补偿,维持重要湿地数量稳定,守住全省湿地保护生态红线;通过立法,建立湿地生态补偿管理协调机制和保护湿地资金多渠道投资融资体制;健全建设项目占用水域补偿制度。

(2)建立最严格的水资源管控制度。要坚持"三条红线"不动摇,一是确立水资源开发利用控制红线;二是确立用水效率控制红线;三是确立水功能区限制纳污红线。

(3)完善水法规体系和执法体系。首先,要健全水法规体系建设,包括加快地方水法规体系建设、加强规范性文件的合法性审查与备案管理和定期开展规范性文件清理等;其次,要全面提升依法治水管水能力,包括积极推进水利综合执法、完善执法巡查制度、重大水事违法案件挂牌督办制度、强化水行政监督和水事违法案件查处力度、加大行政执法责任追究力度和健全涉水矛盾纠纷排查化解机制等;第三,要全力推进水利依法行政,包括依法履行各项水利政府管理职能、健全水利依法决策机制和全面推进水利政务公开,强化对水行政权力的制约和监督等。

(4)建立健全"河长"制。通过建立"总河长"、"副总河长"、县级"河长"、乡镇"河长"、"河段长"和河道管理员等"五长一员"

制，确保河流河清水洁、岸绿鱼游的良好生态环境。

（5）建立河湖岸线利用保护和监管机制。落实河湖水域岸线用途管制制度，明确河湖利用和保护要求，严格限制建设项目占用河湖水域和自然岸线，非法挤占的应限期退出。开展河湖管理范围划定工作，积极开展退耕还湿、退养还滩，构建科学合理的自然岸线格局。加强岸线资源监测和监管，对涉河项目建设区域和热点敏感区域进行定期监测和预警。

（6）建立健全水资源管理责任和考核制度。将水资源开发利用、节约和保护的主要指标纳入地方经济社会发展综合评价体系，县级以上人民政府主要负责人对本行政区域水资源管理和保护工作负总责。

2017 年 4 月 14 日，在安徽省政协加强湿地保护修复界别协商会上发言

2017 年安徽省政协加强湿地保护修复界别协商会会场

第五章　土地利用保护与土地制度改革

51. 合肥市建设现代化大城市要突出耕地保护*

（2003年）

“民以食为天，食以农为源，农以地为本”，“地者政之本也，是故地可以正政也”，即土地是人类的生命之源，是治国之本，土地的占有和使用状况可以影响国政！

农业生产不像工业生产那样，仅利用土地作为地基或生产场所，更重要的是利用土地的养育功能，即利用土壤的水、肥、气、热等诸多肥力因素。农用土地一旦变为建设用地，其养育功能将遭到破坏，即使是通过工程和生物措施进行复垦，其生产能力也将大大降低！然而大多数建设

---

* 这份提案有的观点是超前的，对现在仍有参考价值，如推行“股田制”，发展农业产业化；明晰农村土地产权，发展农村土地金融；以供给引导和制约需求，应该是供给侧改革的重要内容。该提案被《安徽日报》摘登。

用地,尤其是城镇盲目建设占用的耕地,基本不能逆转!耕地繁育了生命,耕地养育了生命,因此,保护耕地就是保护我们的生命线!

合肥市在建设现代化大城市进程中,占用耕地不可避免,但应该注重执行土地利用总体规划,杜绝盲目占用、贪大贪多占用,保障建设可持续进行,耕地总量不减,农业持续发展。为此,建议采用以下措施:

1. 以土地利用总体规划为龙头,实行土地用途管制。具体做到划分土地用途区,严格依法批地;“开源”与“节流”并举,严格控制非农业建设占用耕地,实行农用地转用许可制度、非农业建设占用耕地补偿制度和基本农田保护制度。

2. “耕地总量动态平衡”要实现政府“一把手”负责制,即要把耕地保护与领导干部的政绩挂钩,建立健全领导任期目标责任制和一票否决制。

3. 实行耕地保护总量控制制度,主要控制基本农田保护区指标、城镇规划区指标、非农业建设用地指标、土地后备资源开发指标以及农业内部结构调整指标等。

4. 以供给引导和制约需求,城市发展必须走控制总量、管住增量、盘活存量的路子,要引导小城镇集中发展,合肥市现代化大城市外延发展要控制在土地利用总体规划规定的范围。为此,必须抓土地利用总体规划的编制与实施、抓土地供应计划的制定与落实、抓项目用地管理等。

5. 深化农村土地使用制度改革,促进农村土地资源合理利用。(1)进行政策倾斜,引导农民重视农地经营,即要千方百计地提高农民收入,吸引农民重视农地经营,稳固农业这个国民经济的基础地位。(2)运用级差地租理论,激发农民对土地投资的积极性,提高土地的生产力;避免劣等地抛荒和优等地分割,实现土地以家庭为单位的规模经营。(3)实行租赁制,加速土地使用权的流转与集中,即以地租额为媒介,引入竞争机制,引入商品机制,实行耕地经营权的有偿流转。(4)推行“股田制”,发展农业产业化,即农民以土地经营权入股农业产业化龙头企业,由企业统一经营土地,建立农业产业化生产基地,农民按股分红。这样,有利于改良土壤,提高土地的利用率和生产率。(5)实行土地动态监测制度,维持或提高土地生产力。

6. 明晰农村土地产权,发展农村土地金融,关键是界定集体土地的承包权,明确土地承包人的责、权、利。土地产权明晰后,应制定有关规章,建立农村土地金融制度,为合理开发、治理、保护和利用土地开辟资金来源,从而尽快地使农业生产条件得到改善和提高。

7. 积极保护土地资源,改善土地生态环境。目前,我市土地利用已出现了严重的生态问题,必须通过加强和改善对土地利用与保护的管理,规范人们对土地的利用行为,努力提高土地生产力和利用价值,为可持续发展提供土地保证。当务之急,就是要禁止毁耕造林和毁林开荒!尤其是我市“退耕还林”已经走入了误区,部分地区出现耕地栽树,山上开荒,必须予以纠正!

8. 开展土地生态设计研究,积极改造中低产田。土地生态设计是在研究土地类型结构和演替规律的基础上,根据生态学原理,从促进土地正向演替的角度出发,建立由人工调控的自然、社会和经济复合的土地生态系统,并在其运转过程中使自然结构、社会结构和经济结构相互促进,从而不断地从土地取得更多的物质财富。我市中低产田面积大,占耕地面积的80%左右,近500万亩。所以,应组织土地、生态、经济、技术、管理等多方面专家合作,开展土地生态设计研究,逐步摸索方法,积累经验,分期治理,改造中低产田,提高现有耕地的生产水平。

9. 治理污染,保护耕地资源,实现土地的可持续利用。我市污染比较严重的是水域污染，主要是由工业污水的排放所引起的。因此，要对污染企业，进行综合治理。对效益低、污染重的企业，该关闭的要坚决关闭；对一些大企业，必须要求对污水进行处理，达标排放；对一些新上马的企业，要在治污系统健全后才能生产，否则应坚决不予批准生产。对污染严重的水源，在未治理前，应向农民做好宣传、教育工作，尽量避免用污水灌溉农田。为了实现耕地资源的持续利用，应大力推广科学种田，积极走“以有机肥为主，配合施用化肥”的大农业道路，要适时、适量、有针对性地施用化肥和农药，杜绝化肥、农药污染农田。

52. 但存方寸地　留与子孙耕

——合肥市政协保护耕地电视论坛*

(2003 年)

1. 我国政府为什么提出保护耕地就是保护生命线?

"民以食为天,食以农为源,农以地为本","地者政之本也,是故地可以正政也",即土地是人类的生命之源,是治国之本,土地的占有和使用状况可以影响国政!

人口的增加,土地面积尤其是耕地面积的有限性,使得集约经营土地成为世界性的趋势!但并不是集约度越高产量就越高,即对土地的投入在当前的科技水平下是有一定限度的。如施肥,在一定限度内随着施肥量的加大总产量呈上升趋势,但超过一定限度再增加施肥量,作物就会倒伏,子粒的空瘪率就会增加,最终导致庄稼绝收,土壤肥力破坏,环境污染,这就是人们常说的"惯子不孝,肥田收瘪稻"的科学内涵。所以,在一定的科技水平下,土地的总产出不是像人们想象的那样"人有多大胆,地有多高产",而是有一个极限点。这样就引出一个结论:生产一定量的农产品必须有一定的耕地面积做保证!即在一定单产水平下,人均粮食占有量主要取决于人均耕地占有量。因此,一个国家人均耕地的数量和质量及其所提供的物质的数量和质量,是该国民族生存、社会发展的最基本的物质条件。

我国是世界上最大的发展中国家,同时也是世界上人口最多

---

* 2003 年,合肥市政协与合肥电视台联合举办《保护耕地》政协论坛,市政协和合肥电视台邀请本人撰写脚本并主讲。

的国家。随着历史的前进,我国有关土地问题将出现三大不可逆转的趋势:(1)在相当长的时期内,人口持续增长的趋势不可逆转,全国每年将增1400万人,就要消耗粮食50亿千克以上;(2)消费结构的变化趋势不可逆转。我国人民的消费结构将由素食为主迅速向肉、禽、蛋、奶、鱼、菜、果转化,如果全国人均多消费肉2千克/月,按1∶4的肉粮比计算,需多消费粮食1.2亿吨/年;(3)经济快速发展导致耕地面积减少的趋势不可逆转。随着我国现代化、城市化和工业化的整体推进,即使采取严格的保护措施,耕地和粮食种植面积继续减少将是一个在较长时期内必须面临的严峻挑战。根据《中国基本农田保护研究》,我国人均耕地已从新中国成立初期的0.18公顷下降到现在的0.086公顷(统计数)。进入21世纪,我国耕地已出现长期亏缺的局面!

农业生产不像工业生产那样,仅利用土地作为地基或生产场所,更重要的是利用土地的养育功能,即利用土壤的水、肥、气、热等诸多肥力因素。农用土地一旦变为建设用地,其养育功能将遭到破坏,即使是通过工程和生物措施进行复垦,其生产能力也将大大降低!然而大多数建设用地,尤其是城镇盲目建设占用的耕地,基本不能逆转!耕地繁育了生命,耕地养育了生命,因此,保护耕地就是保护我们的生命线!“但存方寸地,留与子孙耕”,指的就是当代人在谋求发展的同时,要文明利用土地,注意保护耕地,以实现代际公平和人类社会的可持续发展。

温家宝同志对乱占滥用耕地深恶痛绝,指出“三令五申,收效甚微;触目惊心,后患无穷”!最近,中共中央和国务院又做出了重大决策:国土资源管理实行垂直管理体制,其根本宗旨还是加强对耕地的保护,使“十分珍惜和合理利用土地,切实保护耕地”的基本国策得到真正的贯彻!

2. 耕地保护的内涵是什么?

耕地保护包括数量和质量两大方面。在数量保护上,我国提出“实现耕地总量动态平衡战略”。这里要特别强调的是“动态平衡”,因为我国正处于经济发展的最快时期,大量占用耕地的趋势不可逆转,为此,《土地管理法》规定:国家实行占用耕地补偿制度。非农业建设经批准占用耕地的,按照“占多少,垦多少”的原则,由占用耕地的单位负责开垦与所占耕地的数量和质量相当的耕地;没有条件开垦或者开垦的耕地不符合要求的,应当按照省、自治区、直辖市的规定缴纳耕地开垦费,专款用于开垦新的耕地。这样,耕地在占用和开垦的动态过程中,始终保持总量不减少,加之国家实行鼓励土地整理等政策,从理论上讲我国耕地总量可望实现在现有的基础上略有上升。但是,伴随着耕地被占,耕地质量下降惊人!(1)耕地减少中水田所占比重大:1991~1995年,水田净减少达1004万亩,导致水稻播种面积下降了3447万亩,产量下降了411万吨。(2)耕地减少集中在水热条件较好的南方地区:1991~1995年,南方净减耕地1295万亩。如其减少粮食由北方开发耕地来弥补,则北方需净增耕地2020~2059万亩,但同期北方净增耕地仅241.2万亩,远不能弥补南方耕地减少造成的损失。(3)新开垦的耕地质量远低于被占用的耕地质量:建设占用大多是城镇周围和交通沿线质量高、投入多、设施好的良田,而开发复垦增加的大多是边远地区的耕地,质量较差。一般来说,3亩以上开垦的耕地才能补偿被占用的1亩的生产能力。即使耕地占一补一,数量能持平,其生产能力已经下降,更何况每年占水田、水浇地多,开发补充少,我国耕地生产能力下降更多。因此,《土地管理法》规定:县级以上单位可以要求占用耕地的单位将所占用耕地耕作层土壤用于新开垦耕地、劣质地或者其他耕地的土壤改良。

耕地质量下降的原因是多方面的,如污染、沙漠化、次生盐渍化、水土流失、水毁、工程塌陷、乱施滥用化肥和农药等,均导致耕地质量下降,甚至于弃耕,由于时间关系,这里不再赘述。

3. 结合合肥市实际,谈谈耕地保护如何维护农民和城镇居民的利益?

依据规划,至2010年,合肥市因建设现代化大城市在辖区内要占用土地130平方千米左右,其中大部分是耕地。为了实现占补平衡,合肥市采取了两条腿走路的办法:(1)在异地购买耕地指标,如今年在泗县就购买了10,000亩的耕地指标,并按规定支付了异地开垦费;(2)把耕地保护指标调整到三县,如区划调整后合肥市在三县增加了60,000亩的耕地保护指标,但并未支付相关费用,也就是说,对于合肥市的发展三县做出了巨大贡献。如果按1亩地3000元计算,就是1.8亿元!

另外,《土地管理法》规定,建设占用菜地的,用地单位应当按照国家有关规定缴纳新菜地开发建设基金。据了解,这项基金并没有用于三县的蔬菜基地建设。这样,老菜地被占,新菜地开发建设配套资金又不到位,导致合肥市在建设现代化大城市的同时蔬菜生产基地萎缩,大部分蔬菜从外地调运,抬高了菜价,降低了质量。

合肥市提出提前8年全面进入小康社会,其中最艰巨的是农村小康社会的建设。然而,合肥市建设在很大程度上是牺牲农业在搞建设,保护耕地指标增加了,基础建设费用不配套,如何改善生产、提高产量?新菜地开发建设基金不落实,不仅妨碍了农业产业结构调整,延缓了农民致富奔小康的速度,同时城镇居民的“菜篮子”也昂贵了,恩格尔系数上升了(居民用于生活必需品的消费占总收入的比例),同样妨碍了小康社会的建设进程。因此,合肥市现代化大城市建设,应该首先考虑农业、农村和农民问题,除了该支付的资金要足额到位外,还应加大农业科技等方面的投入。

4. 合肥市耕地保护应该采取哪些措施?

(1)以土地利用总体规划为龙头,实行土地用途管制。具体做到划分土地用途区,严格依法批地;“开源”与“节流”并举,严格控制非农业建设占用耕地,实行农用地转用许可制度、非农业建设占用耕地补偿制度和基本农田保护制度。

(2)“耕地总量动态平衡”要实现政府“一把手”负责制,即要把耕地保护与领导干部的政绩挂钩,建立健全领导任期目标责任制和一票否决制。

(3)实行耕地保护总量控制制度,主要控制基本农田保护区指标、城镇规划区指标、非农业建设用地指标、土地后备资源开发指标以及农业内部结构调整指标等。

(4)以供给引导和制约需求,城市发展必须走控制总量、管住增量、盘活存量的路子,要引导小城镇集中发展,合肥市现代化大城市外延发展要控制在土地利用总体规划规定的范围。为此,必须抓土地利用总体规划的编制与实施、抓土地供应计划的制定与落实、抓项目用地管理等。

(5)深化农村土地使用制度改革,促进农村土地资源合理利用。①进行政策倾斜,引导农民重视农地经营,即要千方百计地提高农民收入,吸引农民重视农地经营,稳固农业这个国民经济的基础地位。②运用级差地租理论,激发农民对土地投资的积极性,提高土地的生产力;避免劣等地抛荒和优等地分割,实现土地以家庭为单位的规模经营。③实行租赁制,加速土地使用权的流转与集中,即以地租额为媒介,引入竞争机制,引入商品机制,实行耕地经营权的有偿流转。④推行“股田制”,发展农业产业化,即农民以土地经营权入股农业产业化龙头企业,由企业统一经营土地,建立农业产业化生产基地,农民按股分红。这样,有利于改良土壤,提高土地的利用率和生产率。⑤实行土地动态监测制度,维持或提高土地生产力。

(6)明晰农村土地产权,发展农村土地金融,关键是界定集体土地的承包权,明确土地承包人的责、权、利。土地产权明晰后,应制定有关法律法规,建立农村土地金融制度,为合理开发、治理、保护和利用土地开辟资金来源,从而尽快地使农业生产条件得到改善和提高。

(7)积极保护土地资源,改善土地生态环境。目前,我市土地利用已出现了严重的生态问题,必须通过加强和改善对土地利用与保护的管理,规范人们对土地的行为,努力提高土地生产力和利用价值,为可持续发展提供土地保证。当务之急,就是要禁止毁耕造林和毁林开荒!尤其是我市“退耕还林”已经走入了误区,部分地区出现耕地栽树,山上开荒,必须予以纠正!

(8)开展土地生态设计研究,积极改造中低产田。土地生态设计是在研究土地类型结构和演替规律的基础上,根据生态学原理,从促进土地正向演替的角度出发,建立由人工调控的自然、社会和经济复合的土地生态系统,并在其运转过程中使自然结构、社会结构和经济结构相互促进,从而不断地从土地取得更多的物质财富。我市中低产田面积大,占耕地面积的80%左右,近500万亩。所以,应组织土地、生态、经济、技术、管理等多方面专家合作,开展土地生态设计研究,逐步摸索方法,积累经验,分期治理,改造中低产田,提高现有耕地的生产水平。

(9)治理污染,保护耕地资源,实现土地的可持续利用。我市污染比较严重的是水域污染,主要是工业污水的排放所引起。因此，要对污染企业，进行综合治理。对效益低、污染重的企业，该关闭的要坚决关闭；对一些大企业，必须要求对污水进行处理，达标排放；对一些新上马的企业，要在治污系统健全后才能生产，否则应坚决不予批准生产。对污染严重的水源，在未治理前，应向农民做好宣传、教育工作，尽量避免用污水灌溉农田。为了实现耕地资源的持续利用，应大力推广科学种田，积极走“以有机肥为主，配合施用化肥”的大农业道路，要适时、适量、有针对性地施用化肥和农药，杜绝化肥、农药污染农田现象的发生。

53. 用科学发展观指导合肥市土地整理*

（2006 年）

为了确保耕地总量动态平衡，《中华人民共和国土地管理法》明确提出：“国家实行占用耕地补偿制度”“国家鼓励土地整理”等法律条款，其根本宗旨是统筹城乡经济和人与自然的协调发展，走可持续土地利用之路。

当前，中国土地整理的对象主要是农村土地，内容重点是耕地整理、农宅整理等。由于片面追求增加耕地面积，过分强调耕地总量动态平衡，导致耕地数量增加了，质量却下降了；土地整理了，环境景观却破坏了；一方面农村整理了耕地，另一方面城市却闲置了大量土地。合肥市的土地整理也没有脱离这一怪圈。为此建议：

1. 延伸土地整理内涵

目前，我市土地整理对象绝大多数限于农村土地整理，城镇土地因为拆迁、产权等抬升了整理成本，结果导致城市建设以外延扩张为主，“空城计”和低效利用城镇土地现象较为普遍。如合肥市经济开发区，很多厂的生产规模并不大，但占地规模却相当惊人，有的至少可以再做三个以上同样规模的工厂。为了掩人耳目，栽植了大量的树木和草坪，还美名为改善环境，其实质是囤积土地！

---

* 针对土地整理重增加耕地数量、轻提升耕地质量和生态等现象，通过调研和总结国外及我国台湾地区的做法与经验，本人向合肥市政协递交了这份提案。后经修改完善，将题目改为《用科学发展观指导安徽省土地整理》，通过民革安徽省委作为省政协提案，得到了安徽省国土资源厅的认真办理。这是较早提出生态土地整治的理念，具有一定的超前性。

三县的一些地方也出现了大铺摊子、不重内涵、盲目无序扩大用地规模,“有城(镇)无市,有场无市”“空壳城镇”现象较多。因此,城镇建设必须牢固树立正确的政绩观和科学的发展观,即注重内涵挖潜,加强其内部土地整理,做到用容积率控制城镇规模,严格控制乱占滥用土地的行为,确实保护耕地。具体应采取四个方面措施:(1)加强规划和计划管理,控制城镇建设规模;(2)加强对开发区用地的审查,杜绝违规用地和超占土地(国家有企业产值与用地规模标准);(3)努力营造城镇发展的产业氛围;(4)加强对补充耕地和征地的审查,切实保护农民利益。

2. 因地制宜,量力而行,实现整理模式多样化

本人在实践中,总结出“根据地貌特征、土地利用现状以及经济发展程度等,进行土地整理区划分,如波状平原整理区、河谷平原整理区、岗地整理区、村镇用地整理区等;再根据各区特点确定整理模式,继而选择土地整理技术”的做法,可资借鉴。如波状平原整理区,采用“波浪—平台式”土地整理模式,即宏观上仍保持原有地貌不变,以便节省人力、物力和财力;微观上将岗顶整平,适当降低高程,扩大整理面积。有条件的可将岗顶降至中塝,中塝地向冲(畈)推进。整理结果是:岗、塝处于一个“平台”,塝、冲(畈)处于一个“平台”。

不同地区、不同时期,根据社会经济的发展状况,土地整理模式由低级向高级发展,即土地整理模式的选择要做到与时俱进。如宅基地整理问题,可以分三个层次进行:四区城镇全面推进;四区村镇及其毗邻的三县有条件推进;三县其他乡镇试点推进。

3. 把农村宅基地整理列入土地整理的重点

《中共中央关于制定国民经济和社会发展第十一个五年规划的建议》把建设社会主义新农村作为我国现代化进程中的重大历

史任务，提出“要按照生产发展、生活宽裕、乡风文明、村容整洁、管理民主的要求，扎实稳步地加以推进”。实现“村容整洁”目标，必须结合康居工程，通过农宅整理才能完成。

合肥市农村宅基地整理潜力巨大。截至2003年12月，合肥市农村居民点总面积为68,039.85公顷，农村人均宅基地229.53平方米，如果按人均120平方米的标准，则有32,468.41公顷的宅基地可以退宅还耕，将近有一半的潜力可挖。而且，距城镇由近至远，居民点占地面积呈增长趋势，民房松散，土墙居多，整理难度小。经实地调查，很多居民点的空心村现象特别严重，尤其是远离城镇的穷乡僻壤，人居环境令人担忧：有的是“墙坍壁倒”；有的是小屋将倾，四周仅靠几根朽木支撑，虽濒临坍塌，却仍有人居住。通过整理，既腾出了土地用于城镇化进程中的土地置换，符合国务院2004年28号文件的要求；又改善了农村居住条件，治理脏、乱、差的环境。这是统筹城乡协调发展和人与自然协调发展的重大举措，是中共执政为民的具体体现，是建设社会主义新农村的战略选择，符合中共十六届三中、四中、五中全会精神。合肥市建设现代化大城市进程中，至少还要占用100平方千米的土地，其中大多数是耕地。因此，耕地占补，可以优先考虑用“退宅还耕”来补偿，一举两得，既增加了耕地，又可筹措资金实施农宅改造与农村居住环境建设。“退宅还耕”可以按“由远到近，先易后难”的顺序逐步推进。资金还可以通过申报农村居民点整理项目等方式筹措，政府也应该设立专项资金启动这项工程。

4. 利用农用地分等成果，建立土地整理“数量—质量”评价体系

耕地占补平衡是确保粮食安全、维系农业可持续发展的有力保障，农用地分等成果的及时应用是实施耕地占补平衡的重要手

段。利用农用地分等成果,可建立土地“数量—质量”评价体系,构建耕地占补平衡折抵指标,即这个评价体系,可以建立被占耕地“数量—质量”和通过土地整理补充耕地的“数量—质量”之间的折抵标准。如有 A 亩 B 等耕地被占,通过土地整理还耕的耕地等级是 C 等,那么运用上述折抵指标,就可算出需要多少亩才能折抵 A 亩 B 等耕地,从而在真正意义上实现耕地占补过程中数量、质量同步平衡。

安徽省农用地分等成果已经通过国土资源部验收和鉴定,建议尽快引用这项成果,在全省率先构建土地整理“数量—质量”评价体系。

5. 土地开发整理要重视农耕文化保护和生态农村建设

(1)渠道保留原有风貌,勿截弯取直除非情况特殊,否则渠道应保留原有风貌,才不致破坏原有生物的栖息环境。尤其是四区农村,留下蜿蜒曲折的小河,营造都市里的田园风光,是配合开展农家乐旅游的重要举措。

(2)农路以土石材料铺面,路肩花草生存容易,留为野生动植物的栖息之所。

(3)渠道边坡规划为缓坡可减少水位高低变化,降低对渠道推移所带来的生态冲击,在情况允许下以复式断面于渠道铺高一条弯曲的小渠道,以容纳低水位时的流量,可供低水位时动植物栖息。

(4)增设跌水设施。流速太大的渠道可增设跌水工,以减缓流速,缓和流速对生态的冲击。

(5)规划沟面凹凸多变的渠道。沟面凹凸多变的渠道可造成水流多样的变化,充分扰动水流,以稳定水温,提供多样化的渠底栖息环境,使底栖的生物永续生存。

(6)规划渠道周围植栽。植栽可提供阴影,缓和水温的变化,制造野生动植物栖息的有利环境。

(7)规划低洼地区为生态保护区。低洼地区长年积水虽为生产力贫乏地区,但却是野生动植物良好的栖息生长之所,可规划为生态保护地区,一方面可种植牧草或水产植物,另一方面又可使生态永续的发展。

(8)采用天然工料设计。采用天然工料较适合生物的栖息,同时亦可显示一种独特风貌,在景观上亦可与乡村的景色融为一体,创造环境的自然美。

6. 开展土地生态设计研究,积极改造中低产田

土地生态设计是在研究土地类型结构和演替规律的基础上,根据生态学原理,从促进土地正向演替的角度出发,建立由人工调控的自然、社会和经济复合的土地生态系统,并在其运转过程中使自然结构、社会结构和经济结构相互促进,从而不断地从土地取得更多的物质财富。我市中低产田面积大,占耕地面积的80%左右,近500万亩。所以,应组织土地、生态、经济、技术、管理等多方面专家合作,开展土地生态设计研究,逐步摸索方法,积累经验,分期整理,改造中低产田,提高现有耕地的生产水平。

土地整理旨在振兴农业,改善农民的生活环境,创造富丽的农村,是惠民工程,不是政绩工程。要尊重地球上万物平衡的原则,营造舒适的生活环境和互相调和的空间,因此生态的永恒发展,对人类的生活调适亦有莫大的影响。所以环境选择物种,物种选择环境,我们充分了解各种生物习性后,可以用各种规划方式,创造生物最有利的栖息环境,使大地再度呈现出欣欣向荣的生态世界——这就是人与自然的协调,是用科学发展观引导土地整理。

54. 关于征地问题的若干建议*

（2006 年）

计划经济年代，中国政府对被征用土地的农民安置，基本上采取农转非和长期安排就业的办法，这在当时情况下，对农民是有利的。因为此举不仅可以提高农民的身价，而且可以提供长期稳定的收入。失地农民被安置就业的单位不会出现停产、倒闭，安置人员不会下岗，可享受终身保险。因此，当时采取的征地补偿安置标准和方法，不仅体现了国家的意志，而且顺应农民的心声，实现了“双赢”。

市场经济，尤其是加入了 WTO 的今天，还沿用计划经济的方式来安置失地农民，虽然体现了国家意志，却侵害了农民的利益，剥夺了他们的部分权益。如今，中国正处于经济快速发展时期，大量占用耕地进行经济建设不可逆转，面对现行征地实践中侵害农民利益、“平调”集体所有土地，还被美其名为“转权让利”的做法，农民开始觉悟了，他们的维权意识在不断增强。《中华人民共和国宪法》（以下简称《宪法》）规定：“国家尊重和保障人权”，一些地方所出现的征地纠纷，实质是农民在讨回《宪法》所赋予他们的权利。因此，从实践“三个代表”重要思想和建设社会主义和谐社会的高度来认识被征地农民的权益保障问题，是农村全面进入小康

---

* 本文为本人 2006 年的提案，起初是提交合肥市政协的。因为征地问题是最大的民生问题，所以经提升，又由民革安徽省委提交安徽省政协。民生问题，不仅是各级政府关注的焦点和热点问题，也是政协委员和广大民众关注的焦点、热点问题。因此，该提案获得了 2007 年合肥市政协优秀提案奖。

社会的思想保证。

1. 现行征地的问题与缺陷

(1)问题:“三乱一难”

一是征地范围乱。目前,国家、企业、单位和个人,无论何种投资主体搞建设,均可征用集体土地,远远超出了“为了公共利益”的范围。①征地范围过宽,即不管建设项目本身的性质如何,只要它的用地方案得到批准,就可征地。②划定公益性建设项目的弹性较大。建设项目是否为公益性,主要以其是否为经营性项目来界定,但有些公益性类别的用地中,也在相当程度上含有经营的性质。例如,国家政府机关的办公楼,楼上几层用来办公,楼下几层用来出租经营;有些学校的校办企业用地,以营利为目的的医院等,其用地性质难以界定。

二是征地补偿乱。征地补偿有法不依较为普遍,低价征地和高价征地现象并存,国家重点工程尤其是地方政府的重点项目,征地补偿安置费用明显偏低。据了解,在经济较发达的地区和大城市的城乡接合部,其征地费每公顷高达 375 万元,远远超过法定标准;而在经济不发达或相对偏远的地带,普遍存在人为压低征地补偿费的现象,如有的地方铁路、公路的征地费每公顷仅为 10 万～20 万元。

三是征地费用分配乱。征地补偿、安置费用在被征地集体经济组织和农民之间的分配极不合理,使用管理较为混乱。在实际征地过程中征地补偿、安置费仿佛是“唐僧肉”,人人都想“吃”,可谓雁过拔毛！不少地方没有按法律规定将其费用分配到位,而是在乡(镇)、村、村民小组和农民之间分配,实际摊到农民手中已是少得可怜。《土地管理法》第 47 条规定:“征收耕地的补偿费用包括土地补偿费、安置补助费以及地上附着物和青苗的补偿费。征收耕地的土地补偿费，为该耕地被征收前三年平均产值的六至十倍，征收耕地的安置补助费，按照需要安置的农业人口数计算，需要安置的农业人口数，按照被征收的耕地数量除以征地前被征收单位平均每人占有耕地的数量计算。每个需要安置的农业人口的安置补助费标准，为该耕地征收前三年平均年产值的四至六倍。”按此标准，即使不算地上附着物和青苗的补偿费，仅安置补助费按底线算也能占到征地总费用的 40%，若加上地上附着物和青苗的补偿费，被征地农民应能得到至少占征地总费用的 50% 的安置和补偿费用。据调查，某地被征地农民按规定每亩应能得到征地补偿费用 5 万元，但实际发放到农民手中的每亩地仅 4000 元，仅占农民应得的 8%！

四是被征地农民安置难。在市场经济条件下，对失地农民实行“招工安置”已失去实际意义，因为农民没有一技之长的占大多数，谋生能力差，在竞争激烈的当今社会很容易被淘汰。如安置在企业的农民，或是通过竞争上岗被淘汰，或是企业倒闭被迫下岗。在城市郊区，上述问题尤为突出。对被征地农民，习惯上只考虑给予经费上的补偿，而较少考虑居住安顿、生活观念和生活习惯转变等问题。例如，坐落在城郊接合部的村落，由于受城市规划的影响，没有给被征地农民安排宅基地建房，致使他们长期居无定所。失去土地的城市郊区农民，迁居到远离城市的村落，农民不愿意；仅靠安置补偿费，农民无能力自购商品房解决安居问题，要土地受让人增加安置费，受让人又不愿意。

(2)缺陷：难操作、失公平、欠公开

一是补偿、安置补助标准弹性过大，缺乏可操作性。中国现行的征地制度形成于计划经济时期，已难以适应社会主义市场经济发展的要求，尤其是加入 WTO 的今天，中国的经济发展已融入全球经济一体化的大系统，现行的征地制度属于对集体所有土地的平调，体现了极大的歧视性。关于征地补偿安置费用的计算，《土地管理法》虽然将标准提高了数倍，但仍然沿用计划经济体制下的计算模式，既缺乏科学性，又不具备可操作性。例如，相邻的两个地块，土地区位和土地条件相似，但由于耕作方式的不同，如发展设施农业与否，其年产值就会有天壤之别，如果征地补偿仅以被征用土地“前三年平均年产值的六至十倍”的土地补偿费和“四至六倍”的安置补助费来计算，那么，两地块每公顷的费用可能相差几倍到数十倍！

二是被征土地的用途不同，补偿、安置补助标准悬殊，有失公平。现行的征地制度对征地用于公益性和国家重点建设项目补偿安置费用标准过低，体现出征地过程中的不公正待遇，显然缺乏合理性。

三是征地补偿、安置费用的落实过程缺乏“阳光行政”机制，被征地农民没有享受到知情权。虽然《土地管理法》第49条规定：“被征地的农村集体经济组织应当将征用土地的补偿费用的收支状况向本集体经济组织的成员公布，接受监督。”但实际是征地补偿安置费用的分配与使用，安置途径的可行性，以及补偿安置方案等，缺乏应有的市场调节机制和必要的社会监督机制。被征地的主体——农民实际上被剥夺了知情权，他们自始至终并没有了解各项费用的收支状况。中央电视台2004年3月12日还报道了某地的所谓村务公开榜，是聋子的耳朵——摆设，榜上连一张纸都没有。

2. 若干建议

(1)维护农民的既得权益

第一，要明确界定集体所有权主体和农民对集体土地所享有的权利。《土地管理法》明确了集体土地为村或村民组所有，规定了农民土地承包期为30年，表明在征地过程中，不仅要保证集体土地所有权利益，而且要体现对农民失去土地承包权的补偿，以减少征地工作中政策打架、人为扯皮的现象。为此，要明确界定集体失去土地所有权和农民失去土地使用权的补偿安置标准、比例以及计算依据和方法。对农民失去土地使用权的补偿费用，要切实体现农民多年来对土地的投入成本，并保障其落实到农民手中，以充分体现社会主义按劳分配的原则。

第二，要“以质定价”确定补偿安置标准。各级政府应根据经济发展情况，土地所在区位、用途和性质制定征地补偿的构成要素及标准。征地补偿费有土地补偿费、安置补偿费、青苗补偿费和地上附着物补偿费等构成要素；地上附着物补偿费如实计算，土地补偿费标准要体现土地的社会保障功能，应以保障被征地农民持续生存为前提，使其生产条件和生活水平在原来的基础上有所提高。具体测算标准应以规划后的土地评估价格为依据，而不能以所谓的“被征土地的前三年的平均产值”等来折算，这既体现了其科学性和可操作性，又体现了其公平性，避免了低质高价、高质低价和人为抬价或压价等导致征地补偿安置的偏差。

第三，要立法确定征地范围。只有不以营利为目的，真正用于改善群众生产、生活条件的能源、交通、水利、福利等公共设施和公益设施，以及军队、国家机关用地的，才可实施征用，其他项目用地应考虑采用征购或其他能体现农地价值、农民生存的用地方式。值得提出的是，征用并非无偿，而是指减少行政成本、管理成本等费用，对被征地的农民所得利益和权益不应构成侵害，其费用应列入国家财政预算；征购并非是漫天要价，对用地单位的权利也应给予保护。即实行征用和征购并存的制度，应有配套法律作为保障，既不可损害农民利益,造成农民之间的不平等,也要保证国家和用地单位的利益不被侵害,关键是要把握好"度";在操作上,土地征用带有强制性,而征购则采取市场经济原则,在体现国家意志、符合土地利用总体规划的前提下,充分体现土地所有者的意志,要尽可能采用"少征多购"的土地"农转非"制度。

第四,要根据产权关系合理确定征地补偿费分配与管理。征地补偿费中属于被征地农民的数额应包括:被征地的承包经营权的价值,被征地者在使用土地过程中对土地的投入补偿,被征土地所担负的农民社会保障等。因此,这些理应归农民所有。土地管理部门应根据不同的安置途径,在规定的期限内一次性付给农民个人或登记在其名下;属于农村集体经济组织所有的部分,属于全体村民所有,应用于发展集体经济和公益事业。资金管理应严格按照有关法律法规执行,建立专用财务账户,乡、镇管理村民集体使用,做到严格管理,严禁挪用,使用时需经村民委员会2/3以上成员同意,并报乡镇政府审核,资金的使用情况应定期在本集体范围内公布。

第五,要以社会保障为核心,采用以市场为导向的多种途径安置被征地农民。大力推行保险安置、社会低保安置。政府应强行从征地补偿费和安置补助费中拿出一定的份额为被征地的农民设立"征地保险",其中包括农民失去土地后的医疗保险、就业保险、养老保险等。这样就能使农民有一份长期稳定的收益,生活得到长期的保障;生活不足的部分纳入社会最低保障范畴,政府可以从土地有偿使用费、土地出让金中拿出部分补助社会低保基金。在小城镇建设中可以采取留地安置方式,用地单位留一部分土地给被征地农民建门面房,解决他们的生产生活问题。

第六,要推行征地行政管理、事务经办分离的管理体制。各级土地行政主管部门根据法律规定的职责和批准权限,代表政府承担征地审查报批和具体实施工作,实行统一征地。建立征地过程中的社会监督制度、征地公告制度、意见反馈制度以及被征地农民参与制度,以加强社会各界对征地过程的监督,规范征地行为和操作过程。同时建立征地纠纷的仲裁机构,以保证征地工作的顺利进行。

(2)改"转权让利"为"保权增利"

征地是土地所有权的转移,在"转权"的同时,农民从土地上获得的劳动成果、生活保障和经济效益就随之而转让,然后农民得到的是与土地出让价格相比少得可怜的补助安置费,还被美名为"转权让利",其实是对农民的切身利益极大侵害,体现了极大的不公平,失去土地的农民生产、生活很难得到保障。为此,应建立健全"保权增利"机制,即建设项目确需占用农用地的,通过政府出面办理相关手续,集体以其土地所有权入股,参与项目经营。如农民以土地折股,参与企业、高速公路经营等,到年底按股分红。这样,农民的权利和利益就可得到永久的维护。

(3)加快农地征用立法进程

现行征地制度,就如同采矿采到了矿源,已近枯竭,成本越来越大,这个成本不仅包括经济成本、环境成本,还有政治成本、管理成本,尤其是征地的不合理安置补偿所引发的社会成本。因此,现行征地制度改革迫在眉睫,而征地制度改革必须做到有法可依,即征地立法是征地制度改革的基础和保证。国家应尽快出台土地征用方面的法律,建立以法律机制和经济机制为纽带的土地征用制度。在国家未出台农地征用的法律法规以前,我省可制定符合省情的地方法规。

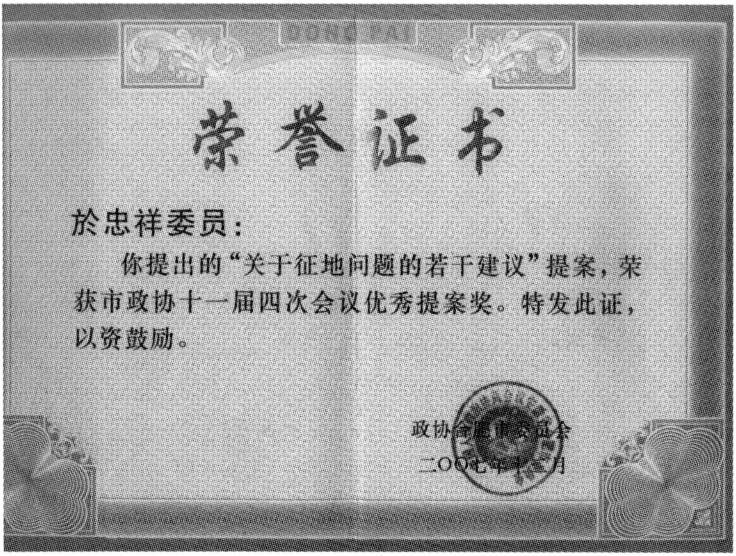
荣誉证书
於忠祥委员：
你提出的“关于征地问题的若干建议”提案，荣获市政协十一届四次会议优秀提案奖。特发此证，以资鼓励。

55. 关于我国第三轮土地利用总体规划修编的若干建议*

（2007 年）

1997～2005 年，我国耕地面积由 1.3007 亿公顷减至 1.2207 亿公顷，10 年间减少了 0.0800 亿公顷，我国粮食安全正面临着严重的威胁！因此，2004 年 11 月，中央经济工作会议认为必须始终重视严格保护耕地，坚决遏制乱占耕地的现象。为切实落实中央保护耕地的政策，国土资源部提出必须提前修编第三轮土地利用总体规划。

1. 第三轮土地利用总体规划修编面临的问题

（1）基础数据现势差。从 1996 年至今，我国土地数据有 10 余年没有更新了，现在公布的数据水分很大。从土地规划的角度看，土地数据应该每年更新一次，但我国之前对此并没有给予足够的重视。我国国土部门每年虽然也公报了年度变更调查数据，但不少地方政府都是根据自己的需要虚报土地数据，隐瞒真实情况，有些地方甚至闹出了基本农田面积超过了耕地面积的笑话。众所周知，土地利用总体规划编制的基础是土地利用现状，土地利用总体规划编制的核心任务就是对土地利用现状结构和布局进行调整、

* 本文是经民革中央提交全国政协的提案。本人从事土地规划研究多年，对土地利用总体规划长期滞后于经济社会发展，以及规划基础不牢、修改的随意性等问题感到忧虑。该提案是在认真调研、反复思量、切身经历的基础上一气呵成。国土资源部认真办理了该提案，《经济观察报》以《教授发警言：土地数据家底失真规划或成空中楼阁》为题，在《经济观察报》上进行了整版报道。2008 年，本人获民革中央表彰。

优化和功能分区等，并在此基础上提出节约与集约用地的途径，以及实施土地用途管制措施等。因此，在我国土地数据家底失真的背景下，启动新一轮土地利用总体规划，显然是基础不牢，即使规划编制得再好，也只是空中楼阁，海市蜃楼！

(2)违法占地合法化。依据1998年修订的《土地管理法》“国家编制土地利用总体规划，规定土地用途，将土地分为农用地、建设用地和未利用地。严格限制农用地转为建设用地，控制建设用地总量，对耕地实行特殊保护”的规定，《基本农田保护条例》：“根据土地利用总体规划，铁路、公路等交通沿线，城市和村庄、集镇建设用地区周边的耕地，应当优先划入基本农田保护区的规定”，我国第二轮土地利用总体规划突出了社会主义市场经济体制时期耕地保护的主题，提出了耕地总量动态平衡目标。但是，有些政府官员的发展理念就是“围绕城镇外围扩张摊大饼”“交通沿线两侧发展建廊道(即所谓的‘马路经济’)”等，使“经营城市”“加快发展”“进快车道”“上高速路”“全面推进”等，成了一些地方领导干部挂在口头的时髦用语。在这种理念的指导下，一些地方盲目攀比，大量兴建大马路、大广场、大高楼、大草坪等标志性建筑物和形象工程。一时间掀起了一股强劲的“大”字风，盖个楼、修条路、引进个项目等，都要与这个“大”字联系在一起。于是，一边是占地上百亩的豪华城市广场，一边是农户透风漏雨的低矮茅屋。有关资料显示：在第二轮规划中北京各区县用地规划实质大多没有获批，尤其是自2000年开始的圈地热潮中，浙江、上海、江苏、山东等沿海省市全面突破规划；2007年1~5月，全国共立案查处土地违法案件24,245件，涉及土地面积1.47万公顷。从涉及违法的用地面积来看，非法批地的案件，占涉及土地面积的80%。

违法占地大部分都是政府。因此，它们要求修编规划的愿望十分迫切,其目的就是通过新一轮土地利用总体规划修编,将违法占地合法化。即新一轮土地利用总体规划修编,其基础是基期的土地利用现状,在此基础上编制的土地利用总体规划一旦通过审批,此前的所有用地都符合规划,视为合法。

(3)城镇规划“大跃进”。我国绝大多数城镇规划都把土地利用总体规划甩到了背后,由于没有约束,或者土地利用总体规划管制不力,导致了一些城镇不免大跃进。有的城镇规划随意扩大建设用地规模,占用耕地甚至基本农田;有的眼见城市规划要“出圈”,就设法修改土地规划,甚至不做土地规划。有个城市城区现有面积是200平方千米,是用了100年的时间建成的。他们做了一个规划打算用不到20年的时间扩大到300平方千米,后来又提出了新的规划修正案,进一步把主城区用地面积扩大到1103平方千米;我国某一地区的所有城镇规划用地面积之和超过了该地区的土地总面积。很显然,这样的规划严重违背了土地利用总体规划,实施这样的规划所占土地必然是违法占地。在我国土地利用总体规划还没有修编的情势下,很多城镇规划已经做到了2020年。在两年多时间里,不少地方对本区域的城市发展、村镇发展等做了相应的调整,且已通过审批。城镇规划做好了、做大了,遗留的问题交由土地利用总体规划来解决。现如今的问题是:土地利用总体规划是围绕城镇规划做规划,还是突出耕地保护做规划?也就是说,土地利用总体规划与城镇规划的从属关系问题至今没有解决。事实是:在协调土地利用规划和其他规划的矛盾时,多数是尊重已有专项规划,调整土地利用规划,严重影响土地利用规划的权威性和科学性。

(4)服从发展调布局。一些政府官员热望修编土地利用总体规划,除了将违法占地合法化外,还有一个动因就是调整用地布局,规避占用基本农田。前述,我国第二轮土地利用总体规划,为了突出耕地保护的战略地位,将城镇周边和铁路、公路等交通用地两旁的优等耕地划入了基本农田保护区,这样就极大地制约了城镇的外围扩张。然而,很多地方政府在制定“十一五”国民经济和社会跨越式发展规划时,都把城镇规模和开发区建设作为重要指标。如某一个山区市辖的几个县城,一个现状规模是4.5平方千米,到“十一五”末要达到17.5平方千米;另一个县城现状规模是3.5平方千米,到“十一五”末要达到30平方千米。其县城的周边是肥沃的盆地,有的已经弃耕并圈了围墙,占用的是基本农田!类似现象不胜枚举,我给他们的评价是:“吃祖宗饭,造子孙孽!”这些圈起来的土地,大多处于荒芜状态,原因是违背规划,办不了审批手续。所以,唯有修编规划,调整布局,主要是调整基本农田和一般农田的布局。

(5)服从需要调现状。2006年9月,国务院第149次常务会议驳回了“全国土地利用总体规划纲要修编方案”,主要是3个关键指标未被通过,即18亿亩的耕地保有量;基本农田总量;每年500万亩的建设用地总量。很显然,第三轮土地利用总体规划修编,必须确保三个不变,即耕地保有量不变、基本农田面积不变和每年下达的建设用地总量不变。于是,一些地方为了扩大建设用地,满足“发展”之需要,并设法在其他地类上“挖潜”,即调整现状,进行地类置换,将部分其他地类调为耕地,将部分耕地调为其他地类,为增加建设用地指标预留空间。

(6)“挂钩”制度漏洞大。国务院2004年28号文件提出:“鼓励农村建设用地整理,城镇建设用地增加要与农村建设用地减少相挂钩”。“挂钩”制度的提出,对推动我国土地整理事业、确保耕地总量动态平衡起到了积极作用。但毋庸置疑,很多地方也在利用“挂钩”制度做文章,比如抓住规划修编的契机,把土地开发、整理和复垦潜力折算成耕地,划为基本农田,并折抵成建设用地指标,能否实现或实现多少却是未知数。

(7)规划滞后非“龙头”。实践已跨入 2008 年,我国第三轮土地利用总体规划修编仍步履姗姗,但规划修编的基期年却定于 2005 年。规划是土地利用的“龙头”,2008 年修编的规划,只能是对 2005 年以来土地利用状况进行“默许”,根本起不到引导、约束和控制等作用。

2. 若干建议

(1)实地核实基础数据。基础数据准确、真实与否,直接关系到规划目标确定的科学性和可操作性。有的用地指标突破了规划指标,除了执行过程中的偏差外,基础土地面积失真是其重要原因之一。如安徽省的城市面积,1996 年的变更调查数据与规划的数据不符,规划是 6. 12 万公顷,变更调查数据是 4. 33 万公顷,而且 1996 ~ 1999 年,城市面积呈现上下波动的趋势,这显然有悖于城市化进程的规律。故此建议:

①规划修编前,应结合年度土地变更调查统计工作,以乡镇为单位应用万分之一或更大比例尺的土地利用现状图,实地核查各类用地的变更情况(包括位置、界线、面积等),修测、补测现状图,据以重新量算各类用地面积,记入年度土地利用面积统计表,为图、数相符提供技术保障,在此基础上,自上而下逐级汇总,这样不仅实现资料数据来源真实、可靠,而且杜绝了随意调整现状的现象。

②2007 年 7 月 1 日,我国全面启动了第二次土地调查,要到两年后才能完成。为了充分利用这次调查的成果,发挥土地利用总体规划的“龙头”作用,建议第三轮土地利用总体规划修编调至

2009 年启动,基期定为 2010 年,以后每 5 年修编一次,以便于与国民经济和社会发展五年规划相衔接。

(2)突出土地利用总体规划的权威性。突出土地利用总体规划的权威性,就是把它置于一切规划之首,它所框定的城镇界线就是“高压线”,其他规划如果确有必要突破,必须经过充分论证,履行法定程序,待土地利用总体规划的修改方案批准后方可用地,以保证其权威性。为此,建议在第三轮土地利用总体规划修编前,先出台土地利用总体规划法,真正使“土地利用总体规划”的定位、编制、修编或修改、规划管理和实施等步入法制轨道。

(3)全面清查违法占地。第三轮土地利用总体规划修编前,国务院要责令有关部委和国土资源督察局,对各地建设用地现状进行清查。凡是不符合规划的开发区、工业区等,必须坚决予以取缔;对于非法占而未用处于荒芜状态的土地,以及非法占用能够复耕的土地必须复耕;对于非法占用已经不能复耕的土地,除按有关法律法规处理外,其面积折抵新一轮规划的建设用地指标;如果非法占地面积超过了新一轮规划下达的建设用地指标,用开发整理的耕地面积折抵,直至补齐后方允许实行“挂钩”制度。

(4)崇尚理性发展理念。在人地关系日趋紧张、经济发展与耕地保护矛盾更加凸显的态势下,我国提出用土地作为宏观调控的手段。要实现土地宏观调控的目标,唯一的途径只有运用土地利用总体规划严把土地“闸门”。由于我国是世界上人口最多的发展中国家,经济正处于快速发展时期,工业化、城市化、产业结构调整和生态环境建设等都需要占用土地,很多人特别是一些政府官员的发展理念就是连片外围扩张。因此,我国土地利用总体规划有必要引进国外的“理性发展”理念,注重城市内涵挖潜,走节约和集约用地的道路,突出保护农田、合理高效持续利用土地等。

在实践中,就是依据有关法律和法规,把规划做成引导式规划、控制式规划和保障式规划。

①引导式规划就是引导土地利用方向、土地利用布局等。

②控制式规划就是控制不合理的用地结构调整和发展模式等,迫使建设用地走内涵挖潜的道路。通过规划用地,把城镇周边、交通沿线两侧的优质农田保护起来,一方面可以作为城镇的环境用地,营造都市农业;另一方面加强交通网络建设,发展卫星城市。特别强调的是:我国政府官员要更新"大城市"的概念,不要认为平面扩张的就叫"大",应该是立体发展的城市和卫星城市捆绑在一起才是大。

③保障式规划就是保障农业发展、保障经济发展、保障生态建设,实现人与自然和人与人的和谐发展。

(5)严把"挂钩"制度关。要充分理解和认真执行国务院 2004 年第 28 号文件关于"挂钩"制度的深刻内涵。首先,要充分运用农用地分等成果,实行开发整理的耕地与被占耕地的数量、质量"双挂钩",以杜绝"耕地总量动态平衡"过程中耕地质量严重退化;其次,杜绝规划修编时用开发整理区的耕地潜力折抵基本农田指标,并置换成城镇建设用地指标,即"挂钩"制度不能在规划修编时减少现有的基本农田保护面积。

(6)视"以人为本"为土地规划实施的基石。目前我国的土地利用规划正处在一个转型阶段:规划的编制从"技术型"逐渐转变为"政策型",规划的管理也从行政手段为主逐渐转变为引导型,逐步面向人民大众。从本质上说,土地利用规划是一种政府行为,但更是一种公众行为。公众自始至终都应该是规划所服务的唯一对象,公众参与土地利用规划是规划"以人为本"思想的直接体现,是规划走群众路线的直接体现。

国外很早就将公众参与机制引入规划的修编工作,以此让更多的人参与规划的制定与讨论。这点对于我国现阶段规划编制是个很好的启示。我们应积极吸取西方国家的经验,因为规划是社会各阶层在谋求自身利益时所应遵守的共同准则,只有土地利用规划被全社会普遍认同,并且每个人都可以并懂得运用这项权利时,规划才能真正实现为公众服务这一目的。此外,具有广泛民众基础的规划也利于获得公众的拥戴,便于规划的实施和管理,更快、更好地发挥效用。实践证明,从以下三个方面做好规划的社会化工作有利于体现规划以人为本的理念:

①公正。要平等对待各方面当事人,充分考虑各方面的利益,并将之集中协调地反映出来,排除各种可能造成不平等或偏见的因素,使公众确信规划程序是公正的、规划方法是公正的、规划实施是公正的、规划管理是公正的,从而自觉履行规划规定的相关义务。对于违规操作行为,应推行公开审理,做到执法必严,违法必究。

②公开。公开和透明是公众参与的前提条件。随着社会民主化程度的不断提高,公众参与规划的意识会逐渐增强。做出来的规划如果不被群众了解和接受,只在部门间实施,公众遵守规划的意识就难以统一,公众监督意识也难以提高,这就容易造成用地纠纷,容易导致用地管地意识薄弱,少数行政官员违规用地。所以,我们有必要推行政务公开,形成内部权力制衡机制;同时,建立规划公示制度,把规划内容和程序以各种方式向公众公布,让公众了解规划的目的和用途,对公众不满意的规划要适时地加以修改。

③参与。公众参与的本质是自由讨论并交换意见,公众不仅享有知情权,而且享有参与权和监督权。为此,可采用许多方法。国外的规划过程中公众参与形式多样,值得借鉴,如讨论会、设立

规划委员会、橱窗展示、公众集会、设立听证制度等。对此,我国目前尚处在摸索阶段,还有待于继续完善和强化。

公众参与是一个循序渐进的过程,它在我国起步较晚,所以各方面还不成熟不完善,因此,国家需要逐步将公众参与纳入法制轨道,形成规章制度,保障公众的权利得以实现。

附:《经济观察报》报道及国土资源部领导答复件

教授发警言:土地数据家底失真　规划或成空中楼阁

2008 年 3 月 23 日　《经济观察报》

於忠祥的一个身份是土地管理学教授,另一个身份则是民主党派的党员。2008 年全国"两会"期间,他以民革党员身份牵头撰写的提案《关于修编我国第三轮土地利用总体规划的若干建议》,以民革中央集体提案的形式递交给全国政协提案组。

这份提案的主要内容有两点:(1)建议充分利用定于 2009 年 7 月完成的第二次全国土地调查的成果,调整我国第三轮土地利用总体规划修编的基期年和时间跨度,从 2005 ~ 2020 年调整到 2010 ~ 2015年,以后每五年修编一次;(2)突出土地利用总体规划的权威性,建议在第三轮土地利用总体规划修编之前,先出台"土地利用总体规划法"。

於忠祥是 2007 年 12 月得知自己的提案成为集体提案的。"我是民革中央经济委员会委员,委员会每年 8 月开会,委员们携带自己采写的提案递交给大会交流,然后遴选出一部分具有代表性的作为集体提案,第二年全国'两会'期间提交到全国政协。"

民革中央调研三处处长蔡永飞透露:"於教授的提案经过经济科教文卫委员会讨论,认为其经过实地考察和深入调查研究,因此提交给调研工作会议再次讨论,建议作为民革提案提交给全国政协。之后,主席办公室也讨论同意了这一建议。"

负责该提案文字编辑的调研三处工作人员李琳也表示:"负责参政议政的领导非常重视这个提案。现在大家普遍关心土地规划问题,我们民革中央也经常在各地调研,虽然当地领导都说得很好,但於教授的提案确实能够反映很多现实问题。"

"规划规划,不如领导一句话。"

"人口、土地、环境这三大块,就数土地难管。"於忠祥说,"计划生育是政府管个人,环境是政府管企业,土地呢,则是部门管政府,而且这个部门还归政府管。"

目前,我国第三轮土地利用总体规划修编方案正在制定中。这项2004年启动前期工作,2005年由国务院办公厅下文正式开展的工作,在2006年9月6日国务院第149次常务会议审议时未获通过,当时的耕地保护目标是到2010年保住18亿亩,2020年保住17.4亿亩,但温家宝同志指示,18亿亩耕地红线的目标至少要保到2020年。而从1997年至2005年,我国耕地面积由1.3007亿公顷减至1.2207亿公顷,10年间减少了0.08亿公顷,"相当于减少了一个半的安徽全省耕地面积"。

"我国第二轮土地利用总体规划是从1997年到2010年。现在每年度制订用地计划,但已经不能够适应各地区发展的需要,土地根本不够用。"

经常跑到基层做调研,於忠祥对各地土地管理当中存在的问题了如指掌。比如土地数据的更新问题,从土地规划的角度看,应该每年更新一次。但由于缺乏应有的重视,实际上已有多年没有更新，虽然有关部门每年公报年度变更调查数据，但不少数据都是地方政府根据自己的需要虚报上来的，并不真实。如安徽省的城市面积，1996 年规划是 6. 12 万公顷，变更调查数据是 4. 33 万公顷。而且 1996 ~ 1999 年，城市面积上下波动，无规律可循。

“在我国土地数据家底失真的背景下，启动新一轮土地利用总体规划，显然是基础不牢，即使规划编制得再好，也只是空中楼阁。”於忠祥在提案中敲响了警钟。

於忠祥还发现，虽然第二轮土地利用总体规划提出了耕地总量动态平衡目标，但一些地方政府在制定本地区规划时，随意突破规划的现象比比皆是，或随意扩大建设用地规模，占用耕地甚至基本农田；或调整用地布局，规避占用基本农田；或设法在其他地类上“挖潜”，进行地类置换，为增加建设用地指标预留空间。

“有些地方工业立县，大量占用耕地，远远超过计划。占用了以后围着不敢动，大片的地荒着，就等着通过规划审批。”於忠祥举例说，某城市现有城区面积 200 平方千米，却规划在不到 20 年时间内把主城区用地面积扩大到 1103 平方千米；一个山区县城在规划中明确要在“十一五”期末将县城面积由现有的 3. 5 平方千米扩建到 30 平方千米，并将县城周边肥沃的盆地弃耕，圈起围墙。

“这样的规划严重违背了土地利用总体规划，实施这样的规划所占土地必然是违法占地。”於忠祥痛心地说，“地方政府要求修编规划的愿望也十分迫切，但其目的就是通过新一轮土地利用总体规划修编，将已经违法占有的土地合法化。因为新一轮土地利用总体规划修编，其基础是当前的土地利用现状，在此基础上编制的土地利用总体规划一旦通过审批,意味着此前的所有用地都符合规划,视为合法。”

“规划规划,不如领导一句话。”於忠祥引用规划业内的一句玩笑话来表达他的无奈。於忠祥说,一些基层政府的主管领导甚至不知道自己管辖的城镇是有规划的。而突破规划的伎俩也很多,典型的一种做法,在规划上把要占用的基本农田改成耕地,规划报省政府审批,这样就规避了报国务院批准建设占用基本农田的手续。於忠祥说,2002 年的 11 号文件出台之前被认为是治本之策,结果导致很多地方突击用地,现在要防止类似事件发生。

於忠祥坦陈:“政协针对土地的提案不多,专业门槛是一方面,另一方面和政协委员的组成有关系。一般国土部门出身的政协委员反而不一定会去触及这方面的提案。”

56. 关于健全农村土地承包经营权流转制度的建议*

（2009 年）

农村土地承包经营权流转是中国农村社会主义农业改革与发展进程中的“第二个飞跃”，是适应科学种田和生产社会化、发展适度规模经营、发展集体经济的必然要求，是传统农业向现代农业转型的必由之路。在中共十七届三中全会通过的《关于推进农村改革发展若干重大问题的决定》中，规定“允许农民以转包、出租、互换、转让、股份合作等形式流转土地承包经营权，发展多种形式的适度规模经营”，为“第二个飞跃”提出了政策导向。为了解我国农村土地承包经营权流转的现状，探索进一步规范我国农村土地流转市场、健全农村土地流转制度的基本思路，2009 年 5 月 6 日至 10 日，民革中央主席周铁农、民革中央常务副主席厉无畏率领民革中央调研组，在山东省就相关问题开展了调研。期间，调研组踏遍了齐鲁大地，深入农村一线，先后对济南市、枣庄市、泰安市、胶州市、滕州市、青岛市等市、县农村土地流转现场进行了实地考察，并与山东省人民政府、省人大、省政协以及各涉农部门、有关试点市、县、乡（镇）和村代表进行了座谈。调研组认为：中央关于农村土地承包经营权流转政策是完全正确的，采取的措施是卓有成

---

* 2009 年 5 月，时任全国人大常委会副委员长、民革中央主席周铁农，全国政协副主席、民革中央常务副主席厉无畏及民革中央副主席钮小明、齐续春、修福金、何丕洁率民革中央调研组，在山东省就健全农村土地承包经营权流转制度进行了考察和调研。本人以专家的身份应邀参加调研组，并参与了调研报告的撰写。此为本人提供的报告初稿。

效的,各级政府在加强土地承包经营权管理和服务方面做了大量工作。

近年来,各地高度重视农村土地承包经营权流转工作,普遍把土地承包经营权流转作为推进农业经营方式转变、发展现代农业的重要手段,制定鼓励和扶持政策,支持土地流转,扶持适度规模经营。山东省积极探索建立土地股份合作社,鼓励引导农民进行土地承包经营权流转,取得了明显成效。如泰安市宁阳县探索土地流转新机制,确立以土地入股、合作经营的“股份+合作”的土地流转模式和“底金+分红+劳务收入”的分配方式。枣庄市则通过发放土地使用产权证、建立土地产权交易市场和发展土地合作社,在实现土地使用权的资本化方面进行了积极探索。调研表明,农村土地承包经营权流转有效提高了农业规模化经营水平,促进了农村劳动力转移,拓宽了农民增收渠道。

调研组认为,当前我国农村土地承包经营权流转总体趋势是好的,主要呈现出以下几个特点:

1. 流转数量和规模逐步增长。特别是在经济较发达地区,农民流转意愿较强,土地承包经营权流转呈明显上升势头。统计表明,到2008年年底,全国土地承包经营权流转面积达到1.09亿亩,比2007年增长71%;占农户承包耕地总面积的8.9%,比2007年提高了3.5个百分点,呈加速发展态势。

2. 流转形式以转包、出租为主。土地承包经营权流转形式多样,主要以转包和出租为主,占流转总面积的80%,在农民专业合作社的带动下,土地承包经营权入股有所上升,比2007年提高了0.4个百分点,达到4.4%。

3. 流转对象呈多元化趋势。近年来,随着农村劳动力外出增多和现代农业的发展，土地承包经营权除在农户之间流转外，一些工商企业、龙头企业、农民专业合作组织、专业大户等规模经营主体作为受让方参与流转，并呈逐步增加趋势。农业部的数据显示，目前土地承包经营权在农户之间流转占64%，受让方为企业等其他主体的已占到36%。

总的来看，农村土地承包经营权流转与农村劳动力转移状况，农村第二、三产业发展程度相适应，体现了土地资源优化配置的合理要求，促进了适度规模经营的发展。调研组也了解到，尽管各地在农地流转方面进行了一些有益探索，取得了初步成效，但在农地承包经营权流转过程中还存在一些不容忽视的问题，主要表现为：

1. 一些农民对土地流转认识模糊，积极性不高，加上我国尚未建立城乡一体化的社会保障体系，农民仍心存疑虑，致使农地流转规模小、范围窄。农村社会保障体系的缺位，使农民不得不把土地作为最后一道吃饭、就业、养老的保障防线。由于土地对农民仍具有很强的社会保障功能，所以，实现土地流转，尤其是较大规模流转就很困难。

2. 农地流转的程序不规范、手续不完善。特别是农户之间的土地流转，自发性流转比较多，没有签订规范的书面协议或合同，有的甚至只有口头协议，引起纠纷很难调处。

3. 在流转中存在“非粮化”倾向（建议删去这一条，因为当土地流转在更大层面上推进时，市场会调节合理的种植结构，“非粮化”不会是问题）。由于种粮比较效益偏低，流转土地用于种粮的面积有进一步缩减的趋势，特别是企业进入土地流转用于种粮的相对较少。

4. 未建立合理的规避农业风险机制。“靠天农业”仍旧是当前农业最突出的问题。农业保险政策的滞后乃至空白,发展规模经营带来的市场风险和自然风险,阻碍了土地的规模经营和土地流转规模,也阻碍了农业的健康发展。

5. 流转期过短。暂时脱离土地的农民,为了消除后顾之忧,一般都不愿设定过长的流转期限,导致土地转入者缺乏长期投资预期,难以大规模推进农村基础设施建设。

6. 融资难。目前,农村金融业发展滞后,土地流入方贷款难的问题限制了对农业的投入,阻碍了流转进程。目前发放的一些小额贷款,仅仅是杯水车薪。

以上情况表明,农村土地承包经营权流转是一个复杂的社会经济问题,涉及面广,政策性强,一定要慎重对待。既要顺应形势发展的需要,积极引导,稳妥推进;又要不断创新,坚持以市场为导向,加强农地承包经营权流转工作,从而推动农村经济社会又好又快发展。为此,提出以下建议:

1. 加强宣传和引导,提高认识,切实处理好若干重要关系

土地承包经营权流转是发展现代农业的客观要求。政府有责任和义务做好宣传、引导工作,准确把握土地承包经营权流转的新趋势、新要求,顺势而为,调动农户参与土地承包经营权流转的积极性,引导土地承包经营权流转健康发展。

土地承包经营权的特殊性决定了土地承包经营权流转市场是特殊的交易市场:它是以承包农户为流转主体,以土地承包经营权为交易对象,符合产权、形式多样、用途管制、严格管理、流转顺畅的要求,发挥市场机制的基础作用,按照依法自愿有偿原则运行的有序市场。农村土地承包经营权流转的主体是承包农户而不是干部。流转的机制是市场而不是政府。因此,要充分尊重农民意愿,杜绝以各种借口强迫农民搞土地流转。

农地承包经营权流转是促进农村经济发展的手段而非目的。农村经济发展需要多方面因素的共同作用。当前,必须正确处理好以下关系:要在坚持农村基本经营制度的前提下开展农村土地承包经营权流转;要着力推进“两个转变”,即家庭经营向提高集约化水平转变;统一经营向提高组织化程度转变;要统筹协调土地流转中的各方利益,确保土地承包经营权流转不改变集体所有性质、不改变土地用途、不损害农民土地承包权益。

2. 建立和完善农村社会保障体系,营造有利于农地承包经营权流转的社会环境

要通过建立和完善农村新型合作医疗、农民社会化养老、农村最低生活保障等多层次的农村社会保障体系,逐步弱化土地的福利和社会保险功能,从根本上增强农民离开土地的安全感和适应市场风险的能力,为转出土地甚至走出土地的农民解除后顾之忧,为农村土地流转创造良好的外部环境。

3. 充分发挥政府的管理、服务和监督职能,健全土地承包经营权流转机制,培育良好的流转市场环境

各级政府要采取有效措施,积极鼓励支持有条件的地方依托农村经营管理部门建立流转服务组织,为流转提供有关法律政策宣传、流转信息、流转咨询、价格评估、合同签订指导、利益关系协调、纠纷调处等服务,逐步建立完善的流转服务平台和网络,不断健全流转机制。建立健全乡村调解、县市仲裁、司法保障的土地承包纠纷调处体系,及时化解流转矛盾纠纷。

4. 进一步完善制度设计,健全农地承包经营权流转管理制度,规范农地承包经营权流转行为

政府有关部门要按照中央要求,全面建立健全农村土地流转规范管理制度、工作机制和工作规程。要切实做好农户承包土地

的登记、造册、颁证工作，制定和使用规范统一的土地流转合同文本，强化发包方、流出方和流入方三方的“契约”行为，保持土地流转承包关系及经营权益分配的合法性和规范性。要建立流转合同鉴证制度，以及土地流转登记备案、审查制度。

5. 为防止农村土地承包经营权流转中可能出现的“非粮化”倾向，建议国家对交售粮食的农民按数量给予相应的补贴

近年来，国家对种粮农民实行直接补贴政策，大大提高了农民种粮积极性，确保了粮食生产安全。但与此同时，国家惠农补贴资金的落实存在一些不可忽视的问题，如“种粮农民直接补贴政策”规定“原则上按农户实际种植面积补贴”。这样一来，一些压根儿就没有种粮食，甚至被撂荒的耕地也同样得到了补贴，刺激粮食生产的预期目的难以实现。建议国家对交售粮食的农民按数量给予相应的补贴。同时，国家应对种粮大户和粮食生产专业合作社产业链延伸上给予支持，即对上游的农资、化肥，下游的农产品加工等给予扶持，以促进集约化生产，提高种粮效益。此外，按照市场机制逐步形成合理的粮食价格，缩小粮食产品与非粮种植产品的比较效益差距，确保我国粮食安全和粮食生产持续稳定发展。

6. 加强金融配套制度创新，探索土地承包经营权融资途径，为规模农业提供资金支持

农业规模化经营离不开金融的支持。农村土地收益资本化是促进土地流转、实现规模经营的关键。建议制定并实施有利于引导资金流向农业的优惠投资政策，利用农业龙头企业承接更多的金融资源，以农户土地承包经营权流转收益、土地承包经营权为抵押，探索“公司 + 农地承包经营权流转收益抵押 + 银行”“基金担保 + 农村土地经营权抵押”，或者通过发行特定区域的“土地债券”作为质押等金融创新模式，解决农村土地规模化开发的资金

需求。

此外,国家应建立健全政策性农业保险制度,特别是巨灾保险体系,进一步拓展农业保险的深度和广度,加快实现商业保险与政策保险的对接,用分保方法分散农业风险。

7. 以创新制度为切入点,为实现城乡一体化“大拆围”

新中国成立以来,为了防止农民大量涌入城市,政府赋予城市发展太多的优惠政策,人为地拉大了城乡差别。1949 ~ 1979 年的 30 年间,通过工农“剪刀差”,我国农民为工业化和城市化发展奉献了 6000 亿 ~ 8000 亿元;从 1952 年到 2002 年 50 年间,农民向社会无偿贡献的土地收益为 51, 535 亿元。以 2002 年无偿贡献的土地收益为 7858 亿元计算,相当于无偿放弃了价值 26 万亿元的土地财产权(按照银行利率 3% 计算)。自从我国实行土地征用补偿政策以来,我国累计支付的土地征用费不超过 1000 亿元。所以,我国城市发展在很大程度上是以牺牲“三农”利益为代价的。如今,我国工业化、城市化发展已经具备“工业反哺农业、城市支援乡村”的能力了,可是计划经济时代沿袭下来的一些旧制度,俨然是一道道围墙,阻碍了城乡一体化的发展进程。其中最主要的是土地制度和户籍制度。为此建议:

(1)弱化农用地所有权,强化使用权。现行的农村集体土地所有制,类似于物权法中讲的“共有产权”,是几乎不能退出的“共同共有”。在农村目前这样一个环境下,只要讲土地是集体的,那么集体的“代表”即村干部就可能会行使自己的控制权,农民的土地承包权面对依靠组织资源而成立的集体所有权,显得十分脆弱。因此,这种局面必须改变,应使“共同共有产权”的适用对象减少到最低限度。即土地关系的调节、处置实现社会化、法制化,对于土地避免由少数村干部说了算,有了土地纠纷,让农民找仲裁机构,或者找法院,村干部仅仅管农民授权的村庄公共事务。土地使用权永久归农民,可以抵押和继承。并运用规划规定土地用途,制约产权,实行农地农用;运用法律和政策,完善流转机制,设定必须流转、有条件流转、自愿流转和不流转的条件,规定受益标准和受益方式;采取土地整理手段,逐步实现土地集中经营,农民集中生活,为政府提供基本公共服务建立平台,为实现城乡一体化奠定基础。

(2)建立互动的城乡一体化户籍制度。无论是农民还是城镇居民,均应改为某某辖区居民。在不违背土地规划的前提下,允许原城镇居民购买农村宅基地,这样有利于吸引企业下乡投资农业,发展农业产业化,带动富余农村劳动力就业,推进土地流转;原居住农村的居民进入城镇,其就业、子女上学等,均应享受同样的"国民待遇"。如此,就形成了互动的城乡一体化户籍制度。

2009 年 5 月,民革中央调研组在山东宁阳县蒋集镇有机蔬菜合作社调研

57. 关于为中部地区发展提供土地保障政策的若干建议

（2010 年）

1988 年 9 月 12 日，邓小平在《中央要有权威》的著名谈话中，就经典地阐述了“两个大局”的重要思想，即“沿海地区要加快对外开放，使这个拥有两亿人口的广大地带较快地先发展起来，从而带动内地更好地发展，这是一个事关大局的问题。内地要顾全这个大局。反过来，发展到一定的时候，又要求沿海拿出更多力量来帮助内地发展，这也是个大局。那时沿海也要服从这个大局。”20 年来，内地，尤其是中部地区，忠实地服从“两个大局”，做出了巨大的牺牲，为中国粮食安全做出了重大贡献。1997 ~ 2005 年，中国耕地面积净减少了 800 多万公顷，相当于一个半安徽省的耕地总面积。同期，安徽省仅减少了 24 万公顷，仅占全国的 3%，其中的大部分属于退耕还林的生态占地，表明以安徽为代表中部地区，其城镇化、工业化进程滞缓。现如今，第一个大局已经实现，东部大部分地区现已进入丰衣足食的小康状态，有些地区已经实现了现代化。东部的加速发展，已使得东部和中西部的差距进一步拉大，差距过大或拉大时间太长，都会影响国家的整体发展。应该说，没有中西部的现代化，就没有全国的现代化。所以，在进入第二个大局的发展阶段，中部地区发展具有战略导向作用，即对于中国总体竞争力的提高非常重要，在东中西三部分发展中，其所起的是承东启西的作用，是关系到扩大内需，促进国民经济持续健康发展的关键举措。

中部地区农业问题比较突出，其集中了全国1/3左右的农业人口，粮食产量占全国产量的40%左右，农业在GDP中所占比例也较高，农业发展对于中国的发展至关重要。中共十七届三中全会明确提出，要“坚持最严格的耕地保护制度，层层落实责任，坚决守住十八亿亩耕地红线。划定永久基本农田，建立保护补偿机制，确保基本农田总量不减少、用途不改变、质量有提高。继续推进土地整理复垦开发，耕地实行先补后占，不得跨省区市进行占补平衡。”然而，中部地区社会经济在未来若干年内将处于跨越式发展阶段，根据国际和东部沿海地区的经验，占用耕地不可避免。因此，中部地区发展的首要问题就是要破解土地问题的难题。这两年，中央重视农业和粮食生产，集中出台了一系列农业扶持政策。在此基础上，中部地区各级政府应该好好审视一下自己，如何用好这些政策，并在反思的基础上提出自己的想法，推动更有针对性和可行性的政策措施出台，以保持经济平稳较快发展，实现中央经济工作会议提出的2009年经济工作的首要任务。为此，提出有关中部地区发展的土地保障政策建议如下：

1. 建立“耕地保护责任目标”动态督察机制，激励走“规模控制，内部调剂”的城乡一体化发展道路

粮食主产区要发展农业，必须要致富农民。然而，农民致富光靠政府补贴是富不起来的，关键是要有适应地方经济发展的政策。改革开放起始，我国实施的特区政策，国家没拿一分钱，特区发展起来，关键是政策好。现如今，我国已经进入了发展的第二个大局，对中部地区，不仅仅是国家要有好的财政政策，更重要的是要有灵活稳妥、行之有效的土地配置政策。具体到“耕地保护目标落实”上，在中部地区，应通过编制规划，划定城镇建设与耕地补充“缓冲区”。“缓冲区”规划的重点是在土地利用总体规划的指导

下,划定城镇建设范围和建设时序以及耕地补充范围和补充时序,并严格规定补充耕地质量。在“缓冲区”内,做到耕地占补的空间平衡,但时间上允许暂不同步,可通过设定“缓冲期”规定时序。土地督察部门要实施既灵活又严格的土地督察制度,即严格监督检查规划的实施和落实情况,在“缓冲期”内实现“缓冲区”耕地占补平衡的,均视为“先补后占”。缓冲期的长短,应根据“非农业人口增加引起的农村宅基地退耕滞后于城镇建设用地扩张的时间”来定,起始可长一点,往后可逐年缩短,直至最后实现真正意义上的先补后占。只有中部地区真正实现了工业化和城镇化,实现农村富余劳动力就地转移,才是中部崛起的原动力。当前,面对中部地区农民工出现“返乡潮”,同时回眸当年出现的“民工潮”,不得不令人深思!

2. 围绕资源禀赋,发展地方特色产业,支撑城镇化发展

没有产业支撑的城镇只是空城,即只有夯实产业发展的基础,才能推进城镇化进程。所以,作为资源禀赋较为厚实的中部地区,应该抓住良好的发展机遇,做好产业规划和城镇体系规划。应出台鼓励有条件的企业,面向农村经营农业的有关政策,为招商引资打造宽松的政策环境。如投资农业产业化的龙头企业,其所占土地允许其通过土地整理进行置换,也就是“规模控制,内部调剂”。该企业可以通过租赁、入股等方式,把农民承包的土地组织起来,进行统一规划、统一整理、统一经营、统一管理等,形成农业产业化的原料生产基地。属于整理新增的耕地,通过国土部门和土地督察部门认定,纳入基本农田保护范围,部分可以折算成建设用地指标,由政府掌握,给企业补偿。企业建厂房占用的耕地,必须通过“缓冲区”的宅基地整理来完成占补任务。

3. 抓住主体功能区规划契机，建立健全和完善财政转移支付政策

以实现提高粮食生产能力和粮农收入均等化为目标，完善中央和省以下财政转移支付政策，重点增加对粮食生产主体功能区用于农田建设和保护补偿的财政转移支付。财政转移支付的资金主要来源于粮食主销区，具体讲就是东南沿海地区以及粮食输入省份要为中国发展的第二个大局做出“奉献”。具体应从建立健全和完善机制上下工夫：

(1)建立耕地保护补偿机制。十几年来，由于经济与城市化的发展，耕地转化为非耕地的速度明显加快，造成了耕地锐减。从现状来看，农地和城市用地之间存在巨大的产出差异，尤其是在农业和商业用地之间，经济产出差异是耕地非农化使用的最主要诱因。但是，耕地不仅具有经济产出功能，还具有重要的社会保障和生态环境保护的功能。我国在对保护耕地的奖励方面，真正奖励的就是国家投资和鼓励土地整理，其他还没有，可以考虑设立“生态补贴”，保护基本农田相应提高“生态补贴”的标准。从社会发展角度来看，应将耕地的社会保障及生态等方面的非市场价值纳入政策决策框架之中，科学评估耕地价值，建立耕地保护的经济补偿机制，重构耕地保护的利益分享机制，促使耕地保护外部性内部化。

(2)建立健全和完善粮食生产补贴机制。关于粮食生产问题，很多地方形成了“中央要粮，省里讲粮，县里烦粮，农民口粮”的可怕局面。农民不种粮，其根源不在农民，而在市场。据安徽省阜阳市政协的一份调研报告披露：种粮效益比较低，农民积极性受挫，表现为成本增加导致效益下降。以小麦为例，一亩小麦总收入为 576 元，需投入成本 306 元，每亩纯收入不足 270 元，其中劳动

力成本还没计入。但如果种植经济作物一亩地纯收入至少3000元,青壮劳动力务工收入每月一般在1000元左右。结果导致,农民只种口粮,甚至于连口粮也不种。即粮食危机并没有离开我们。因此,必须加大对粮农的直接补贴力度,最终使粮食主产区农民的收益不低于粮食主销区,有效地建立起保护耕地、保障粮食安全的激励机制。

(3)整合支农资金,建立健全耕地建设的投入机制。整合涉农资金,不仅符合中央政策,也是现实的需要。目前,涉农部门过多,资金分散,尤其是中部地区相对落后,部门争权、争政绩,导致投资分散,效益差。如财政部门设立了一个农业综合开发机构,既管资金,又管项目,很多与国土部门的土地整理项目重叠,加之缺少专业技术人员,做的是越位工作,劳民伤财还扰乱了涉农部门之间的关系。所以,政府应深入调研,整合过多的农业投资部门和涉农资金,以消除部门之间"扯皮"现象,整合各种资源,把有限的力量和资金用到"刀刃"上。

当前,应实行按主体功能区与领域相结合的投资政策,重点支持粮食主产区的耕地建设,提高耕地质量,包括农田水利建设、田间道路建设和农田防护与生态保持工程建设等,实现"整地兴农"的总目标。

4. 调动农民耕地保护的积极性

耕地保护任重道远,不是一朝一夕的事情,光靠政府力量也是不能实现的。农民是土地的主人,如果无心保护、无权保护耕地,那是无法保住耕地红线的,因此应该充分调动农民的积极性。保护耕地,调动农民积极性应注意以下几点:

(1)强化农民土地产权。由于农村土地产权主体不明确,不利于培养广大农民保护耕地的意识,容易造成对土地的掠夺式经营甚至出现撂荒土地现象。鉴于中部地区农业在全国的地位，建议要加强农村集体土地产权制度研究，推进土地产权制度改革创新，依法确认农村集体土地所有权和使用权主体，强化农民的土地产权，把保护耕地的权力交给农民，防止随意改变农村的土地产权关系，为耕地保护提供必要的产权制度基础。要出台有利于中部地区农业发展的土地产权政策，明晰农村土地所有权主体，弱化农村土地所有权，强化土地使用权，可以考虑通过逐步改革将土地所有权主体明确为村委会；土地使用权归农民，并建立流转机制，设定必须流转、有条件流转、自愿流转和不流转的条件，规定流转受益标准和受益方式。这样农村土地产权主体明确，农民集体土地使用权强化，最终实现土地集中与规模经营，提高土地利用率和产出率，实现经济效益、社会效益和生态效益同步增长，必然刺激农民保护耕地的积极性。

(2)维护农民合法土地权益。只有维护好农民的土地权益，才能充分调动农民群众保护耕地的积极性。要切实维护征地工作中农民的合法权益，保障农民知情权、监督权和参与谈判权，最终应过渡到运用土地利用规划和国家的产业政策等进行宏观调控，用土地用途管制作为手段，建立城乡一体的土地市场。

5. 要解放思想，正视现实，延期规划修编

2007 年 7 月 1 日，我国全面启动了第二次土地调查(以下简称“二调”)，要到两年后才能完成。国家的政策调整和社会经济突飞猛进的发展，加之现行规划的缺陷性等，导致全国各地“违规”占地搞建设成为普遍现象。若按现在的用地模式和越来越快的经济增长速度，中部地区耕地面积急剧减少之趋势不可逆转。据调查：中部省份的一个县城建成区面积已经达到了 62 平方千米，县城一条景观大道宽 100 米，一般道路宽 60 米，能与省城媲

美。类似的做法,不是这一个县,可以说在中部地区基本形成“遍地开花”的态势。已经建成了的城镇,不可能逆转。然而,地方政府在 18 亿亩耕地红线的高压下却回避现实。所以,各级政府应忠实践行科学发展观,坚持解放思想,实事求是地正视现实。为此,提出“一完善两停止”的建议:在第三轮土地利用总体规划修编方案没有批准前,除国家重点建设项目等特殊用地外,凡不符合现行规划的用地项目一律停止供地;为了充分利用“二调”成果,实现规划修编与该成果的衔接,发挥土地利用总体规划的“龙头”作用,应考虑暂停第三轮土地利用总体规划修编,延至 2009 年启动,基期定为 2010 年,既与现行规划衔接,体现规划的连贯性,又能利用来源可靠的真实数据,奠定牢固的修编基础;规划修编停止期间,应集中精力利用“二调”成果,完善土地利用现状,凡是“违规”建设用地占用耕地的,能恢复耕地的应强制限期恢复,已经形成不能逆转的现实的,应予以确认。唯有这样,才能实现土地利用现状数据的现势性,土地家底才清楚,政府决策才科学、实际。

58. 城市道路规划与建设　应尊重历史以人为本　注重集约用地*

（2010 年）

“十一五”期间，合肥市建设现代化滨湖大城市取得了令人瞩目的成就。按照省委、省政府的部署，“十二五”期间，或者更长一段时期内，要把合肥市建设成人口上千万、面积达到 1000 平方千米的区域性特大城市。这样一来，势必会引发诸如交通堵塞之类问题的“城市病”。为了“对症下药”，合肥市新建了很多宽直的道路，并对已有道路进行改造、扩建或取直。通过交通网络的建设，省城美化了，交通顺畅了，现代化城市形象彰显了。但是，合肥市在道路规划与建设中，也存在诸如宽直马路的终点与窄马路节点上的交通“瓶颈”问题，道路规划穿越高校校园的问题等。据此建议：

1. 道路并非直就通，合肥市是一座新中国成立后才确立的省会城市，当时道路规划体现了自己特色，留下一些所谓的“断头路”，有些交通主干道可以而且应该打通；有些则不必打通，尤其是贯穿重要场所的道路，如校园、有价值的大型建筑等，不但不必打通，而且可以作为人文景观加以存留。即使是新规划的道路，也要坚持以人为本，最好不要任意穿透有关公用设施。据媒体报道：

---

* 本人在安徽省长丰县调研时，合肥市工商学院教职工反映：有一条道路要穿过校园，经多方协调无果。针对这一问题，本人走访了安徽大学江淮学院、合肥工业大学等学校，均存在类似问题。基于此，本人从历史、人文和土地利用三位一体的视角，撰写了该提案，提交安徽省政协，得到合肥市人民政府的及时办理，取得了极好的社会效益。

2008 年南京汉口路西延工程获批，穿越三高校引发争议；武汉高架桥因紧邻武汉大学遭校方反对而停工。合肥市道路在规划建设中，同样遇到类似的问题，如拟修建的 60 米宽的双凤路规划要穿越安徽工商职业学院的校园，高刘路要穿透江淮学院校园与合作化北路接通，黄山路要穿越合肥工业大学校园，肥西路要横穿安徽农业大学校园等。如此建设，不仅破坏了校园的格局，影响教学环境，更重要的是校园安全受到威胁，加之学生来来往往堵塞交通，达不到规划所要实现的“畅通”目标。因此，城市现行道路规划，尤其是穿越校园和一些标志性建筑的道路规划，应该引进参与式理念，举行有各界人士参加的听证会和有关专家参加的论证会。

2. 道路并非宽就畅，就一段道路来讲，宽肯定畅。但是，往往在宽、窄马路的节点上就会出现交通堵塞的“瓶颈”问题，即所谓的“木桶”效应。如合肥市长江西路，汽车下了高架驶至国购广场和梅山路交界的节点，尤其是在交通高峰期可谓“举步维艰”。因此，城市道路规划时，应统筹考虑全程路况，否则仍然达不到顺畅的效果。

3. 道路建设要体现集约用地的理念，城市道路确需穿越高校校园或标志性建筑等，应着眼长远，体现集约用地的理念，最好的举措就是从地下穿越。这样做，虽然增加了一定的投资，但实现了土地的立体利用，其上保障了校园原有环境和学生的生命安全，其下保障了交通顺畅，一举多得。

4. 加强道路规划管理，加强道路规划管理是道路建设的软工程，这项工作做好了，可以充分挖掘现有道路资源的潜力。如有些路段可适当提速等。

合肥市人民政府

合政案〔2011〕46号

对安徽省政协十届四次会议第0634号提案的答复

於忠祥委员：

您提出的“城市道路规划与建设，应尊重历史，以人为本，注重集约用地”的提案，现答复如下：

合肥市开展大建设以来，按照“强攻主动脉、打通微循环”的思路，城区道路网骨架由“十”字型变为“井”字型格局。金寨路高架、长江西路高架、裕溪路高架和轨道1号线等工程的实施，标志着我市道路交通正在从平面交通向立体交通转化。合肥市在城市道路建设中，不仅注重提高道路线型标准，裁弯取直，打通断头路，提高道路通行能力，而且也加强对历史文化的保护。

正如您在提案中所指出的，道路并非“直就通”、“宽就畅”。城市交通的改善不能依赖某一个交通走廊，必须从提高整个区域路网密度的角度出发，加强支路网建设，提高片区道路路网密度，增强区域路网分流能力。“十一五”大建设以来，合肥市城区支路网密度翻了一番，目前已完成全市支路网专项规划，根据规划，全市支路网总里程达628公里，密度达4.03公里/平方公里。我市将通过政府投资建设、地块开发统一配建等多种形式逐步完善支路网系统。

合肥市作为全国集约节约用地试点城市，在城市道路基础建设上一直遵循集约节约用地原则，从规划线型、实施宽度、附属设施的布置、重要节点的立交布设等方面综合规划控制。道路建设时，综合考虑道路沿线的用地情况比选实施方案，如长江中路至霍山路段的肥西路，作为一环路和环城路之间的一条南北向道路，交通分流作用明显，打通势在必行，从保持安徽农业大学完整性等角度出发，目前该道路的初步规划方案是采用下穿形式穿过安徽农业大学与霍山路相连接。

随着城市规模的扩张和城市人口的积聚，中心城区及各个组团的功能、规模也在发生变化，城市现有路网体系的升级改造势在必行，规划引领作用至关重要。我市将根据年度大建设计划，积极组织规划设计单位进行重点项目预研工作，并广泛征求民意，确保建设方案科学合理，尊重历史，以人为本，注重集约用地。

办复类别：A类
联系单位：合肥市政府督查和目标管理办公室
联系电话：0551—3538186

二〇一一年五月十二日

主题词：城乡建设　规划　函

抄送：省政府督查室，省政协提案委办公室。

合肥市人民政府办公厅　　2011年5月12日印发

共印6份

-2-

59. 土地利用总体规划引发的问题与建议*

（2010 年）

1986 年 6 月 25 日，我国第一部《土地管理法》颁布实施。依据第 15 条“各级人民政府编制土地利用总体规划，地方人民政府的土地利用总体规划经上级人民政府批准执行”之规定，全国正式启动了土地利用总体规划的编制与实施工作，史称第一轮规划，期限为 1986～1996 年。该轮规划建立了中国 5 级土地利用总体规划体系，但因实施无法律依据，基本没有实施。1997 年 5 月 18 日，中共中央国务院下发了《关于进一步加强土地管理切实保护耕地的通知》（中发〔1997〕11 号），提出“必须采取治本之策，扭转在人口继续增加情况下耕地大量减少的失衡趋势”。以此为契机，我国进行了第二轮土地利用总体规划的编制，期限为 1997～2010 年，规划的重点是以耕地总量动态平衡为核心，实行土地用途管制分区。但是，截至 2005 年，我国耕地总量已由 1997 年的 19.51 亿亩降至 18.31 亿亩，即第二轮规划实施的 10 年间，我国耕地净减少 1.2 亿亩，很显然规划目标没有实现。所以，国家提出提前进行第三轮土地利用总体规划修编，基期为 2005 年，阶段性目标年为

---

* 本文是基于本人在工作中感悟并萌生写出提案的念头。有些建议在当时具有超前性，现在具有应用性，如“谨慎实施‘增减挂’制度，注重保护有条件建设区耕地”的建议，实质是回归“以宜定地”、摒弃“以用定地”的理念；再如“加强城镇内部土地集约利用监管，严控城镇盲目突破规模边界外围扩展”之建议，实质是推进节约集约用地，实施城市建设用地减量增长，通过土地供给侧调控建设用地供给速度和规模。这份提案谈的是土地利用规划的问题，但也是我较早关注到“乡村大消亡”的问题，为城镇化过程中要留住“乡愁”提出了规划思考。

2010年,目标年为2020年。然而,直至2010年年底,全国绝大部分省份的规划修编才接近尾声,但是全国所有城镇规划几乎全部完成,即土地利用总体规划滞后于城镇规划。在“跨越式”“超常规”等发展理念驱使下,我国绝大多数城镇规划都失去了“理性”,一个县城的规划面积一般都在30平方千米以上。土地利用总体规划被套上了“保发展和保红线”的“双箍咒”,即既要严守18亿亩耕地红线,又要保障工业化、城镇化发展用地。从理论上讲,这符合科学发展观的要求,但实际操作中却引发了一些重大而值得警觉的问题,发人深省。

1. 重落实指标,轻布局优化

我国5级土地利用总体规划体系,主要用地指标严格实行上一级规划控制下一级规划,这也是上级土地主管部门审查规划的主要依据。上级规划,尤其是市级规划把大量的建设用地指标都用在了中心城区,导致县级规划必须要承接市级规划下达的耕地和基本农田保护指标。为了落实上级规划下达的用地控制指标,县级规划在土地利用结构调整时必须无条件服从。我国第二轮土地利用总体规划,主要根据《基本农田保护条例》第10条规定,将铁路、公路等交通沿线,城市和村庄、集镇建设用地区周边的耕地,优先划入了基本农田保护区。这样本轮规划就衍生了两大问题:(1)中心城区的允许建设区内,要大量侵占基本农田,有条件建设区内的基本农田全部调整为一般农田;(2)县级规划也要“双保”,其县城所在镇的允许建设区也要大量占用基本农田,其有条件建设区内的基本农田也要调出。结果导致,城镇争相扩张,耕地和基本农田让路,不得不将边远的一些劣质耕地,有的甚至是待整治的土地规划为耕地,并划入基本农田。事实上,本轮规划完全建基于现状,基本上不顾及第二轮规划,其布局调整的过程实质上也是违反《土地管理法》的过程。《土地管理法》第45条规定:征收基本农田和基本农田以外的耕地超过35公顷的,由国务院批准。通过规划调整后,再征收该区域土地就无须报国务院批准。

2. 城镇“大跃进”,乡村大消亡

我国第三轮土地利用总体规划严重滞后于城镇规划,而城镇规划大多数都是超大规模的规划。市级土地利用总体规划要满足中心城区规划,基本留足了建设用地指标。但是,县级规划也要满足中心城镇规划,缺建设用地指标,尤其是乡镇级规划,在基本上没有建设用地指标的前提下也要确保城镇规划的规模。为了保证耕地总量和建设用地总规模不突破上级规划指标,各级规划都把目光瞄准了农村居民点,即将农村居民点整治复垦成耕地,其建设用地指标用来发展城镇。规划一旦批准,在有条件建设区搞建设符合土地利用总体规划,至于规划消亡的农村居民点能否消亡,其实施难度极大。事实上,2005~2010年,我国农村人口在减少的同时,农村居民点用地却增加了。这种农村人口与居民点用地倒挂的现象,充分说明“乡村大消亡”的难度极大。

3. 土地整治投入加大,增加耕地水分多

全国历年投入土地整治的资金累计有上万亿元,目前每年投入土地整治的资金有上千亿元,但在资金使用和整治成效方面,一些地方却存在补充耕地不实、占补平衡不到位、监管薄弱等问题。随着第三轮土地利用总体规划的批准实施,土地整治的力度将进一步加大,能否确保投入的资金真正用于补充耕地、受惠于农村和农民,恐怕是路漫漫。

4. 土地整治利益空间大,热点将更热

随着第三轮土地利用总体规划的批准实施,相对发达地区的建设用地缺口更大,各项建设占用耕地必须补充,加之当地耕地后备资源匮乏,全凭购买耕地指标来完成占补任务。由于区域之间竞争的巨大落差,相对发达地区的土地价值不断攀升,而相对落后地区的土地价值极为低下,又存在一些几乎没什么现存价值的后备土地,在客观上造成土地价值的巨大差异。如中部地区省城商业用地平均每亩可拍500万元以上,而落后地区整治出一亩耕地的费用不足2万元,这必然会诱使一些企业以社会资金的名义挤进土地整治领域,整理出耕地再卖给政府。有些地方,在20世纪农业产业结构调整过程中,把耕地挖成鱼塘,现在因为耕地指标身价猛增,又把坑塘“复垦”成耕地,“造地”成本低,1亩地仅需几千元,新增耕地率却尤其高,几乎是100%。现下,1亩耕地指标最高可卖10万元以上,已经造就了一批千万甚至是亿万富翁。

5. 县乡规划两张皮,县级规划对乡镇级规划失控

2007年7月1日,我国全面启动了第二次土地调查,历时两年多,花了150亿元,成果已经出来了。为了充分利用“二调”成果,发挥土地利用总体规划的“龙头”作用,我曾经建议第三轮土地利用总体规划修编调至2009年启动,基期定为2010年,以后每5年修编一次,便于与国民经济和社会发展5年规划相衔接。但很遗憾,提案被全国政协采纳,规划仍然往前“推进”。时间已经跨入2011年了,很多市县级规划还在评审中,乡镇级规划基本上没完成,要求乡镇级规划编制其现状要用“二调”数据,规划方案只要能满足县级规划下达的“耕地保有量、基本农田保护面积和建设用地规模”三大指标即可,其他用地可以有弹性,结果可能会导致现状、规划与县级磨合不上,有偏差,而且乡镇级规划才是真正实施的依据,用途落实到地块。

基于上述问题,提出如下建议:

1. 谨慎实施“增减挂”制度，注重保护有条件建设区耕地

至2011年，我国第三轮土地利用总体规划将全面进入实施阶段，有可能也是新一轮占地的鼎盛阶段。我国城镇化率现在是46.6%，工业化正处于快速推进时期，特别是中西部地区，“东向发展”“承接产业转移”“大招商、大发展”等已成时尚，甚至于责任到人，作为年终考核的重要依据，结果导致只要有项目就必须供地，又回到以往“用地跟着项目走”的老路。很多地方，规划刚刚做好就要修改，原因是某个企业老板看中了某块地，如果不供这块地，项目就得泡汤，结果是规划得听老板的。新一轮规划的有条件建设区，全部在城镇建成区的外围，都是地势平坦的优质耕地，区位优，交通便，环境美，是一张“白纸”，能画“最优最美的图画”，加之占地成本低，备受开发商的青睐，将成为“承接产业转移”和“退二进三”等承接地。因此，国土督察部门要加强对此区土地利用状况的监控，严格执行国务院2010年11月10日关于“城乡建设用地增减挂钩试点”常务会议精神；当地国土部门更要严格项目用地管理，设置项目准入门槛，杜绝用地随着项目走，杜绝以“增减挂”为名扩大建设用地规模，确保有条件建设区耕地不被随便占用。

2. 加强城镇内部土地集约利用监管，严控城镇盲目突破规模边界外围扩展

针对“城镇规划大跃进”的问题，追根溯源，(1)由于当前尚有很多不确定因素，许多城市规划按城市化增长率，以比现状翻一番或几番来计算，总体上缺乏依据，带有盲目性；(2)近几年来，城市规划在先，土地规划滞后，开发商可以影响城市规划等，导致城市土地资源大量流失，主要是工业用地比重过大，尤其是在新工业区、开发区，发展备用地都很宽敞，其实质是囤积土地；(3)规划过程中市长代替了规划师和工程师，换一个市长就要换一轮规划。

按现行城市规划，至2020年，我国城镇人口就有20亿。很显然，即使是审批的城镇规划，也需要重新论证其科学性和合理性。经论证，规划的城镇建设规模，与经济社会发展不匹配，应敦促政府和上级主管部门，对其“瘦身”；城镇允许建设区内，如果没有达到节约集约用地标准，不允许突破规模边界进入有条件建设区搞建设；建立健全建设项目退出机制，对用地不达标的项目，应运用经济和法律等手段，令其退出；加强对入驻项目的全程管控，通过建立健全项目准入机制，设置建设项目入驻门槛，禁止滥上项目占用土地，确保城镇适度规模。

3. 建立健全土地整治全程监管机制，完善项目管理制度

“双保”的目的是保发展、保红线，其方向毋庸置疑。但是，规划实施过程中是重前者轻后者，即在实施占用耕地补偿的过程中，补充耕地的质量一直难以保障。国土部门虽然做了大量工作，但仍然不尽如人意。所以，土地整治补充耕地项目，要“全程监管，重抓两头”。

(1)抓项目立项的源头。①抓项目可行性研究和规划设计。随着第三轮土地利用总体规划的批准实施，土地整治投入更大，项目更多，利益驱使一些规划设计的中介公司纷纷涌现。这些公司良莠不齐，甚至2、3个人就开一个公司，通过关系拿项目，做出的可行性研究报告质量低劣，专家论证提出修改意见也改不好，有的根本就不改，结果是用带“病”的可行性研究搞规划设计。规划设计的“病”更多，背离了实际，无法操作，在实施过程中，很多是不按规划设计施工，工程结束后提出变更规划设计，“生米煮成熟饭”，令评审专家茫然。所以，国土部门要下大决心整顿，对中介机构的资质要严格把关，要规范项目的落实程序，既要淘汰不合格的中介公司，更要杜绝腐败行为。②抓项目施工和监理。搞好的规

划设计,没有好的施工单位,同样达不到质量要求。很多施工单位,偷工减料,土地平整时不按规划设计实施耕层土壤保护和地力保持措施,水利和道路工程施工质量也达不到设计标准,工程监理也不到位。所以,必须建立健全机制,彻底淘汰不负责任的施工单位和工程监理单位,确保民脂民膏不流失。

(2)抓项目管护。杜绝传统的重项目验收、轻项目管护的现象,确保项目持续发挥效益。

4. 规范社会资金投入土地整治,杜绝囤积和炒卖耕地指标

现下,已经有人预测到第三轮土地利用总体规划实施后,耕地指标将更加紧缺的问题。因此,一些“造地”公司开始囤积耕地指标,待价而沽。所以,必须制定科学、合理、有效的政策,规范“增减挂”的收益分配,既能吸引社会资金介入土地整治,又能杜绝其蓄意囤积耕地指标,以保障土地资源合理利用,发挥最大效益。

5. 实行耕地资产化管理,提高占用耕地成本

从理论上讲,增量土地出让金应该大于存量土地,因为增量土地很多是占用耕地转化的,其资源价值高。然而,现实却恰恰相反,往往是城市存量土地出让金额远远高于增量,原因是在城市土地出让过程中,人们对于存量和增量土地的定价忽略了增量土地的资源资产价值和生态价值等,这就促使土地使用者更愿意选择增量土地,导致城市无节制外围扩张,侵占大量耕地,同时城市内部土地大量闲置,处于低效利用状态。所以,建议增量土地出让金测算时,要逐步提高增量土地投资收益补偿和土地转用后生态功能损失补偿,最终实现占用耕地成本超过城市内部涵挖潜的拆迁成本,实现用经济杠杆迫使用地者走内涵挖潜的道路。

6. 解放思想,实事求是,做好县乡规划的衔接

(1)修正规划阶段性目标。为了保证与上一轮规划的衔接,

规划基期仍然为2005年。但是,2010年的阶段性目标,与现状大相径庭。为此建议,要解放思想,尊重现实,公布“二调”成果,尽快发挥其作用。

土地是摆在那里,大楼是竖在那里,藏不起来,因此,用2010年的现状作为规划阶段性目标就是实事求是。问题是,这样做,阶段性目标可能都突破了上级规划的控制指标,所以必须修正。

修正的方法是:各级规划要以“二调”成果为基数,对2010年的变更调查成果进行修正;再以修正后的2010年变更调查成果,修正本轮规划的阶段性目标。

(2)抓目标年的衔接。用2010年的现状作为规划阶段性目标,就是一次思想大解放,不要认为是对前一段规划工作的否定。实质是,前一段规划工作的成效是很大的,如引起了政府的高度重视,才使占用耕地的速度大大减缓,才使占用耕地的规模得到有效的控制,否则我国的大城市还不知道有多少,城市广场还不知道有多少!问题是,阶段性目标修正后,如何保证规划目标的实现,这是关键。故此建议:

①建设用地现状超过了原规划阶段性目标,要扣减后10年的用地指标,保证建设用地总规模不突破目标年的控制指标;建设用地现状没达到原规划阶段性目标,可增加后10年的用地指标,或者经论证协调,进行适当调剂,但总建设用地总规模必须与规划目标一致。

②耕地规模现状小于阶段性目标,要增加后10年的补充耕地量,确保规划目标年的耕地规模不小于上级规划的控制指标;耕地规模现状大于阶段性目标,仍以目标年的控制指标为目标。

以上工作做好了,全部利用“二调”成果了,县乡两级规划就自然衔接了。

60. 关于农村宅基地整理与置换的若干建议*

(2010 年)

根据《全国土地利用总体规划纲要(2006～2020 年)》,2006～2020 年的 15 年,全国耕地面积由 2005 年的 12,208.27 万公顷减少为 12,033.33 万公顷,仅减少 174.94 万公顷。同期,新增建设用地为 780 万公顷,其中占用耕地控制在 400 万公顷之内,加上灾害损毁耕地 73.33 万公顷,要求通过整理复垦与开发补充耕地 481 万公顷。如果这一规划能顺利实现,我国仅能保证耕地占补平衡。在 780 万公顷新增建设用中,安排能源、交通和水利建设用地为 266 万公顷,仅有 514 万公顷用于城镇、工矿及新农村建设等。

截至 2007 年年末,中国城市数量达到 655 个,建制镇为 19,249 个,每个城市和建制镇都在扩大规模外围发展,有限的建设用地指标远远满足不了需求。即使有 780 万公顷的建设用指标,也只是净占耕地 174.94 万公顷,要求土地复垦开发补充 481 万公顷的耕地,开发未利用土地形成 125 万公顷。所以,中国经济建设必须破解土地"瓶颈"的难题。

目前,中国有 1600 万公顷村庄建设用地,按城镇化率 46% 计,有 7 亿农村人口,人均村庄建设用地约为 230 平方米。至 2030 年,如中国人口达到 16 亿,城镇化率达到 70% 的话,则城镇人口将

---

* 这份提案是针对安徽电视台《法治在线》栏目的采访,以及接待慕名前来咨询维权问题的失地农民,经过深入调研、认真思考后形成的。写作过程中,带有深厚的"三农"情,重温了毛泽东主席有关"为人民服务"的思想。首提的建立"农村宅基地储备制度"正是当今农村宅基地制度改革可以推行的一项重要制度。

净增约5亿,按人均108平方米计,需增加建设用地530万公顷;届时农村人口将减至5亿左右,按“居民向中心村和城镇集中”的要求进行规划布局,人均村庄建设用地标准为110平方米,仅需占地550万公顷。即中国到人口高峰年,只要坚持节约集约的用地方针,可整理村庄建设用地1000万公顷(1.5亿亩),潜力巨大。

中国具有5000年的农耕历史,后备耕地资源亏缺,开发潜力小,而且绝大部分宜农荒地都分布在“三北”平原等生态环境脆弱地区,具有很大的开发风险。土地复垦潜力小,工矿废弃地复垦成耕地的难度大,质量低。由于传统农业的局限性,我国农宅大部分散布于优质良田之间,既占用和浪费土地,又不利于发展现代农业,更不能让广大的农民均等享受基本公共服务。因此,《国务院关于深化改革严格土地管理的决定》(国发〔2004〕28号)规定,“鼓励农村建设用地整理,城镇建设用地增加要与农村建设用地减少相挂钩”(以下简称增减挂),旨在为破解耕地保护和经济建设用地矛盾的难题提供方法和途径。此事做好了,利在当代,功在千秋,是德政工程。但做偏了,既损害了政府的形象,又侵害了农民的利益。为此,提出如下建议:

1. 认真贯彻国家政策,科学合理地确定农村宅基地整理后的用途

我国有1000万公顷的农村宅基地整理潜力,大约有一半可以复垦为耕地,另一半用于整理置换为城镇建设用地。所以,实施好农村宅基地整理工程,不仅解决了建设用地指标的问题,同时也促进了耕地保护。由于土地资源的稀缺性和城镇建设用地的难逆转性,因此,整理的农村宅基地要严格按照中共十七届三中全会《关于推进农村改革若干重大问题的决定》确定用途,即“农村宅基地和村庄整理所节约的土地,首先要复垦为耕地,调剂为建设用地的必须符合土地利用规划、纳入年度建设用地计划,并优先满足集体

建设用地”。所以,当前应组织技术力量,对城镇节约集约用地潜力进行评价,根据评价结果划分城镇发展时段,依据不同时段的城镇建设规模确定允许外围扩张的城镇、有条件外围扩张的城镇和暂缓外围扩张的城镇。对允许外围扩张的城镇,可在规划的范围内实施“增减挂”制度;对有条件外围扩张的城镇,在满足设置的条件下,实施“增减挂”;对暂缓外围扩张的城镇,在该时段内不允许实施“增减挂”,鼓励城镇建设内涵挖潜。整理的建设用地指标可作为下一个时段的挂钩指标,以保证我国城镇化目标的顺利实现。

2. 规划引导,尊重民意,体察民情,稳妥地安置农民

农村宅基地整理与置换,要在土地利用总体规划、城镇规划和村镇规划等规划的引导下,编制具体的详细规划与实施方案。规划与方案的编制,要有广泛的群众基础,要有村民代表的参与,应提请村民会议讨论决定。要反复征求民意,帮助农民算账,让他们理解规划,自觉地去执行规划并监督规划的实施。规划与方案实施过程,要体察民情,涉及农民集体及其成员利益问题时,要严格实行“公开、公平、公正”的原则,保证集体经济组织成员都有知情权、参与权、决策权。要稳妥地安置被拆迁农民的住房和生活问题。我们的政府,要建设成服务型政府,要牢记毛泽东同志的教诲:“关心群众生活,注意工作方法”,要把维护广大农民的利益放在至高无上的地位。切忌强拆民宅,把民生工程办成“民怨”工程。目前,有些地方政府的做法值得反思,为了强拆民宅,动用公安,甚至于以“妨碍公务”的名义,把受损的农民羁押,建议有关部门应深入基层督察,要敢于纠正错误,消除影响。

3. 农村宅基地整理置换升值的大部分收益应回归农村和农民

实施农村建设用地与城镇建设用地置换工程,必须运用区位级差地租理论,以政府为引导,以经济为主导,充分发挥级差地租

的经济杠杆作用，把整理出的部分农村建设用地置换后用于城镇发展，使建设用地在置换中实现资产显化，其收益在扣除运作成本后大部分应返还农村，用于新农村建设、安置农民和补偿农民失去宅基地的用益物权。实践表明：农村宅基地在置换中，其资产显化，一亩地少则几十万元，多则上百万元，甚至几百万元。因此，政府引导就是政府要优化政策环境，做到还利于民，这样才能产生动力，化现行的被动整理置换为主动整理置换。具体可以尝试将整理出的建设用地指标通过招标、拍卖、挂牌等方式进入市场。目前，这项工作已经在全国很多大中城市以“整村推进”的模式在逐步推开，但每置换 1 亩地仅给 3 万 ~ 10 万元的补助，却被美名为“城市支援乡村”，实质是城市在剥夺农村土地资产。前述，农村宅基地按 530 万公顷整理置换为城镇建设用地，每公顷平均按 750 万元计，则我国完成城镇化目标之时，农村宅基地整理置换收益约 40 万亿元人民币。因此，政府应营造良好的政策环境，让农村向城市一样进行农村土地资本运营，这就解决了新农村建设资金缺乏的难题。新农村建设有了充裕的资金，就可以推进农村土地整理由专项整理向综合整理转变，大大提升土地利用的综合效益，实现城镇化过程中耕地增加、城镇建设规模增加和土地利用综合效益提升的“双增一减一提升”的土地整理目标。为此建议，要尽快尽早地在全国实施“省管县”的管理体制，以消除城市剥夺农村利益的土壤。

4. 改革涉农资金的投入机制

社会主义社会的一个重要优越性就是能集中力量办大事。然而，我国目前因为部门利益、政绩、权利等因素，涉农资金却被“化整为零”地分散至近 20 个部门。各部门分散上项目、撒“胡椒面”做项目，形成了同样项目重复投资、“尔拆我建”“朝填夕挖”的局面，人民的血汗被白白地浪费。建议要成立专门机构，整合涉农资金,做大项目和综合项目。目前,至少要撤销财政部门下属的农业综合开发部门。该部门存在至少三大弊端:(1)财政部门设立农业综合开发部门,没有专业人才,所有项目规划设计都是临时在各部门抽调人员组成的“杂牌军”,不仅专业技能差,而且缺乏责任心,项目规划设计大部分都“带病”进入施工环节;(2)财政部门设立农业综合开发部门,既当运动员又当裁判员,即使是“带病”的规划设计也能通过评审,即使是不合格的施工项目也能验收,项目究竟能否发挥效益全凭“裁判员”自己评价;(3)投入大、权力大,一个上千万元、上亿元的项目,领导可以先拍脑袋,后做规划设计,甚至可以不做可行性研究。

5. 建立农村宅基地储备制度

农村宅基地储备制度主要是用于管理农村宅基地,在现有法律框架下,主要由村集体自主管理和实行,土地收益也主要由村集体通过民主决策,自行支配,主要用于新农村建设、安置农民和村庄建设。

实际运作中,以行政村为单位设立宅基地储备中心,负责本村集体宅基地的收回、整理、置换、出租、分配等。

61. 关于宿州市农村集体建设用地综合利用的若干建议*

（2010 年）

2009 年，宿州生产总值 540.6 亿元，按可比价计算，比上年增长 12.1%。其中，第一产业增加值 160.55 亿元，增长 6.2%；第二产业增加值 182.66 亿元，增长 19.1%；第三产业增加值 197.39 亿元，增长 11.4%。人均生产总值 9551 元，比上年增加 1058 元。全社会劳动生产率 15,577 元/人，比上年增加 571 元。充分表明，即使面对金融危机的严重冲击，在市委、市政府的坚强领导下，以科学发展观为统领，全市经济仍然保持了平稳较快的发展态势，综合实力显著增强，人民生活稳步提高，社会事业全面进步。今年，是“十一五”规划的最后一年，又是“十二五”规划的编制年，对宿州市未来 5 年乃至更长时间的经济社会发展具有深刻的影响。然而，未来 5～10 年，宿州市经济社会发展却受土地“瓶颈”的严重制约。目前，宿州市中心城区的现状面积为 4653.4 公顷，按照城市规划，到 2020 年，中心城区的建成面积为 11,000 公顷，即需在现状的基础上扩展 6346.6 公顷；按照《宿州市土地利用总体规划大纲（2006～2020 年）》，2006～2020 年的 15 年，省政府给下达的建设用地总规模仅允许增加 9095.78 公顷，其中交通水利设施用地占去 2845.53 公顷，独立工矿需用地 3451.14 公顷，剩下的 4289.80 公顷用于城镇建设，用于中心

---

* 2010 年，中共宿州市委建议民革宿州市委就农村建设用地综合利用问题开展调研，并能写一份有高质量的调研报告，供中共宿州市委和市政府决策参考。应民革宿州市委会之邀，我全程参与调研，撰写了《关于宿州市农村集体建设用地综合利用的若干建议》之提案。

城区的发展尚有2056.80公顷的缺口,至于砀城镇、龙城镇、灵城镇、泗城镇,以及省级中心镇、市级中心镇和扩权强镇试点镇的发展将无地可供。新增建设用地中,允许占用耕地8080.05公顷,但须通过开发整理与复垦补充耕地8080.05公顷。因此,解决宿州市发展的土地问题,唯有走农村集体建设用地综合利用的内涵挖潜之路,否则,宿州市发展的"三大战略",即工业扩张战略、城镇扩容战略和农业提升战略等将成为无源之水、无本之木。

农村集体建设用地即为乡(镇)村建设用地,是指乡(镇)村集体经济组织和农村个人投资或集资,进行各项非农业建设所使用的土地,主要包括乡(镇)村公益事业用地和公共设施用地,以及农村宅基地。农村宅基地专指农村村民为建造自有房屋而占(使)用农村本集体经济组织所有的土地,为农村集体建设用的主体。当前,宿州市农村超标准占用宅基地、闲置宅基地、一户多宅等现象比较突出。据调查,全市农村宅基地总面积达120,706.98公顷,人均用地面积达225平方米,超过国家规定最高标准达50%以上。因此,通过推进农村集体建设综合整治,全市至少可以挖掘60,000公顷以上的建设用地潜力。如果城镇化率按45%计算,则有78,000公顷以上的建设用地潜力可挖。即农村集体建设用地综合利用的潜力在农村宅基地,其中的42,000公顷用于村镇建设,78,000公顷通过综合整治复垦,因地制宜地发展农业、林果业或其他产业,同时只要从复垦的耕地中拿出20%的指标用于"增减挂",就完全能保障未来10年的城镇发展用地需求。所以,全面推进农村宅基地综合整治,实现其综合利用,不仅可以为建立资源节约型和环境友好型社会提供抓手,而且可以在推进工业化、城镇化和新农村建设进程中,实现耕地增加、城镇建设用地增加、农村居民点减少和土地利用效益提升的"双增一减一提升"的土地利用目标,是利在当代、功在千秋的德政工程。但是,这是一项系统工程,有可能成为推进农村土地使用制度第三次改革的动力源,做好了是民生工程,但如果做过了,就会成为民怨工程。为此建议:

1. 积极开展农村集体建设用地置换和挂钩

集体建设用地置换和挂钩,就是通过置换和挂钩的方式,将农村集体建设用地减少与城镇建设用地增加相结合,通过整理复垦,将农村废弃、闲置、低效利用的建设用地整理成耕地,并将整理复垦后取得的建设用地周转指标由市、县(区)统一调剂用于城镇及工业园区项目建设。通过农村建设用地置换和挂钩,一方面,能够有效地整合农村集体建设用地布局,优化用地结构,提高农村土地集约利用水平;另一方面,整理出的建设用地周转指标置换到城镇、工业集聚区,能够有效拓展用地空间。

2. 要注重保护农民利益

首先是关心群众生活,注意工作方法。在实际工作中,切忌效仿某些地方为了所谓的跨越式发展和新城建设,不惜动用警察,把农民置于对立面的位置,采用强拆民房等不妥帖工作方法。拆民房之前,要保障农民的生命和财产安全,让拆迁户居有定所,要把群众生活当大事做。

其次是尊重民意,依法行政。政府所做的一切工作,应该有个衡量标准,那就是群众满意度。群众不满意的就不要去做,群众满意的就要认真去做,而且要把好事做好。如何知道群众满意与不满意呢?这就要求我们的政府在决策之前要进行深入细致的调查研究,了解民情民意,履行法律程序,坚决执行中共十七届三中全会通过的《中共中央关于推进农村改革发展若干重大问题的决定》中的有关规定,即“坚持以人为本,尊重农民意愿,着力解决农民最关心最直接最现实的利益问题”,“完善农村宅基地制度,严格宅基地管理,依法保障农户宅基地用益物权”。

再次是加强学习,正确履行职责。城镇化过程首先面对的是土地执法问题,这是一项政策性、法律性、科学性等十分严谨的工作,稍有偏差就会造成不良的社会影响,严重的会损害政府的形象。履行职责的人员要精通有关政策,要懂“行规”。所以,必须加强学习,要把中共十七届四中全精神落到实处,要通过学习型党组织建设,提高干部的政治水平、理论水平和业务水平,进而提高其执政水平,这样才能使领导干部把履行职责提到“弘扬党的优良作风、保持党同人民群众的血肉联系”的高度来对待,才不会辜负人民的信任和期望。

最后是农村宅基地整理置换升值的大部分收益应回归农村和农民。实践表明:农村宅基地在整理置换过程中,其资产显化,一亩地少则几十万元,多则上百万元,甚至几百万元。但目前,我市每整理置换一亩地给农民的补助仍然偏少。因此,政府要优化政策环境,做到还利于民,这样才能产生动力,化现行的被动整理置换为主动整理置换。具体可以尝试将整理出的建设用地指标通过招、拍、挂等方式进入市场,其收益在扣除运作成本后大部分应返还农村,用于新农村建设、安置农民和补偿农民失去宅基地的用益物权。具体返还标准,市政府可根据经济发展阶段和水平因时制宜地制定。

3. 认真贯彻国家政策,科学合理地确定农村宅基地整理后的用途

由于土地资源的稀缺性和城镇建设用的难逆转性,因此,整理的农村宅基地要严格按照中共十七届三中全会《决定》确定用途,即“农村宅基地和村庄整理所节约的土地,首先要复垦为耕地,调剂为建设用地的必须符合土地利用规划、纳入年度建设用地计划,

并优先满足集体建设用地”。当前,宿州市应组织技术力量,对城镇节约集约用地潜力进行评价,根据评价结果划分城镇发展时段,依据不同时段的城镇建设规模确定允许外围扩张的城镇、有条件外围扩张的城镇和暂缓外围扩张的城镇。对允许外围扩张的城镇,可在规划的范围内实施“增减挂”制度;对有条件外围扩张的城镇,在满足设置的条件下,实施“增减挂”;对暂缓外围扩张的城镇,在该时段内不允许实施“增减挂”,鼓励城镇建设内涵挖潜。整理的建设用地指标可作为下一个时段的挂钩指标,以保证城镇化目标的顺利实现。

4. 以实施整村推进项目为动力推动农村土地向综合整治完善

新村建设是社会主义新农村建设的重要组成部分。宿州市在结合新村建设的同时,实施“整村推进”的土地整治模式,其意义已经不仅仅是解决了农村“脏、乱、差”的居住环境问题,更重要的是通过“退宅还耕”整治出大量的优质耕地,为城镇发展提供了建设用地折抵指标,统筹了城镇发展和耕地保护的矛盾。然而,从战略的高度来审视和总结土地整治的成效,“整村推进”的模式只是土地整治的起始阶段。随着工业化、城镇化水平的进一步提高,实现城乡一体化的发展目标是必然趋势。所以,必须把“整村推进”建成的新村纳入更高的村镇建设层次,实现居民在更大规模上集中,使他们均等地享受改革开放的成果,如基本公共服务等;必须把整治的耕地在更大规模上纳入农地整治的范畴,通过实施土地平整、农田水利、道路和农田防护四大工程,促成农业向规模经营集中,搭建发展现代农业平台。最终使大量的富余劳动力从土地里释出,成为农业工人。也就是说,必须实施综合土地整治,才能建成真正意义上的城乡一体化,即土地整治不能停留在专项整治的层面上,否则,农民最终是“守着新房子,过着穷日子”。

5. 建立健全宅基地退出机制

要探索新机制,切实解决“一户多宅”、超标准占地、违法违规用地等遗留问题:一是从源头上抓起,根据各地实际情况,合理确定当地的宅基地标准;二是各地对旧房改造特别是建设新农村时,要防止占新不拆旧而出现新的“一户多宅”的现象;三是对无法退腾且又符合土地利用总体规划的超占宅基地的情况采取宅基地有偿使用的办法;四是对不符合土地利用总体规划的非法占用的宅基地应限期拆除在非法占用的土地上新建的建筑物和其他设施,恢复土地原状,并给予一定数额的罚款。

政府要安排专项资金,对现有宅基地进行一次全面的普查登记,制定出一套“奖退罚超”的有效措施,对自愿退出闲置或超占宅基地的进行奖励;对超标准占用的宅基地,收取土地有偿使用费。

6. 积极推进农村居住工程建设

要严格按照有关规定,结合宿州市实际,实施村庄合并、集中兴建多层民居,将党的城乡统筹政策惠及到广大农民。首先要在全面调查摸底的基础上,科学编制农村住房建设规划。要充分发挥规划的控制和引导作用,坚持从实际出发,因地制宜,统筹合理安排城乡建设用地和其他土地资源,整合优化农村住宅的布局。其次是逐步采取撤村并居型、小城镇集聚型、农村新型社区建设型、村庄整治改造型、逐步撤并型及整村迁建型等方式,引导经济条件较好、建房积极性较高的地区先行启动农村住房建设。对中心村、经济强村和大企业驻地及周边村庄,按照农村新型社区的标准,统一组织建设集中居住区,并可通过宅基地换住房、换社保的方式,将拟撤并村庄的农户吸引进来。鼓励经济强村兼并周边弱村,鼓励大企业整建制兼并改造村庄,通过集中建房改善农民居住条件，拓展发展空间，最大限度地减少农村土地闲置、浪费及低效利用等问题，进一步提高挖潜改造、调整盘活存量建设用地的力度，提高土地的利用效率。再次是对在批准的集体建设用地上建设的多层农村住宅，应严格控制户型和面积，坚决制止建设大户型和豪华型公寓；同时，还应严格控制供应条件和范围，仅限于符合申请条件的本集体经济组织成员和拆迁农民，严禁对外出售，谋取不合法利益。对新农村建设节约的土地，通过整理复垦，置换用于城镇建设。最后是各级政府应从城镇土地出让收益中拿出专项资金，用于补助拆迁村和搬迁居民，保证农村居住工程建设顺利推进。

7. 建立农村宅基地储备制度

农村宅基地储备制度主要是用于管理农村宅基地，在现有法律框架下，主要由村集体自主管理和实行，土地收益也主要由村集体通过民主决策，自行支配，主要用于新农村建设、安置农民和村庄建设。实际运作中，以行政村为单位设立宅基地储备中心，负责本村集体宅基地的收回、整理、置换、出租、分配等。

62. 关于深化土地制度改革　稳步推进城镇化的建议*

（2012 年）

土地是农民最基本的生产资料和生计保障，在城镇化进程中，土地制度改革是一道必须跨越的门槛。随着新型城镇化进程的加快，土地制度改革日益显现出紧迫性。在充分保障农民自主性的前提下，建立城乡一元化的土地制度，是维护农民利益、缩小城乡差距、统筹城乡发展的必由之路，对同步推进中国城镇化、农业现代化具有重要意义。

民革中央认为，稳妥推进土地制度改革，构建和完善城乡一元化土地制度，须高度重视和切实做好以下工作：

1. 弱化所有权，保障农民土地承包经营权的完整和稳定

《中华人民共和国宪法》规定，农村土地归农民集体所有。农村集体土地所有制，类似于物权法中讲的"共有产权"，是几乎不能退出的"共同共有"。这种产权性质导致在土地使用权流转的一系列环节中，农民受到地方政府和集体组织的双重约束，难以充分发挥主体功能，权益很容易受到损害。中共十七届三中全会已经进一步明确农地家庭承包经营"长久不变"，这为农村稳定、农民增收、农业发展提供了长期稳定的制度基础。可见，改变农民土地承包经营权相对于集体所有权的弱势地位，让农民拥有对土地的相对完整和稳定的权利，是土地改革的现阶段目标。建议：

---

* 本文是由本人撰写上报民革中央，再提交全国政协的提案，得到了国土资源部的认真办理，本人获得民革中央表彰。

(1)尽快研究修改或出台相关法律法规,对农地集体所有权相关内容进行明确界定,尽可能缩减“共同共有产权”的适用范围,进一步规范集体所有权行使过程,切实保障农民利益。(2)实现户籍和农地承包经营权分离,在推进户籍制度改革的过程中,要保证现有土地承包经营权归属、期限不变,并可以抵押和继承。(3)逐步实现土地关系调节和处置的社会化、法制化,通过仲裁机构或者法院解决土地纠纷问题。

2. 完善保障机制,促进农村土地承包经营权的流转和集中

确认农村土地承包经营权流转的灵活性与合理性,是城乡一体化土地制度的核心内容之一。建议:(1)政府要在科学制定土地规划基础上,严格按照规划要求,对农村土地限定用途、制约产权,谨防农地非农化倾向;(2)完善相关法律法规,明确设定必须流转、有条件流转、自愿流转和不流转的条件,以及受益标准和受益方式;(3)建立健全流转机制,包括土地流转的登记备案制度、合同管理制度、纠纷调节制度和动态监测制度,以及土地流转风险评估和控制制度,特别是要严格规范大户和龙头企业参与土地流转的行为。最为重要的是,在推进农村土地承包经营权流转的过程中,地方政府要始终坚持交易主体平等自愿的原则,把交易的权利和自由选择的权利交还给农民,严禁行政推动,坚决遏制地方政府“替民做主”的冲动。

3. 完善农村土地市场,逐步建立城乡统筹的土地市场

农村闲置的住房和土地既是巨大的发展资源,也为提高土地利用效率、增加农民收入、拓展土地利用空间提供了难得的机遇。这些用地通过入市交易实现其实际价值,既可以改变土地收益的分配结构,还可以形成国家、集体、个人“多主体”的供地模式。建议:(1)积极做好农村土地整治工作,在对城乡土地做出整体规划

并确保城市土地合理利用的基础上，探索建立农村土地流转市场体系，为构建城乡统一的土地市场提供方法和途径。(2)把推进农村建设用地上市改革作为重点，在不违背土地规划的前提下，允许城市居民购买农村宅基地，通过吸引社会各界广泛参与，形成与城市建设用地的相互配合和补充，既令农民获益，又能促进城市建设发展，提高土地的利用效率。(3)切实维护农民利益，推动土地产权改革，以实现国有土地和集体土地权利平等为基本方向，积极稳妥地推进农村土地产权改革，明晰土地产权，强化土地物权意识，切实保障农民和农村户改人员的土地权益，最终实现城乡土地一体化。

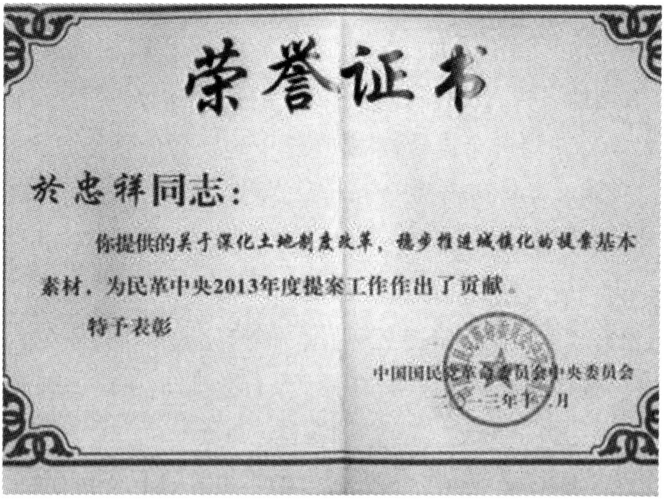

荣誉证书

於忠祥同志：

你提供的关于深化土地制度改革，稳步推进城镇化的提案基本素材，为民革中央2013年度提案工作作出了贡献。

特予表彰

中国国民党革命委员会中央委员会

二〇一三年[illegible]月

孙[illegible]教授收

类别：A

是否同意公开：是

中华人民共和国国土资源部

国土资协提复字〔2013〕第1号

关于政协十二届全国委员会第一次会议第0301号(农业水利类028号)提案答复的函

民革中央：

你们提出的《关于深化土地制度改革，稳步推进城镇化的提案》收悉。现就有关完善农村土地市场，逐步建立城乡统筹的土地市场的建议答复如下：

一、关于积极做好农村土地整治工作

2012年，国务院批准实施的《全国土地整治规划（2011～2015年）》(以下简称《全国规划》)，提出了土地整治的方针政策和总体目标，确定了土地整治的重点区域、重大工程和示范建设任务。当前和今后一个时期，我们将按照《全国规划》及国务院有关要求，以促进农业现代化和城乡统筹发展为出发点和落脚点，以高标准基本农田建设为重点，在充分尊重农民意愿、切实维护农民权益的前提下，进一步加大农村土地整治力度，统筹推进农田和村庄土地整治工作。

二、关于探索建立农村土地流转市场体系

2008年，党的十七届三中全会《关于推进农村改革发展若干重大问题的决定》（以下简称《决定》）明确提出“完善农村宅基地制度，严格宅基地管理，依法保障农户宅基地用益物权”。按照《决定》精神，2010年，我部下发了《关于进一步完善农村宅基地管理制度切实维护农民权益的通知》（国土资发〔2010〕28号），规定了在留足村民必须的居住用地（宅基地）前提下，其他土地可依法用于发展二、三产业，但不得用于商品住宅开发。《物权法》也确定了宅基地使用权的物权属性，但因我国农村社会保障体系尚未全面建立，宅基地仍然是农民最基本的生活保障，关系到广大群众的切身利益。在现阶段如允许农民宅基地自由流转，有可能形成部分失地、失业又失房的农民，不利于农村和社会的稳定。因此，从全国范围看，当前放开宅基地使用权流转的条件尚不成熟。

关于农村集体经营性建设用地使用权的流转，党的十七届三中全会《决定》明确了推进农村集体经营性建设用地使用权流转的改革方向。我部对这一问题长期高度重视，组织系统研究，并在较大范围内开展了调查研究，为适时稳步推进改革提供政策、理论基础。目前，我们正在按照党的十七届三中全会《决定》精神和国土资源部2013年重点工作布局安排，研究起草《农村集体经营性建设用地使用权流转改革试点工作的指导意见》，本着“先试点、再总结、后推开”的工作思路，在坚持依法行政的前提下，稳妥推进农村集体经营性建设用地使用权流转改革试点工作，加大农村土地流

转的政策创新力度。

2013年，我部已明确将完善宅基地管理制度作为2013年的重点工作，要求对《关于进一步完善农村宅基地管理制度切实维护农民权益的通知》(国土资发〔2010〕28号)提出的新举措，特别是宅基地计划指标先行安排、先用后销、有偿使用和退出、宅基地转让和抵押等创新政策进行深入研究，形成系统的改革思路，为创新体制机制，增加制度供给提供政策储备。

三、关于推进农村建设用地上市改革，允许城市居民购买农村宅基地

目前我国的宅基地管理制度，以保障农户的基本居住权益为主。《土地管理法》第六十二条规定，农村村民一户只能拥有一处宅基地。农村村民出卖、出租住房后，再申请宅基地的，不予批准。《中共中央国务院关于切实加强农业基础建设进一步促进农业发展农民增收的若干意见》(中发〔2008〕1号)规定，城镇居民不得到农村购买宅基地、农民住宅或"小产权房"。《国务院关于深化改革严格土地管理的决定》(国发〔2004〕28号)要求，要改革和完善宅基地审批制度，加强农村宅基地管理，禁止城镇居民在农村购置宅基地。《国务院办公厅关于严格执行有关农村集体建设用地法律和政策的通知》(国办发〔2007〕71号)指出，农村住宅用地只能分配给本村村民，城镇居民不得到农村购买宅基地、农民住宅或"小产权房"。城乡居民之间或者不同集体组织成员之间的宅基地流转，现行法规政策是明确禁止的。

四、关于积极稳妥地推进农村土地产权制度改革

农村土地产权制度是我国农村经济制度的基础和核心，土地股份制是集体土地产权重要的实现方式之一，我部高度重视农村土地产权制度建设，大力推进农村土地股份制改革研究工作，通过实地调查和理论研究，深入了解农村土地股份制改革有关情况。目前，各地在明确集体土地所有权和使用权主体、合理界定农民集体与成员之间的关系、逐步还权赋能、规范集体土地流转和收益分配等方面的实践探索，在宪法和法律体系的框架内，依法稳步推进以明晰土地产权、确权登记颁证为前提，以促进城乡土地要素流动和资源高效配置为核心，以建立土地收益合理分配新机制为动力的农村土地股份制改革，通过政策制定和制度供给，实现农村集体土地所有权的最大化，使占有、使用、收益等权能得以落到实处，保障广大农民权益、增加农民群众财产性收入，完善农村土地制度。

感谢你们长期以来对国土资源管理工作的关心和支持。

中华人民共和国国土资源部

2013年5月21日

联系单位及电话：

国土资源部土地利用管理司　　(010)66558226

— 4 —

63. 关于寻求节约集约用地路径的若干建议*

（2012 年）

中共十八大报告中指出："要节约集约利用资源，推动资源利用方式根本转变，加强全过程节约管理，大幅降低能源、水、土地消耗强度，提高利用效率和效益"。大幅度降低土地消耗强度的根本途径就是走节约集约用地之路。

安徽省以占全国 3.2% 的耕地，养育着占全国 4.8% 的人口同时，每年还向省外输出 50 多亿千克粮食。随着工业化、城镇化和美好乡村建设进程的加快，安徽省耕地减少的势头一时还难以遏制，即协调保护耕地和经济发展的矛盾还任重道远。安徽省皖北平原区基本没有开垦潜力，沿江、沿淮湖泊应严禁围垦，丘陵岗地部分宜农荒地因水资源限制而难以开垦，皖南山区和皖西大别山区应加强生态建设，避免垦荒造成水土流失。因此，安徽省走开发耕地后备资源补充耕地的路子是行不通的，只有坚定不移地走节约集约用地促进耕地保护的路子。

目前，全国上下，有关节约集约用地的呼声彼此起伏，但收效却不尽如人意，其中一个重要的原因是口头上跟着喊口号的人多，懂得节约集约用地理论知识的人不多，结果导致路径不明，无从下手。为此建议：

---

* 中共十八大报告指出："要节约集约利用资源，推动资源利用方式根本转变，加强全过程节约管理，大幅降低能源、水、土地消耗强度，提高利用效率和效益。"如何落实这一精神，降低土地消耗强度，关键是要走节约集约用地的路子。基于此，本人向省政协递交了该提案，得到了安徽省国土资源厅的很好办理。

1. 土地利用还停留在粗放边际时不要扩大土地利用面积

粗放边际就是对土地投入的最低限度。在粗放边际以下，平均报酬和总报酬都不高，但边际报酬增加得快，即投入少，产出相对多。因此，在土地资源多、经济水平落后的情势下，人们容易走粗放经营土地的道路。但是，在这一阶段，农业上表现为盲目开垦荒地扩大耕地面积，广种薄收，掠夺地力，最终会导致地力衰竭，水土流失，环境退化；在城镇和工业发展上表现为盲目扩大面积，低矮厂房比比皆是，主要是通过“拼资源拼环境”来获取一时的发展。所以，当对土地投入还处于粗放边际以下，即土地报酬运动还处于第一阶段时，表明现有的土地还没有得到充分利用，此时应禁止扩大土地利用面积，即农业生产不要开垦荒地，城镇发展不要外围扩张，工业项目不要供地。

2. 土地利用超过了集约边际时就要停止对土地的投入，增加土地供给

集约边际是对土地投入的最高限度。超过了集约边际，继续加大对土地的投入，因为受土地受容力的限制，其转化能力或经济能力会成比例地下降。此阶段若继续对土地投入，不仅会造成报酬递减，而且会浪费资源，污染或破坏环境。如在农业生产过程中，过度强调密植，田间不通风、不透气，作物的光合效率会急剧下降，产量也会急剧下降；过多施用化肥，造成作物疯长、倒伏，果实的空瘪率提高，千粒重下降，同时病虫害加重；病虫害加重又要施用农药，造成环境污染。在城市发展过程中，不是高楼大厦越高越好，地下挖得越深越好。所以，当对土地投入超过了集约边际，即土地报酬运动开始进入第三阶段时，表明现有的土地已利用过度，此时应停止增加对地的投入，即农产品不能满足需求，就要寻求扩大农用地面积的路径；城镇发展就要适度和

理性扩张。

3. 在一定的科技水平和社会经济条件下，生产一定量的粮食必须有一定的耕地面积做保证

在一定的科技水平和社会经济条件下，因为受土地受容力的限制，土地的最高报酬是有限的，即单位土地面积的产能是有限的，不是“人有多大胆，地有多高产”。由于总产能等于单位土地面积的产能乘以土地面积，所以，生产一定量的粮食必须有一定的耕地面积做保证。在我国这样一个泱泱的人口大国，耕地的自然供给量仅在20亿亩左右，在土地利用上贯彻农业优先的原则尤为必要。

4. 加强基础设施建设，提高土地的受容力，推进更大的集约度

加强基础设施建设，可以提高土地的健康水平，进而提高土地的受容力，为推进更大的集约度奠定基础。所以，在农业发展方面，要加强农地整治，尤其是高标准基本农田建设，实现土地平整、农田水利、田间道路和生态防护四大工程配套，这样才能更有效地跟进“土、肥、水、种、密、保、管、耕”八大投入措施，实现高产稳产，减轻保护耕地的压力；在城镇化和工业化进程中，政府要把握好土地储备开发阶段和房地产二级开发阶段的“度”。即政府要严控土地储备开发阶段，要加大这个阶段的基础设施投入，严格实行净地出让，为房地产二级开发阶段推进更大的集约度奠定基础，同时政府可以把大量的级差地租Ⅰ转化为级差地租Ⅱ，不仅可以增加土地出让金收入，而且还可以设置集约用地指标控制体系，监管开发商粗放利用土地，减少建设用地盲目扩展侵占耕地的机会，实现以城镇节约集约用地为核心促进耕地保护的目标。

5. 加强节约集约利用土地的评价

重点是评价已利用的土地处于土地报酬运动的哪个阶段，建议安徽省国土资源厅立项对两个方面进行研究。(1)研究耕地利用状况。根据我省的不同区域特点，对耕地目前的利用水平进行评价，确定粗放边际和集约边际的投入水平，提出耕地建设方略。(2)研究全省 16 个市城镇及不同级别的开发区土地利用状况。根据 16 个市的自然条件和经济社会发展现状，对其建设用地利用水平进行评价，确定粗放边际和集约边际的投入水平，建立一套节约集约用地的指标体系，引导和制约不同级别的城镇建设与发展；对不同等级的开发区和不同产业用地进行评价，确定其粗放边际和集约边际的投入水平，建立一套节约集约用地的指标体系，实行微观管理和宏观控制相结合的双向约束机制，避免产业过多占地，开发区过度扩张。

6. 加强土地科学研究，引进先进的技术与手段

加强土地科学研究的目的在于研究制约土地节约集约利用的限制因素，提出推进节约集约利用土地的技术与手段。如研究发现，合肥市经济开发区节约利用的水平不高，一些花园式工厂表面看起来环境优美，但实质是通过粗放经营土地的方式，变相囤积土地。为此，我们要研究通过运用先进技术和手段，确定各行业、各产业用地粗放边际的投资强度，进而确定其用地规模，对多余的土地应按闲置土地处理。

安徽省国土资源厅

皖国土资函〔2013〕816号

对安徽省政协第十一届一次会议第0700号提案的答复

於忠祥委员：

您提出的《关于寻求节约集约用地路径的若干意见》的提案，现答复如下：

您在提案中以降低土地消耗、走节约集约用地的路子为主题，提出关于土地投入处于粗放边际以下时不要扩大土地利用面积、超过集约边际增加土地供给、农业优先的土地利用方针、以提高土地收容度推进集约度、加强节约集约利用土地评价以及通过产业粗放边际确定投资强度和用地规模等建议，对于提升国土资源管理工作水平，扎实推进我省节约集约用地工作有着很强的现实意义。

一、高度重视，把节约集约用地作为国土资源管理重中之重的工作来抓。当前，节约集约用地已成为国土资源管理服务经济社会发展大局的重要抓手和有效举措。我省以开展国土资源节约对您的建议，我们将进一步学习研究。同时，进一步改进工作，不断提升管理水平，切实推进节约集约用地工作。

办复类别：A类

联系单位：省国土资源厅土地利用管理处

联系电话：62553113

安徽省国土资源厅

2013年5月22日

抄送：省政府督查室、省政协提案委员会办公室

安徽省国土资源厅办公室　　2013年5月22日印发

安徽省国土资源厅答复件(选用部分)

64. 关于建立节约集约用地机制的若干建议*

(2012 年)

中共十八大报告明确指出:“要节约集约利用资源,推动资源利用方式根本转变,加强全过程节约管理,大幅降低能源、水、土地消耗强度,提高利用效率和效益。”大幅度降低土地消耗强度的根本途径就是走节约集约用地之路。中共第十六届五中全会就明确提出:“两型社会”是从我国国情出发而做出的一项重大决策;我国“十一五”规划把“建设资源节约型、环境友好型社会”上升为落实节约资源和保护环境基本国策的重大举措,提出节约土地,要求“落实保护耕地基本国策。管住总量、严控增量、盘活存量,控制农用地转为建设用地的规模。建立健全用地定额标准,推行多层标准厂房。开展农村土地整理,调整居民点布局,控制农村居民点占地,推进废弃土地复垦。控制城市大广场建设,发展节能省地型公共建筑和住宅。到 2010 年实现所有城市禁用实心黏土砖”;我国第三轮土地利用总体规划修编,把集约利用土地作为核心。凡此等等,表明我国实施节约集约用地谋发展的理念早已树立。然而,真正落实起来却举步维艰,究其原因,还是机制问题。为此建议:

1. 要建立工业用地弹性出让机制

很多工业项目都有一个生命周期,其用地的出让期限全部定为 50 年,势必造成工业荒地,包括低效、闲置,甚至转手,造成国有资产

---

* 节约集约用地的路径和机制,前者指明的是方向,后者是制度的保障。基于此,本人向省政协同时提交了路径与机制两份提案,旨在推动我省节约集约用地进入常态化。

流失。该机制的核心内容是:在继续推行和完善国有土地出让制度的前提下,把租赁作为出让方式的补充,并实行多元化租赁方式。

2. 要建立土地利用总体规划跟进机制

要倡导土地利用总体规划与相关规划的对接,即在留有余地的前提下,土地利用总体规划与各类相关规划特别是城镇和村镇建设规划实现高度重合,这样更有利于各个规划的落实。因此,要进一步解放思想,引进弹性规划理念,使土地利用总体规划及时跟进省委省政府的重大决策。第三轮土地利用总体规划,因为没有突破新增建设用地的概念约束,除了城市范围扩大了,其他和现状没多大区别。如农村居民点,基本上是原来的规模,和美好乡村建设规划是两张皮。因此,安徽省要针对农村实际,积极争取国家政策,为美好乡村建设下一道“尚方宝剑”,即通过宅基地整治腾出的部分农村建设用地用于美好乡村建设,不应列入年度新增建设用地指标,但前提是保证复垦的耕地质量不能低于被占的耕地质量。

3. 要建立节约集约用地经验引进机制

采取“走出去,请进来”的方式,积极引进和推广国内外关于节约集约用地的成功做法和经验。如可以结合安徽省不同区域的自然和社会经济条件,对已有的诸如“科学规划‘管地’模式”“开发整理‘增地’模式”“增减挂钩‘换地’模式”“旧村改造‘腾地’模式”等节约集约用地的模式进行继承和改造,为我所用。

4. 要建立合理的利益分配机制

马克思将级差地租划分为两种形态,即级差地租Ⅰ和级差地租Ⅱ,并根据两者的来源不同,提出了级差地租的分配原则,即级差地租Ⅰ归土地所有者所有,级差地租Ⅱ大部分归土地经营者所有。因为级差地租Ⅱ的基础是级差地租Ⅰ,所以应有一部分归土地所有者所有。按照这个原则,合理确定国家、集体和个人的责、权、利，为推进社会和谐奠定基础。

5. 要建立节约集约用地奖惩机制

各级政府要将土地资源节约集约和高效利用作为工作目标之一，全面推行节约集约用地考核奖惩激励机制。如对超标准用地的，坚决核减用地面积；对用于建设多层标准厂房的项目用地，优先解决用地指标，具体可在省里下达给各市的年度土地利用计划中划出一定比例，专项用于各类开发区和产业集聚区多层标准厂房建设；建立节约集约用地专项奖励基金，市、县从土地出让金中提取一定的比例，与土地闲置费一并纳入节约集约用地专项奖励基金，奖励节约集约用地的先进企业和单位。

65. 关于降低安徽省土地消耗强度的若干建议*

(2012 年)

中共十八大报告明确指出:“要节约集约利用资源,推动资源利用方式根本转变,加强全过程节约管理,大幅降低能源、水、土地消耗强度,提高利用效率和效益。”大幅度降低土地消耗强度就是要求发展要走内涵挖潜的路子,避免拼资源、拼环境。为此建议:

1. 突出规划的引导、约束和控制地位

(1)发挥规划的整体控制作用。安徽省各地要结合区位及资源优势,在土地利用总体规划的引导和控制下,建立和完善各区域、行业、项目的土地节约集约利用规划体系,统筹区域用地和产业发展用地。各级人民政府要充分发挥土地利用总体规划的调控作用,集中布局工业用地;要按照城市规划确定的城市主中心、次中心,集中供应土地、集中开发、逐步建成商业区和居住区;土地利用总体规划与城镇规划要实现“无缝”对接,使规划的龙头作用在土地管理实践中得到充分发挥,使“以规划定方向,以项目定土地,以投资定面积,以土地定产出”的宏观引导与微观控制手段落到

---

* 节约集约用地的实质是通过降低土地消耗强度来实现。基于此,本人在提交节约集约用地路径与机制两份提案的基础上,经过深入思考,在政协会期间又向省政协递交了降低土地消耗强度的提案。后由民革安徽省委会转为社情民意,得到省领导的重要批示,催生了《安徽省人民政府关于进一步强化土地节约集约利用工作的意见》(皖政〔2013〕58 号)文件的出台。民革中央网站以《民革党员於忠祥建议助推安徽土地节约集约利用政策出台》为题予以报道;安徽省政协网站以《一份提案催生了一份文件的出台》为题给予报道;安徽省国土资源厅在安徽省繁昌县召开了全省由分管市长、县长及市、县(市、区)国土资源局局长参加的关于出台省政府文件征求意见会,本人作为特邀专家参会。

实处。

(2)落实产业导向政策。要严格执行国家的产业政策,结合区域产业特点和加快产业转型升级的有关要求,将产业项目分为鼓励类、允许类、限制类和禁止类。对于限制类项目要有条件供地,对于禁止类项目一律不供地。即使是鼓励类和允许类项目,也要制定不同的供地标准,对用地规模过大的项目必须采取分期供地。

(3)优化区域用地格局。①科学划分产业集聚区土地利用功能区,合理地确定各功能区和地块的用途。在工业项目密集型区域,要提高生产用地比例,降低用于其他功能的用地比例,适当配置生产防护和公共绿地用地,在兼顾综合效益的同时,实现土地的利用率和产出率最大化。②引导企业向产业集聚区集中。本着产业集聚、资源共享、节约集约的原则,结合产业集聚区发展规划、功能分区,制定产业集聚区项目的准入门槛,具体通过建立节约集约用地指标体系进行控制。凡不符合条件的招商引资项目,不得入驻,一律不准供地;对符合进入产业集聚区条件的项目而不进入产业集聚区的,也一律不得供地。特别强调的是:对于高耗能、高污染的项目要严禁进入产业集聚区。安徽省在皖江城市带承接产业转移示范区的发展建设过程中,尤其不能形成“一江毒水向东流”的局面,即要保障产业集聚区向良性健康的方向发展。③要引进“增长管理”和“精明扩展”理念。要积极引进先进的土地利用工程技术,把现有建成区的开发密度和强度提高到合理的水平,以减少新增建设用地需求。具体的方法是:土地利用总体规划划定城镇增长边界,城镇规划合理规划边界以内的开发密度和强度;推广使用公共交通、自行车和步行;积极推进保障性住房、廉租房以及高密度住房的建设等。

2. 市场配置辅以适度的政府管制

要进一步加强和完善垄断竞争型土地市场建设。(1)要高度垄断一级土地市场,做到管而不死。政府在实行"一个龙头放水"的同时,要积极营造用地者之间公平竞争环境,保证土地以市场价格出让。(2)要进行城镇整体规划设计,确定整体开发步骤。(3)要加强土地督察,规划范围内的建设必须符合城镇整体规划设计和开发步骤;规划范围外禁止建设,确保土地开发规模的控制;要清理整顿隐形市场,依法处置"小产权房"。(4)要加强建设用地年度供需平衡分析研究,预测建设用地的市场需求,制定土地供应计划和供地序列,运用土地供应量调控土地市场。(5)要严格执行各项法律法规和政策,坚决杜绝开发商囤积土地,进行投机,确保建设用地发挥最大效率。(6)要放开搞活二级土地市场,做到放而不乱。二级土地市场原则是以市场竞争为主,各级政府主要从外部制定和维护法律秩序,为市场竞争营造良好的环境,重点是对土地转让、租赁、抵押等条件下的价格及征税等方面进行控制。

3. 利用经济杠杆,迫使土地利用者自觉地节约集约利用土地

(1)尝试征收不动产税。具体可以实行差别化的税收政策,引导业主更加节约集约利用土地。如对粗放利用的土地施以重税,集约利用的土地施以轻税,对闲置土地增设土地闲置税;制定城镇住房标准,在标准内的业主免税,超过标准的实行累进税率。

(2)控制增量土地,挖掘存量土地。理论上讲,单位面积增量土地的出让金应该大于存量土地。然而,现实却恰恰相反,往往是城市存量土地出让金远远高于增量,原因是在城市土地出让过程中,人们对于存量和增量土地的定价忽略了增量土地的资源资产价值和生态价值等,从而促使土地使用者更愿意选择增量土地,导

致城市无节制外围扩张，侵占大量耕地，同时城市内部土地大量闲置，处于低效利用状态。所以，建议增量土地出让金测算时，要逐渐提高增量土地投资收益补偿和土地转用后生态功能损失补偿，实现用经济杠杆迫使用地者走内涵挖潜的道路。

4. 严格政府审批程序，从源头上打造节约集约用地的政策环境

(1)改革审批制度。按照“责、权、利”统一的原则，调整土地征收和农用地转用审批方式，实现土地“审批、供应、监管”一体化管理。

(2)强化项目审批管理。主要从宏观和微观两个方面着手。如果在微观上实行无政府主义，必然导致宏观失控。宏观管制主要是审查项目性质是否符合规划和产业政策；微观控制主要审查项目是否符合建设用地定额标准。

为了保证宏观调控目标的实现，加强微观控制尤为重要。因此，我省要结合实际和社会经济发展态势，修编公共设施和公益事业建设用地标准，重新审改现有各类工程项目建设用地标准，主要是指导修订和完善各市、县、镇的建设用地投资强度、容积率、建筑系数、行政办公及生活服务设施用地所占比重四项指标，防止地方政府为了眼前利益，忽视长远利益，蓄意降低建设用地标准。

2013 年，安徽省国土资源厅在安徽省繁昌县召开的关于出台节约集约用地文件讨论修改会现场（作者左二）

66. 深化农村土地制度改革　推进新型城镇化发展*

（2013 年）

新型城镇化以民生改善为根本目的。但由于城乡二元的土地制度，在征地、补偿标准和征地收益使用等方面存在明显的城市偏向，导致失地农民利益受损，产生诸多矛盾和问题。深化农村土地制度综合改革，保障农村土地权益不受侵害，是新型城镇化发展的重要前提和保障。

1. 推进以确权为核心的土地制度改革

推进新型城镇化，必须同步推进农村土地产权改革。改革的目的是要明晰土地产权，强化土地物权，让农民充分享有土地用益物权。当务之急是要做好包括农地和集体建设用地在内的登记、确权和发证工作，加快推进农地和宅基地的地籍调查与测量，做好农地承包经营权、宅基地及其附属设施用地用益物权的登记、确权和发证工作（以下简称农民土地权利证书）。

2. 弱化农村集体土地所有权，强化使用权

要将现行农村土地的“共同共有产权”适用范围减少到最低限度。今后，土地关系的调处要逐步实现社会化、法制化，避免由少数村干部说了算。即使有了土地纠纷，当事人应通过仲裁机构

* 本文为本人在 2013 年 5 月安徽省政协举行推进新型城镇化建设资政会上的发言。时任中共安徽省委书记张宝顺，省委副书记、代省长王学军，省政协主席王明方，省委副书记李锦斌，省委常委、常务副省长詹夏来，省委常委、省委秘书长唐承沛，以及在肥省政协副主席、在皖全国政协委员、在肥省政协常委、省直有关单位负责人等出席会议。本发言稿，首次阐述了建立农村土地储备制度，得到省国土资源厅厅长的充分肯定，表示加紧试点，逐步推进。

或者法院解决，行政村或农村社区干部只管农民授权的公共事务。农民凭借其土地权利证书，长久享用其用益物权，可以抵押和继承；运用规划规定土地用途，制约产权，实行农地农用；运用法律和政策，完善流转机制，设定必须流转、有条件流转、自愿流转和不流转的条件，规定受益标准和受益方式；采取土地整治手段，逐步实现土地集中经营，居民集中生活。

3. 建立城乡统一的土地市场

我省农村宅基地面积约为 114 万公顷，至 2020 年，至少可整治 21 万公顷，是一笔巨大的资产，是城镇发展的后备资源。但不能以“加速城镇化进程”和建设工业园区为名，低价攫取农村宅基地进行扩城、造城，应该遵循国有土地与集体土地权利平等的原则，以建立农村建设用地储备制度为平台，构建城乡统一的土地市场，城镇建设用地的“增减挂”指标必须通过市场，采用“招拍挂”的方式获得。目前，可以尝试以行政村或农村社区为单位成立农村建设用地储备中心，负责本集体建设用地包括宅基地的回收、整治、出让、出租和分配等，以显化、盘活和实现农村宅基地资产价值，走用土地经营农村的发展之路。

4. 划定城镇建设与耕地补充“缓冲区”，破解“先补后占”的难题

“缓冲区”就是在土地利用总体规划的指导下，划定城镇建设范围和建设时序以及耕地补充范围和补充时序，并严格规定补充耕地质量。在“缓冲区”内，要做到耕地占补的空间平衡，但时间上不一定同步，可通过设定“缓冲期”规定时序。在“缓冲期”内实现“缓冲区”耕地占补平衡的，均视为“先补后占”。缓冲期的长短，应根据农村居民点退耕滞后于城镇建设用地扩展的时间来定，起始可长一点，往后可逐年缩短，直至最后真正实现先补后占。

5. 改革征地制度,提高农民在土地增值收益中的分配比例

(1)改革补偿安置标准。应结合省情,从以下四个方面综合考虑,确定农村土地征收补偿标准:①依据农地质量定价,制定征地价格补偿标准;②以规划用途确定征收后的地价,制定征收土地升值的返还标准;③依据市场经济准则,确定补偿安置的构成要素,包括被征收部分的补偿、土地投资利息的补偿、有害或不良影响补偿、干扰损失补偿和重新安置的困难补偿等;④完善权利补偿体系,即不仅要对征地集体和农民给予土地所有权和土地承包经营权的补偿,还要考虑对征地农民的生存保障权、发展权、生态安全权等给予补偿。

(2)改革分配方案。主要包括调整分配比例,确保农民利益;试行土地产权主体适当分解体制,让农民"保权增利";建立征地基金,消除"同质异途"补偿安置悬殊的弊端。

(3)改革安置方式。征地安置方式不能千篇一律,应区别不同地区和安置对象,从实际出发,采取形式多样的安置方式,主要包括保险安置、创业安置、就业安置和货币安置等。

6. 建立土地流转准入制度,保障流转土地的用途不变和高效利用

新型城镇化必须与农业现代化同步推进。在现行农村土地经营制度下,推进农业现代化的前提是土地的流转和集中。鉴于农村土地流转存在的诸多问题,建议尽快建立以土地流入者的资格认证为核心的土地流转准入制度,包括资信条件、经营能力、管理水平等。通过建立土地流转准入制度,规范土地流转行为,培育大批农场主,成为新型城镇化的后盾。

2013 年 5 月，在安徽省政协举行的推进新型城镇化建设资政会上发言

67. 关于深化农村土地制度改革的建议*

（2014 年）

2014 年 1 月上旬，全国政协副主席、民革中央常务副主席齐续春率民革中央调研组赴安徽省，就深化农村土地制度改革进行了调研。通过与安徽省、合肥市及肥西县政府及有关部门负责同志的座谈与交流，在肥西县花岗镇和山南镇等地的实地考察，以及此前在山东、辽宁、四川一些地方的调研考察，调研组认为，十八届三中全会对土地制度的改革部署极为重要、非常及时，必将对我国城乡发展一体化起到极大的推动作用。

35 年前，安徽小岗村农民自发试验“大包干”制度，带来了全国范围的土地制度改革，为我国改革开放时期现代化建设的巨大进步奠定了基础。十八大之后，安徽对新形势下农村土地制度改革进行了积极探索，提出了一些新的改革举措，一些改革试点取得了一定进展。

总的说来，从国家粮食安全的角度来看，从 6.656 亿农村常住人口的就业和生存保障来看，农地制度改革必须以稳为先、有序推进。（1）必须确保 18 亿亩耕地红线不得突破。（2）必须确保种粮农民的利益得到保障。（3）必须确保粮食主产区地方政府财政收

---

* 2014 年 1 月上旬，全国政协副主席、民革中央常务副主席、民革中央“三农”委员会主任齐续春，率领民革中央调研组赴安徽省，就深化农村土地制度改革进行了专题调研。本人全程参加了调研，设计了调研方案，撰写了调研报告初稿。

安徽农业大学继续教育学院院长、土地资源管理学博士何如海副教授参与调研和报告的起草，表示谢忱。

入不低于全国的平均水平。同时,必须在坚持农村土地集体所有的原则下推进改革,以确权为基础,以明晰农村土地产权、强化土地物权为目标,努力破除城乡二元结构,推进城乡发展一体化。

为此建议:

1. 积极、稳妥、切实推进农村土地确权颁证工作

2013 年中央 1 号文件提出 5 年内完成这项工作,从许多地方的实际情况看,应当加快这一进程。农地确权登记颁证,既要确认农民集体经济组织的土地所有权,也要确认农民的承包经营权,而后者是核心和关键。一些地方农民成立了合作社或土地股份合作社,可以在颁发集体所有权证书的同时颁发农民的承包权证书或者土地股权证书。在此基础上,才可以引导和鼓励农民流转所承包土地的经营权,承包人以承包权取得合法收益。

2. 确保农村建设用地的经营权和收益归农村集体经济组织成员共享

在严格规划、管制用途的基础上,允许农民集体开发农村建设用地,发展休闲农业、乡村旅游和各种服务业等;允许农民以农村建设用地作为资本直接参与工业化和城镇化,分享土地增值收益,包括以农村集体建设用地置换城镇建设用地指标,参与城镇工商业园区和房地产业建设。

3. 严格规范城市工商企业进入农村的准入条件

建立土地流转准入制度,对土地流入者的资格进行认证,包括资信条件、经营能力、管理水平等;建立规范土地流转的监管制度,对土地用途和经营水平进行监控,发现违反规划用途或利用效益低下的,采取警告、整改、罚款和收回流转土地的惩罚措施,确保流转土地的用途不变和高效利用,以保障粮食安全。

4. 以农村建设用地储备制度为平台，建立农村宅基地退出机制

可以以行政村或农村社区为单位，成立农村建设用地储备中心，负责本集体建设用地包括宅基地的回收、整治、出让、出租和分配等，以盘活农村建设用地、实现宅基地的资产价值。农民退出的宅基地，整治复垦成耕地，获得的建设用地指标一部分用于规划的新村建设，一部分可以上市交易。上市交易出售的建设用地指标，必须在城镇规划区内按照规划的用途和容积率进行使用，同时农民可以凭借宅基地权证、按市价获得收益，包括到新村等价换房，也可以到城镇换房，享受城镇居民同等待遇。

5. 实施差别化的土地供给政策，促进新型城镇化协调发展，限制（特）大城市“摊大饼”式发展

建设用地增量供给指标原则上要向中等城市，尤其是县城倾斜；城乡建设用地“增减挂”指标原则上只用于县城和建制镇建设。对于大城市和特大城市原则不安排建设用地增量供给指标，通过建立激励机制，鼓励其编制和实施建设用地减量增长规划。

6. 在省域范围内落实“人地挂钩”政策

根据2014年中央1号文件关于“加大力度落实‘米袋子’省长负责制”的要求，耕地总量动态平衡应该在省域范围内实现，这样才能保障主体功能区规划的顺利实施。建议允许各省在省域内探索开展城乡之间、地区之间人地挂钩政策试点，实行城镇建设用地增加规模与吸纳农村人口进入城市定居规模挂钩、城市化地区建设用地增加规模与吸纳外来人口进入城市定居规模挂钩。

7. 放开“宜居不宜耕”土地的开发利用政策

我国各地有很多“宜居不宜耕”的土地，如安徽省皖南山区和

大别山区的低丘缓坡地、江淮分水岭岭脊,新疆、甘肃、青海等的戈壁滩等。这些土地荒芜贫瘠、不宜耕种,但可以开辟为建设用地,用于发展城镇和工业,建设“卫星”城镇。建议国家制定优惠政策,鼓励运用规划引导利用“宜居不宜耕”的土地发展城镇和工业,并且在税收等方面给予优惠。

8. 实施既保障粮食安全又保障建设的土地政策

我国第三轮土地利用总体规划,无论在用地指标上还是在空间布局上,都不能适应新型城镇化的推进,必须加以修改。建议在建立基本农田保护省长负责制的基础上,把布局调整与优化的权力下放给地方,使各省在确保基本农田面积不变和质量有所提高的原则基础上,对城市、城镇建设做出更加合理的规划和布局。

民革中央“农村土地制度改革调研组”全体人员合影

68. 关于深化工业用地供给方式改革的建议*

（2014 年）

目前，我国工业用地供给方式主要是“招拍挂”。“招拍挂”出让制度虽然较好地发挥了市场在土地资源配置中的基础性作用，在落实保增长、扩内需、促进经济平稳较快发展的预期目标中发挥了重要作用。但工业项目的产业性、带动性和科技性等特点，决定了工业用地“招拍挂”出让具有不同于其他经营性用地“招拍挂”出让的特殊性和复杂性。工业用地供给方式在优化资源配置的同时，其供地方式单一性在某种程度上已不完全适应经济发展方式转变与产业结构快速调整升级的需要，企业需求与现行供地政策的矛盾不断出现。具体表现在以下几个方面：

1. “招拍挂”出让年限设置与经济规律不符，弱化了政府对土地市场的调控能力

现行法律规定工业用地出让最高年限不超过 50 年，但在执行中，地方政府为追求短期效益，一律采取以最高年限供应，忽略了产业生命周期和企业生命周期，与经济规律不符。研究资料显示，我国中小企业生命周期普遍较短，往往不足 5 年，50 年的出让年限显然不利于工业用地退出机制的建立。一次性出让 50 年，政府调节土地市场的能力明显弱化，加大了盘活存量土地的难度，导致

* 这份提案提出的观点实质就是 2015 年后提出的供给侧改革问题。对工业用地出让 50 年，本人于 21 世纪初就提出质疑，并在多次场合提出反对建“花园式”工厂的意见，认为“花园式”工厂就是规避我国土地出让关于闲置土地处罚的一种“精明”方式，实质是变相囤积土地。

出现新兴产业无地可用，一些传统产业却占用大量土地，低效利用甚至闲置。这种单纯依靠增量的用地模式，进一步激化了用地供需矛盾，加大了保护耕地红线的压力。

2. 土地闲置与企业用地缺乏并存，工业用地的供需矛盾日益凸显

按目前的政策，新供应的工业用地必须以“招拍挂”方式出让，部分企业，特别是中小企业或小微企业，在资金不宽裕的情况下，花费宝贵的流动资金取得土地使用权，剩余用于购买原材料、科研生产的资金必然随之减少，如产品一时滞销或销售资金超期回流，则必然造成资金周转困难，企业的建设与生产活动就会大受影响，进而引发工业土地闲置。这种情况近年在部分地区已经逐步显现，而收回空闲的工业用地目前尚难以操作。与此同时，一些新型的工业企业受建设用地指标限制，却无地可用。

3. 工业用地无序流转，土地资源的市场配置作用难以发挥

部分企业生产经营一段时间后，原来的朝阳产业可能变成了夕阳产业；部分企业生产规模小、工艺技术落后，受国家宏观调控特别是产能调控影响，可能会被勒令关停；部分企业由于经营不善，导致负债多，可能会停产或破产；也有部分业主经营企业一段时间后，感觉收益未达到预期，产生转行的想法。以上情形发生后，可能会造成工业用地无序流转，导致土地资源的市场配置作用难以发挥。

4. 低价拿地，投机牟利，造成国有资产流失

部分土地使用权人利用地方政府招商引资的急切心理，以国土资源部规定的工业用地最低价取得工业用地土地使用权，在完成最低的投入后，迅速以市场价转让土地使用权或者随后调整规划，改为商住用地，达到短期内牟利的目的，导致国有资产流失。

为解决述问题，必须改革现行的工业用地供给方式。为此建议：

1. 将以出让为主的工业用地供给模式，转为以租赁为主的供给模式

按照不同工业类型的一般经济周期、产业特点、转型升级快慢等，设定不同的工业用地使用权租赁年限，将绝大部分工业用地以出让 50 年土地使用权方式供应的模式改变为按不同工业类型等以租赁方式供应为主的模式。

2. 严格限制以出让方式供应工业用地

采取出让土地方式供应工业用地，应限于关系到国计民生行业、国家重大工业项目、国有独资企业等的工业用地。

3. 改革现行对工业企业用地绩效的考核体系

将难以认定的亩均投资强度考核，改为容易衡量的单位工业用地面积纳税额指标考核，对达不到规定纳税额标准的，责令限期整改，整改后仍不达标的，可提高其租赁费，且租赁到期后不予续租。

4. 加强配套制度建设

为减轻工业用地使用者的负担，可配套出台土地使用权租赁的有关规定，允许租赁人将租赁权进行抵押融资。此外，还应配套出台有关土地租赁权到期后续租的规定，明确规定对租赁期间符合国家制定的单位土地纳税额标准的企业，在租赁到期后，优先安排其继续原地续租（甚至免招标、拍卖、挂牌出租程序，给予协议出租）；对需增加用地的，在符合用地指标规定的情况下，优先安排用地。

5. 出台地方性法规，规范存量工业用地流转市场

目前，我国工业用地流转主要依据的政策法规有：《城镇国有

土地出让与转让暂行条例》《国务院关于加强国有土地资产管理的通知》《中华人民共和国城市房地产管理法》《国务院办公厅关于加强土地转让管理严禁炒卖土地的通知》和《土地管理法》等。对已交完土地出让金并按正常价格转让的工业用地而言,上述法规中的相关规定对制止工业用地无序流转并无多大约束力。迫切需要出台地方性法规,规范闲置工业用地流转市场,治理工业用地无序流转乱象,切实发挥市场在土地资源配置中的决定作用,杜绝底价拿地,投机牟利等现象,避免造成国有资产流失。

69. 关于创新土地管理体制机制　扶持发展新型农业经营主体的建议*

（2014 年）

近年来，我国耕地季节性抛荒十分严重。对江淮丘陵调查的结果显示：冬、春两季耕地抛荒的比例一般在 1/3 到 2/3，有的地方，甚至上千亩的连片圩田全部抛荒，而且呈现距城镇越远抛荒越严重的趋势。因此，随着工业化、城镇化的快速推进和农村劳动力的大量转移，“地谁来种和地怎么种”的问题日益凸显。调查还发现，凡是土地流转给种植大户、家庭农场、产业化龙头企业和农业合作社等农业经营主体经营的，都呈现一片生机勃勃、丰收在望的景象。实践证明：我国未来的农业发展，必须通过各种体制机制创新，促进农业转移人口市民化和农村土地经营权流转，让更少的农民种更多的土地，其根本出路在于培育新型农业经营主体，引领现代农业发展。据农业部统计，截至 2013 年年底，全国承包耕地流转面积 3.4 亿亩，流转比例达 26%。经营面积在 50 亩以上的专业大户超过 287 万户，家庭农场超过 87 万个；全国依法登记注册的专业合作、股份合作等农民合作社达 98.24 万家，实际入社农户 7412 万户，约占农户总数的 28.5%；各类产业化组织总数达到 33.41 万个，其中龙头企业 12.34 万家，辐射带动种植业生产基地

* 本文为本人在 2014 年在构建新型农业经营体系界别协商会上的发言，后转为社情民意，呈报时任安徽省人民政府副省长梁卫国同志。这是较早提出农村承包地“三权分离”的问题，同时提出建立“家庭经营为主体，其他形式为补充，准入与监控制度为保障”的农地流转与经营机制，具有超前性。

约占全国农作物播种面积的六成，带动畜禽饲养量占全国的2/3以上，带动养殖水面占全国的八成以上。中共中央和国务院审时度势，站在历史的高度，把构建新型农业经营体系作为发展现代农业的重大任务。中共十八大提出"培育新型经营主体，发展多种形式规模经营，构建集约化、专业化、组织化、社会化相结合的新型农业经营体系"；习近平同志在中央农村工作会议上强调，要把加快培育新型农业经营主体作为一项重大战略；李克强同志在《政府工作报告》中指出："坚持家庭经营基础性地位，培育专业大户、家庭农场、农民合作社、农业企业等新型农业经营主体，发展多种形式适度规模经营"；2014年"两会"期间，"如何培育新型农业经营主体"这一话题再次升温；2014年的中央农村工作会议又一次强调："要引导和规范土地经营权有序流转，发展各类新型农业经营主体"。从总体上看，我国新型农业经营主体只是初步形成，一些落后的土地管理理念，却制约了农业经营主体的健康发展。为此建议：

1. 区别不同权利主体，加快推进农地确权发证，促进农地流转、农地金融和发展壮大集体经济

(1)要针对流转农地"三权分离"的态势确权发证。目前，流转的农地已形成了"三权分离"的态势，即所有权属集体，承包权属承包农户，经营权属农地流入者。与之对应，农地确权后要发放三证。

①要解放思想，彻底打破计划经济体制形成的"队为基础，三级所有"的集体土地所有制框架，明确农民集体所有权主体为村民委员会。要采用第二次土地调查成果，确定各集体所有土地的坐落、界线、四至和面积等，并依法进行登记、确权，并将集体土地所有权证书发放至土地所有者，即村民委员会。土地所有权证书要

载明土地所有者名称、土地坐落、四至及面积等，做到确权、确地。

②要采用承包合同规定的面积和农用地分等成果，依法将农地承包经营权证书发放至该农地的承包户，其上要载明土地承包者名称、面积和等别等，只确权、确股不确地。我国农地承包由于实行的是均包制，所以细碎化问题很普遍。据调查，一户承包的土地，少则五六元，多则十几元，如果确权确地，不仅成本高（来自安徽省肥西县柿树乡的实际调研，一亩地高达200元），而且没有实际意义，属“劳民伤财”之举。因为土地流转后，一经整治，所有界线必将荡然无存。同时，确权确地至少有两大弊端：一是阻碍了土地流转，因为土地流转时，其面积是按承包合同算，还是按确地后算，难以厘清；二是可能会有意想不到的隐患，如土地征收时面积的确定等。

③要运用测绘手段和农用地分等成果，对土地流入者（农业经营主体）流入的土地进行准确的测量，并依法发放农地经营权证书，其上要载明土地坐落、四至范围、面积、等别和流转期限，要确权、确地。

（2）要让农地权利主体充分享有应有的权利和义务。

①承包农户：既可以用土地承包经营权证书抵押贷款，发展生产，也可以保留承包权，采用租赁、入股、信托等多种方式流转经营权。经营权流转后，要在其承包经营权证书上载明流转信息。

②土地流入者：凭借农地经营权证书既可以抵押贷款，也可以享受新型农业经营主体的各项惠农政策。

③农地所有者：要更好地发挥村民委员会在土地流转过程的作用。一是协调作用，即协调农户和土地流入者之间的关系，维护双方的合法权益，鉴证流转合同签订；二是助动作用，即在保证依法、自愿和有偿的原则下，村民委员会可以采取“反租倒包”的形

式,将农户的农地经营权租赁过来,再流转给种植大户或家庭农场等农业经营主体;三是做好基础工作,即对流转后的土地进行地籍测量,多出的土地由集体依法支配,用于发展集体经济。

2. 区别不同的农业经营类型,实施差别化的供地标准,保障农业附属设施用地

目前,新型农业经营主体普遍存在农业附属设施用地,如仓储、晒场等用地取得难的问题,对其生产造成了较大的影响了。其实,早在 2010 年,国土资源部、农业部已联合发布了《关于完善设施农用地管理有关问题的通知》(国土资发〔2010〕155 号),只是各级地方政府没有执行,或执行不到位。因此,各省(自治区、直辖市)农业部门会同国土资源部门,制定各类生产设施和附属设施用地标准,保证农业附属设施用地规模占项目用地规模的比例或面积不低于国土资发〔2010〕155 号文件规定的标准,即工厂化作物栽培为 5%,最多不超过 10 亩;规模化种植为 3%,最多不超过 20 亩;规模化畜禽养殖为 7%,最多不超过 15 亩;水产养殖为 7%,最多不超过 10 亩。

各省(自治区、直辖市)国土资源和农业部门要根据实际情况,依据《土地利用现状分类》(GB/T 21010—2007),对生产设施和附属设施用地做出进一步规定,同时对用地的申报、审批和利用等,进行全程监管。对于兴建农业设施占用农用地的,不需办理农用地转用审批手续,其中,生产设施占用耕地的,生产结束后由经营者负责复耕,不计入耕地减少考核;附属设施占用耕地的,由经营者按照“占一补一”要求负责补充占用的耕地。

3. 依据区域实际,因地制宜地推进农地建设,确实解决农业基础设施落后的问题

要区别不同地域,因地制宜地确定农地建设项目,包括农业综

合开发、高标准基本农田和土地整治项目等。如江淮丘陵地区和皖南、皖西山区，其土地成片规模一般在几十亩和几百亩，农地建设项目要采取“打捆式”自下而上申报，自上而下落实，上下结合监管的运行机制。即由农业经营主体申请，县（市）级主管部门统筹，将若干个农业经营主体经营的土地“打捆”成一个项目申报；省、市级主管部门赴现场勘查、核实后，制定原则、标准，并按亩均投资额将经费下拨至县（市）级财政；县（市）级主管部门根据农业经营主体的诉求，负责项目的规划、设计、预（决）算、施工和监管等；省、市级主管部门负责验收。

4. 建立“家庭经营为主体，其他形式为补充，准入与监控制度为保障”的农地流转与经营机制

在土地流转过程中，要确保农民家庭承包经营的主体地位。让公司法人大规模地流入农地，成为农业的经营主体，把农民变成农业工人，只是农村土地流转的一种方式，不是方向。目前工商企业直接租赁农户承包地的比例还不高，但流转面积增长的速度却很快，2012 年流转入企业的土地面积比 2011 年增长 34%，2013 年比 2012 年又增长了 40%。因此，对工商企业进入农业既要鼓励引导，又要加强监管，即工商资本进入农业要带领农民，而不是代替农民。故此，应该设置门槛，限制在有限的耕地上允许工商企业以资金雄厚的资本实力去和弱小的农户争夺耕地经营权。十八届三中全会虽然“鼓励和引导工商资本到农村发展适合企业化经营的现代种养业”，但并不意味着所有的企业家都允许投资农业，即农地流转要设置条件，防止形成新一轮掠夺农村土地资源的运动。因此，必须建立土地流转准入制度和监控制度，保障流转土地的用途不变和高效利用。准入制度的核心是对土地流入者的资格进行认证，包括资信条件、经营能力、管理水平等。通过建立土地流转

准入制度,规范土地流转行为,培育大批农场主;监控制度就是对土地用途和经营水平进行监控,发现流转土地的利用违反规划用途,或利用效益低下的,采取警告、整改、罚款和收回流转土地的惩罚措施,确保农地农用和高效利用。

70. 关于进一步规范农地承包经营权流转的若干建议

（2014 年）

中共十八届三中全会做出的《中共中央关于全面深化改革若干重大问题的决定》（以下简称《决定》）指出："加快构建新型农业经营体系。坚持家庭经营在农业中的基础性地位，推进家庭经营、集体经营、合作经营、企业经营等共同发展的农业经营方式创新。"截至 2013 年年底，安徽省耕地流转面积达 2012.4 万亩，占全省耕地总面积的 32.2%（统计数），流转形式主要有转包、转让、互换、租赁、入股等几种类型，流转载体主要是种植大户、农民合作社、龙头企业、家庭农场等新型农业经营主体，其中农民合作社、家庭农场等新型经营主体快速发展。因此，我省农地经营权流转形式和农业经营主体，符合《决定》确定的方向。2013 年，我省城镇化率在 48% 左右，与耕地流转量比，表明有很多外出务工人员没有流转承包地，从而导致耕地抛荒，或者粗放经营。于是，一些领导为了"面子工程""政绩工程"等，滋生了急于求成的思想，开始"为民做主"，将农民的承包地流转给一些投资者，出现了土地流转后急功近利的土地经营方式，如耕地非粮化问题等；有些投资者，其目的是为了乘"机"囤积土地，根本不懂经营农业，造成了亏缺农民租金问题等。为进一步规范我省农地承包经营权流转，提出如下建议：

1. 农地承包经营权流转切忌急于求成

"大包干"政策的核心是分田到户，采用的是"人人有地，户户分田”的均包制，适应了当时我国农村“作业靠人力，耕作靠畜力”的生产力水平。但是，这种超小规模的生产方式已经不能适应当今的生产力水平。因此，深化农地经营制度改革，放开与搞活农地承包经营权流转，既可让流转土地的农民获得收益，又为农业规模经营提供了条件，奠定了现代农业发展的基础，是适应科学种田和生产社会化，发展适度规模经营，发展集体经济的需要，是农地经营制度改革的方向。但是，目前和今后相当长的时期，土地仍然是农民生存与发展的基本保障。所以，农地承包经营权流转必须循序推进，不能一蹴而就。因为，安徽是农业大省，农民仍然占大多数，即使外出务工人员，其根仍然在农村，农村不稳，社会就不稳，而压倒一切的是稳定。

2. 农地确权发证工作要做到实用和适用

推进农村土地确权发证工作的目的是保障农民土地财产权不被侵犯。因此，当务之急是要在做好农村集体所有的农地登记、确权和发证工作的基础上，加快推进农地的地籍调查与测量，做好以农户为对象的农地承包经营权登记、确权和发证工作（以下简称农民土地权利证书）。时下，绝大部分地区提出仅把土地所有权证书发至村委会或者是村民组，这对农民的维权问题毫无意义；尤其是村民组属于计划经济“队为基础，三级所有”沿袭至今，其本身早就没有存在的实际意义，而且通过土地整治，中国大地上每天都有几十个自然村在消失，即很多地方若把土地所有权证书发至村民组，连对象都没有了，这样的登记发证，劳民伤财，没有适用性；农民拿不到土地权利证书，一切登记发证都没有实用性。农地流转整治后，即使农民找不到其承包地的坐落，但凭借土地权利证书，仍然可行使与集体承包关系长久不变的诸多权利，包括第二轮土地承包到期的续包权、续转权、抵押权等。

3. 要建立“家庭经营是主体,其他形式是补充,准入与监控制度是保障”的农地流转与经营体系

我国的农业现代化既不能采用北美等发达国家以大规模农场为特征的发展模式,也不能采用拉丁美洲的大公司农场与小农户并存的“双元化”发展模式,应该根据中国国情,发展中国特色的现代农业,即在土地流转过程中,要确保农民家庭承包经营的主体地位。让公司法人大规模地流入农地,成为农业的经营主体,把农民变成农业工人,只是农村土地流转的一种方式,不是方向。因此,应该设置门槛,限制在有限的耕地上工商企业以资金雄厚的资本实力去和弱小的农户争夺耕地经营权。《决定》虽然指出:“鼓励和引导工商资本到农村发展适合企业化经营的现代种养业”,但并不意味着所有的企业家都允许投资农业,即农地流转要设置条件,防止形成新一轮掠夺农村土地资源的运动。因此,必须建立土地流转准入制度和监控制度,保障流转土地的用途不变和高效利用。准入制度的核心是对土地流入者的资格进行认证,包括资信条件、经营能力、管理水平等。通过建立土地流转准入制度,规范土地流转行为,培育大批农场主;监控制度就是对土地用途和经营水平进行监控,杜绝急功近利的土地利用行为,发现流转土地的利用违反规划用途,或利用效益低下的,采取警告、整改、罚款和收回流转土地的惩罚措施,确保农地农用和高效利用,保障粮食安全。

安徽省农业委员会

皖农办复〔2014〕124号

对安徽省政协十一届二次会议第0549号提案的答复

于忠祥委员：

您提出的关于"关于进一步规范农地承包经营权流转的若干建议"的提案收悉，现答复如下：

一、关于"农地承包经营权流转切忌急于求成"的建议。近年来，省政府注重稳妥、有序推进土地流转。省政府皖政〔2009〕13号文件第一章第三条、第四条规定：坚持"依法、自愿、有偿"流转。农村土地流转要按照有关法律、法规及政策规定进行，不得改变土地集体所有权性质和土地的农业用途。农村土地流转应尊重农民意愿，流转的条件、方式、期限和价格等由流转双方协商决定。农村土地流转的收益全部归承包农户所有，任何组织和个人不得截留、扣缴或挪用。积极稳妥地开展农村土地流转。从实际出发，因地制宜，以工业化、城镇化发展水平和农村劳动力转移状况、农业产业发展规划为基础，与当地二、三产业发展水平相适应，既要不失时机积极引导，做好农村土地流转的指导和前、产中、产后服务、设施农业、规模化养殖等，严禁工商企业借土地流转名义搞非农建设，限制非粮化，禁止非农化。

感谢您对我省农村土地流转工作的关心！

办复类别：B 类

联系单位：省农委经管处

联系电话：0551－62661025

安徽省农业委员会

2014 年 5 月 15 日

— 3 —

安徽省农业委员会答复件(选用部分)

71. 关于制定农业转移人口市民化的土地保障政策之建议*

(2014 年)

城镇化的核心问题是农业转移人口市民化。我省农业转移人口市民化包括两部分:一部分是常住农村转移人口市民化;另一部分是外出农民工返皖后市民化。至 2030 年,我省农村常住人口将减少至 1809.44 万人,即有 1334.46 万人要市民化,若按城镇人均综合用地 100 平方米计算,常住农村转移人口市民化需要 200 万亩用地指标;目前,我省外出农民工有 1287.6 万人,若有一半返皖城镇化(最保守的估计),又得增加近百万亩土地。即按照我省城镇化规划目标,至 2030 年,我省至少需增加 300 万亩的建设用地指标,才能解决农村转移人口市民化的问题。目前,我省有 1720 万亩左右的农村宅基地,在推进“四化”同步建设过程中,通过土地整治,可以用于建农村社区,也可以用于建园区(包括农业园区和工业园区),还可以用于城镇发展。为此建议:

1. 放开涉地指标异地有偿调剂的口子,争取“地随人走”的政策

目前,我省城镇化的主要问题是:(1)区域差距大。即皖江城

---

* 2014 年 12 月 15 日上午,安徽省政协举行有序推进农业转移人口市民化对口协商会。会上,本人做了《关于制定农业转移人口市民化的土地保障政策之建议》的大会发言,产生了良好的效果。发言得到安徽省国土资源厅厅长孙爱民的充分肯定,认为有思考、有深度、可操作,具有前瞻性。这一发言材料,后以《以土地保障政策推进农业转移人口市民化》为题,在由中共安徽委主管主办的《江淮》(2015. 3)杂志上发表。

市带的城市化率和皖北城市群的城镇化率相差 10 个百分点以上。(2)人口分布与资源分布不匹配。皖北地区的人口多，水资源缺乏。(3)城镇规模和结构不合理。合肥的城市首位度只有 24.1%，低于中部地区的武汉和长沙。因此，安徽省城镇化发展的对策，首先是皖北要大量缩减农业人口，推进农地尤其是耕地流转，促进现代农业的发展；其次是将皖北缩减的农业人口设法导入南部的皖江城市带，推进工业化和城镇化，也就是要解决农业转移人口市民化的就业与居住问题，其中的最大制约“瓶颈”是建设用地指标。目前，南部的皖江城市带，用地指标都很紧缺，难以通过挖掘存量建设用地得到解决。《土地管理法》第 33 条规定：“省、自治区、直辖市人民政府应当严格执行土地利用总体规划和土地利用年度计划，采取措施，确保本行政区域内耕地总量不减少”，即耕地总量由省级人民政府负责，确保省域范围内耕地总量不减少。所以，我省要解放思想，依照《土地管理法》的规定，在确保耕地总量不减少、质量不降低的前提下，放开建设用地指标和耕地保护指标等“涉地指标”跨市有偿调剂的口子，尤其是要争取“地随人走”的政策，实施省内“异地城镇化”战略，同步推进“人口城镇化与土地城镇化”，既保护耕地，又为皖北农业大区的农业转移人口在皖江城市带等发达地区落户创造条件。

2. 未雨绸缪，为外出返皖农民工市民化提供土地保障

本人两次赴江浙调研的结果表明：随着“创新驱动，转型发展”战略的实施，江浙等发达省份很多产业向中西部转移，随之可能会带来安徽省较多外出农业人口回流。此外，有些农民在外务工多年，积攒了不少资金，但如果他们仍滞留在诸如北京等大城市，就连 30 ~ 40 平方米的住房都买不到，而返皖后利用这些资金不仅可置房，而且可置业。因此，建议我省要未雨绸缪，运用不同

方式，尤其是春节期间，对1287.6万外出农民工进行慰问调查，摸清近几年外出农民工回流基数、户籍所在地和城镇化去向，预测土地城镇化量，属于省内“异地城镇化”的，其用地指标由户籍所在地供给。

3.稳步推进“村改居”工程，实施“四区融合”的土地保障政策

“村改居”就是根据原有村庄多、小、散的实际，依据地域特点，推进村庄合并，建设新型农村社区。“村改居”后将腾出大量的建设用地指标，在确保农民土地财产权的前提下，推进“四区融合”，即依据规划，利用“集体建设用地建农村社区，集体建设用地建工业园区，集体建设用地建城（镇）社区，流转农用地建农业园区”，让农业转移人口生活在社区（包括农村社区和城镇社区），工作在园区（包括工业园区和农业园区）。

“村改居”的核心是“四区融合”，保障是土地政策。建议：安徽省进一步解放思想，制定农村集体建设用地建工业园区的相关政策，即允许农村集体依据规划，在不转权的前提下利用建设用地折抵指标建工业园区，用于发展壮大集体经济。

4.建立城乡统一土地市场的体制机制

（1）要夯实两个基础。即要建立一套实施创建城乡统一土地市场的市场规则，通过总结各地的做法和经验，就如何确立农村各类土地的权属关系，如征地补偿、土地流转等，形成一套相对统一的规定，让政府和民众有章可循；要为每宗农村土地建立身份档案，包括耕地、集体建设用地和宅基地等，做到逐宗登记，逐户发证，明确权属关系。

（2）要建立三个抓手。①抓规划的编制与实施。新型城镇化建设要因地制宜，科学定位，切忌片面追求城镇化比例大搞去农村化、去农民化，绝不能重蹈“圈地热”的覆辙，土地利用要集约化、

高效化，土地流转要市场化。②抓征地制度改革：现行征地制度有一系列问题需要解决，包括征地范围、程序、补偿三方面问题，尤其要防止把城镇化与土地征收捆绑起来剥夺农民利益。③抓统一的土地市场价格机制构建。要改变农村集体建设用地流转中存在的隐性土地市场交易和价格混乱的局面，要做到农村集体建设用地与城市国有土地同地同台同操作，同价同权同等待遇。

5. 制定激励政策，倡导实施建设用地减量增长规划

皖江城市带等经济发达地区一些城市的城镇化推进相对较快，如铜陵市城镇化率高达75%，合肥市城镇化率为66.4%，马鞍山市城镇化率为62.57%，芜湖市城镇化率为59.4%，所以，建设用地指标很紧张，所面临的最大问题就是土地“瓶颈”的制约。在生态红线和耕地红线双重压力下，除了实施“涉地指标”异地有偿调剂和“地随人走”的政策外，应激励其编制和实施建设用地减量增长规划，就是逐年减少新增建设用地，逐年增加城市更新改造用地，开展建设用地清退等手段，实现建设用地总规模增长速度下降。

6. 制定与“四化”同步建设相适应的土地整治政策

农村土地制度改革推进的关键是产城融合，核心是土地征收制度，目标是城乡一体化，即只有牵住了产城融合这个“牛鼻子”，才能让农民从土地里释放出来；释放出来的农民进城后能安居、乐业、有保障，才会将手中的承包地释放出来流转给新型农业经营主体，然后通过整治发展现代农业。然而，目前农地整治项目绝大多数都落在未流转的土地上，因过分强调尊重农民意愿，导致项目规划设计缺乏科学性和合理性。这些土地一旦流转，新型农业经营主体必将按照现代农业的要求重新整治土地，很多基础设施工程，如农田水利工程、田间道路工程，尤其是土地平整工程，必将“推倒重来”，使原来的土地整治工程前功尽弃，白白糟蹋了民脂民膏。

故建议:农田整治项目应落在土地流转区域,没流转的农地一般不安排土地整治项目。

2014 年安徽省政协有序推进农业转移人口市民化对口协商会会场

72. 城镇化进程中实施土地供给侧改革的建议*

（2016年）

改革开放以来，我国城镇化进程取得了举世瞩目的成就，但也出现了一些突出问题：（1）“寅吃卯粮”的问题，即一届政府在任期内通过土地出让，不仅预收了未来40～70年的土地收益，也预支了未来的土地收益；（2）农村土地收益大量流向城镇，为城镇化发展提供了巨额资金支持，加剧了城乡二元化；（3）土地资源过度消耗，危及可持续发展；（4）土地政策基本取向难以实现，如耕地保护、建设用地供需、集约用地等目标；（5）耕地健康水平下降，包括耕地占补平衡过程中普遍出现的“占优补劣”现象，导致耕地的生产能力下降，威胁着粮食安全以及一些地区的土地和水资源受到不同程度的污染，威胁着食品安全。从出现的问题来分析，没有管控好土地供给侧是重要原因之一。因为，土地是最基本的生产资料，任何生产资料都必须与土地相结合才能产生经济效果。所以，推进土地供给侧改革，是破解城镇化进程中诸多问题的金钥匙。为此建议：

1. 降低农用地消耗强度，保障耕地数量与质量供给

（1）加快高标准基本农田建设进程，保障优质耕地供给。耕

---

* 2016年1月，本人随安徽省政协资源型城市转型发展访问团出访加拿大、美国和墨西哥三国。其间，正赶上安徽省政协催要大会发言稿。因日程安排过紧，晚上回驻地十分辛苦，虽有思路但无精力和灵感，错过了大会发言的定稿时间。回国后，不仅将思路汇集成提案，而且充实了“基于新型城镇化视角的安徽省土地利用总体规划修改研究”的课题研究。在由中共安徽省委书记李锦斌主持的“安徽省十次党代会报告征求政协委员意见座谈会”上，本人阐述了这一观点。会后，李书记和我握手时笑着说：“研究国土的好哇，现在正需要。”

地是土地的精华,养育了人类;城镇周边的耕地,绝大多数都凝聚了农民几百年甚至上千年的心血和汗水,是耕地中的精华。但是,有很多这样的耕地都被"城镇化"了——这也是耕地质量总体下降的重要原因之一。因此,要加快推进旱涝保收、高产稳产的高标准基本农田建设进程,促进耕地保护和节约集约利用,保障国家粮食安全。"十三五"期间,可按6亿亩的建设速度推进,至2020年,我国高标准基本农田力争能超过10亿亩。

(2)严格控制征地范围,保障耕地数量供给。①要实施控制征地范围的治本之策。要将征地范围严格限定为公共设施和公益设施项目内,要通过制定"公共设施和公益设施"项目用地目录实施新增建设用地供给政策。②经营性建设用地要通过市场供给。缩小征地范围的目的是促进城乡统一的土地市场建设,即在工业化和城镇化进程中,凡是"公共设施和公益设施"项目用地目录之外的项目,其用地指标必须通过市场供给,主要来源于农村集体建设用地。

2. 降低建设用地消耗强度,开辟保障耕地数量供给的新路径

(1)激励城市政府编制和实施建设用地减量增长规划。因受"土地财政"的刺激,外围扩张的城市发展模式成为常态,造成了城市内部土地大量闲置和低效利用。所以,在生态红线和耕地红线双重压力下,应激励城市政府编制和实施建设用地减量增长规划,逐年减少新增建设用地供给,增加城市更新改造用地,开展建设用地清退等手段,实现建设用地总规模增长速度下降,减少城镇化过程中占用耕地的规模。

(2)控制增量土地,挖掘存量土地。从理论上讲,单位面积增量土地的地价应该大于存量土地。然而,现实却恰恰相反,往往是城市存量土地地价远远高于增量,原因是人们对于增量土地的定

价忽略了土地的资源资产价值和生态价值等,从而促使土地使用者更愿意选择增量土地,导致城市无节制外围扩张,侵占大量耕地,同时城市内部土地利用既不节约也不集约。所以,增量土地地价测算时,应提高土地投资收益补偿和土地转用后生态功能损失补偿等,实现用经济杠杆迫使用地者走内涵挖潜的道路,不仅降低了建设用地消耗强度,提升了城镇化的质量,而且保护了耕地。

3. 实施耕地健康养护工程,保障安全食品供给

(1)实施耕地体检常态化,从供给侧保障食品安全。安徽省粮食实现“十二连丰”的同时,却因粮价下跌,挫伤了农民种粮积极性。粮价下跌的原因之一是粮食的供给结构不合理,即粮食总量解决了,但品质和品种等却不尽如人意。改善粮食供给结构的目标不仅是要让人们吃饱,更重要的是要让人们吃好。否则,消费者宁愿花高价买国外的食品。因此,建议实施耕地体检常态化,定期发布全省耕地质量状况,强制执行进入流通领域的粮食必须在包装上印制耕地体检报告单,鼓励新型农业经营主体创原产地品牌,从粮食供给侧提供食品安全信息。

(2)实施耕地健康养护程序化,保障用于藏粮的优等地供给。①要对健康土地实行绿色养护工程,即既要集约经营,保持土地产能稳中有升,又要推行绿色的生产过程、利用洁净的灌溉水源和引进安全的种子等,保障耕地清洁。②要对“无病体不壮”的亚健康土地,除采用健康土地的相养护工程外,重点是通过土地生态整治,提高地力,实现高产稳产。③要对“体壮有小病”的土地,重点采取修复措施,清除耕地体内“垃圾”,提升食品的安全度。④对“体弱有小病”的土地,要采取提升与修复并重的举措,实现耕地健康水平整体提升。⑤对不健康的土地,要本着边利用边修复和先易后难的原则,制定土地修复规划。

要加强农产品原产地和流向的监控与管理，在不健康土地没达到修复标准前，杜绝其生产的农产品进入食品流通领域，而只能用于工业用途，如发展生物质能源等。

4. 推进"涉地指标"省域内有偿流通，保障城镇化进程中的土地供给

《土地管理法》第33条规定："省、自治区、直辖市人民政府应当严格执行土地利用总体规划和土地利用年度计划，采取措施，确保本行政区域内耕地总量不减少"，即耕地总量由省级人民政府负责，确保省域范围内耕地总量不减少。所以，要解放思想，依照《土地管理法》的规定，在确保耕地总量不减少、质量不降低的前提下，放开建设用地指标和耕地保护指标等"涉地指标"在省域内跨市有偿调剂的口子，尤其是要制定"地随人走"的政策，实施省域内"异地城镇化"战略，同步推进"人口城镇化与土地城镇化"，既保护耕地，又为农业大区的农业转移人口市民化户创造条件。

5. 区别不同产业，实施差别化的土地供给政策

要重点保障新产业、新业态用地，适度增加新产业发展快、用地集约且需求大的地区年度新增建设用地指标；清退产能严重过剩行业、高能耗和高污染等落后产能项目用地，对新上的该类项目坚决不供地。通过土地供给侧调控，化解产能过剩，淘汰落后产能，促进产业优化升级。

73. 关于建立农村宅基地退出机制的思考与建议*

（2016 年）

2005 ~ 2015 年，我省农村常住人口由 3943.53 万人减至 3041.1 万人，城镇化率由 35.5% 增至 50.5%；我省土地整治力度连年加大，仅“十二五”期间，就整理农村建设用地 1.5 万公顷，复垦腾退农村宅基地 1.2 万公顷。因此，这 10 年，我省农村村庄用地面积应呈下降趋势。但是，这 10 年，我省农村村庄用地面积却由 102.7 万公顷增至 112.94 万公顷，净增 10.24 万公顷。造成这种状况的原因主要有三点：(1) 进城务工人员虽长期居住城镇但农村住房仍然保留；(2) 外出务工的年轻人回乡建房结婚；(3) 一些父辈为子女置家产。

据测算，到 2030 年我省城镇化率将达 70%，有 1334.46 万农村常住人口要市民化。若按人均 100 平方米计算，需新增 13.3 万公顷的城镇建设用地指标；我省现有外出农民工 1287.6 万人，若有一半返皖城镇化，需增加 6.7 万公顷的土地。因此，我省要实现 70% 的城镇化率目标需新增 20 万公顷的建设用地指标。按常住人口测算，我省实现美丽乡村建设目标时仅需 33.33 万公顷建设用地，届时有近 80 万公顷的农村村庄用地可以整治用于建园区

---

* 围绕安徽省政协“推进农村宅基地制度改革界别协商会”主题，安徽省政协副主席夏涛率领的调研组，分别在六安市金寨县、阜阳市临泉县等地，以及福建省晋江市、福州市等地进行了深入调研；民革安徽省农业与农村委员会调研组，分别赴金寨县和界首市等地进行了调研。因此，我撰写了两篇发言稿。这份发言稿是以个人名义提交的，被确定为书面发言；《关于农民违法占地建房的思考与建议》是以民革安徽省农业与农村委员会的名义提交的，由我代表民革安徽省委作口头发言。

(包括农业园区和工业园区)和城镇发展。所以,在严格征地制度的大环境下,解决我省经济社会发展用地的根本途径就是盘活农村村庄用地,其引擎是建立农村宅基地退出机制。因为宅基地约占农村村庄用地的一半,宅基地的退出,全村村庄用地将随之退出。为此建议:

1. 有序推进"确权定标"工作,精准识别农村宅基地退出对象

确权登记发证与确定户均宅基地标准,即"确权定标"是建立农村宅基地退出机制的基础。通过"确权定标"摸清农户拥有宅基地的"家底",界定每户应有宅基地规模和实有宅基地规模,奠定保障农民财产权的基础。"确权定标"的对象是宗地,不是地块,不仅要实现产权明晰,而且要实现坐落精准,四至清楚,面积精确。因此,推进宅基地"确权定标",要厘清程序,首先要准确界定宅基地,如房前屋后的庭院、晒场等的归类、归属与规模等问题;其次是确定标准,解决宅基地的取得方式问题,如超标准、违法建房、一户多宅、废弃宅基地归属等;再次是现场识别、定界与地籍测量;最后是确权、登记与发证。

土地证上要补充载明该农户应有宅基地面积和实有宅基地面积,以及权源状况等,为精准识别宅基地退出对象,推进"因类施策"的宅基地退出机制奠定基础。

2. 牢固树立"还利于民"意识,建立农村宅基地退出的激励机制

新型城镇化必须要解决两大难题:一是解决农业转移人口市民化问题;二是解决城镇建设的地源问题。与之对应,必须同步推进两大举措:

(1)建造服务型政府。①要适时启动地方立法权,依据中共十八大以来的一系列文件精神,扩大宅基地流转和交易范围,解决

退出的宅基地供需不畅的问题;②要建立信息互通、共享的省、市、县(市、区)和乡(镇)四级交易平台,村集体经济组织负责将本村范围内可以退出的宅基地信息及时上报乡(镇)发布,解决供需信息不对称的窘境;③依据“两权”分置的现状和权源性质,合理分割宅基地资产,划归集体的部分要用于发展壮大集体经济;④引导市民化的农民理财,确保其“住有所居,劳有所得,老有所养,病有所医,学有所教”,逐步消解土地的保障功能。

(2)发挥市场配置资源的决定性作用。要遵循土地权利平等的原则,实行退出的宅基地与国有土地同等入市、同权同价,充分显化宅基地的资产价值,让农民有获得感,激励其自愿释放手中所拥有的宅基地,切忌以推进新型城镇化的名义强制其退出宅基地。

3. 全力打造“公平公正”环境,推进“因类施策”的宅基地退出倒逼机制

“一户一宅”是我国法律赋予农民的居住权。“一户多宅”“超标准占地”“建新不拆旧”等现象,不符合我国的法律规定,必须予以纠正。但是,实际运作中,不能“一刀切”,要依据权源性质,采取“因类施策”的举措,循序渐进地推进。

(1)对于继承房产的,实施赎买的方式劝其退出,不愿退出实施有偿使用制度;对于“建新不拆旧”的,采取加成收费或补贴退出的办法加以解决;对于极个别“搞特殊”形成一户多宅的,要依法严肃处理。

(2)对于历史形成的超占农户,如果自愿退出,应给予一定的补贴,不愿退出的实施有偿使用制度;对于新超占农户,超出部分实施加成收费或依法强行收归集体所有。

4. 积极争取“地随人走”政策,推进我省城镇化均衡发展

我省城镇化发展战略是通过大量缩减皖北农业人口,并将皖

北缩减的农业人口设法导入到皖中和沿江城市群,最终实现城镇化均衡发展,其中的关键是要破解城镇建设用地指标紧缺的难题。所以,要解放思想,依照《土地管理法》的规定,在确保耕地总量不减少,质量不降低的前提下,放开建设用地指标和耕地保护指标等"涉地指标"跨市有偿调剂的口子,尤其是要争取"地随人走"的政策,实施省内"异地城镇化"战略,同步推进"人口城镇化与土地城镇化",既保护耕地,又为皖北农业大区的农业转移人口在皖中和沿江城市群市民化创造条件。

异地城镇化包括皖北农村转移人口和外出返皖农民工等落户皖中和沿江城市群,后者用地指标也应由户籍所在地供给,享受"地随人走"的政策。

74. 以土地改革为引擎　推进我省由脱贫攻坚向脱贫致富转变*

（2016 年）

“十二五”期间，我省扶贫开发虽然取得了显著成效，但贫困地区与发达地区的差距仍然较大，甚至有进一步拉大的趋势，其原因之一是土地资源浪费，土地资产沉睡。因此，我省要以习近平总书记视察安徽的重要讲话精神为指导，闯出土地改革的新路径，实现由脱贫攻坚向脱贫致富转变，即“要顺应农民保留土地承包权、流转土地经营权的意愿，把农民土地承包经营权分为承包权和经营权，实现承包权和经营权分置并行”，要“着力推进农村集体资产确权到户和股份合作制改革”。前不久，代省长李国英在金寨县调研时强调，要深入贯彻习近平总书记关于扶贫开发的讲话精神，强调要盘活土地承包经营权，抓住土地入股分红这个关键点，积极探索资源变股权、资金变股金、农民变股东的新路子。为此建议：

1. 依托贫困地区自然条件，创新农用地流转机制

随着新型城镇化的推进，越是贫困地区其精壮劳动力外出务工的就越多。同时，由于基础设施落后，生产条件差，加之改革力

---

* 安徽省政协高度重视“坚决打赢脱贫攻坚战专题协商会”，组成两个调研组，分别由童怀伟副主席和牛立文副主席带队。本人参加的调研组由牛立文副主席带队，分别赴金寨县，以及河北省和河南省等地调研。起初，本人打算提交《强化县、乡、村三级扶贫队伍体系建设　实现精准扶贫精准到位》的发言稿。但省政协领导要求我代表民革安徽省委会，以习近平总书记视察安徽的讲话精神为指导，结合省长李国英在金寨调研时关于“三变”问题的阐述，在两天内完成发言稿的撰写。稿件得到安徽省政协领导的充分肯定，确定由我代表民革安徽省委会作口头发言。

度不够，导致土地流转渠道不畅，抛荒地增多，形成了绿水青山没有变成金山银山的被动局面。因此，顶层设计农地“三权分置”方案，疏通其流转渠道迫在眉睫。

（1）界定农用地“三权分置”的权能结构，保障各项权能的实现。针对权能结构：①通过确权发证，赋予集体土地所有权和农民土地承包经营权；②通过流转，培育壮大新型农业经营主体，经申请，颁发农用地经营权证书，赋予其经营权；③土地流转后，农民只拥有土地承包权，不拥有经营权。

针对权能的实现：①弱化所有权，重点是建设服务型集体经济组织，即行政村或农村社区干部只管农民授权的公共事务；②强化承包经营权，农民长久享用其用益物权，可以入股、抵押和继承；③赋予新型农业经营主体更多的收益权。

（2）以“股田制”为主导，建立农民增收的长效机制。经调研，贫困地区耕地流转租金为 500 元/（亩·年）左右，而发达地区为 800 ~ 1200 元/（亩·年）。有的地租确定为粮食，再按当年粮价折算现金。过低的土地租金拉大了贫困地区和发达地区的差距，“以粮折现”让农户分担了市场风险。因此，贫困地区推行“股田制”是土地流转的最佳模式。“股田制”就是变农田为股田，将农民承包地的经营权折价入股，并确定股田的保底收益和红利分成比例，农民不仅基本收益有保障，而且其收益会随着土地经营效益的提升而增长。

（3）建立土地流转风险金制度，消除承包地农民的后顾之忧。要建立以农业经营主体资格认证为核心的土地流转准入制度。通过认证后，农业经营主体按规定缴纳风险金方可签订流转合同。风险金要能确保股田的保底收益，只有在农业经营主体“跑路”后方可启用，平时委托金融部门代管，到期付息。

(4)制定差别化的农业供给政策,激励新型农业经营主体落户贫困地区。要深入推进"以工代赈"工程,如土地整治等项目要向贫困地区的土地流转区倾斜;农业补贴、农业保险和金融政策等要向贫困区倾斜;扎实推进科技助动的产业扶贫项目,如金寨县的"林—西洋参"套种等生态、休闲农业项目;皖北的现代农业示范区项目等。通过实施差别化的农业供给政策,实现脱贫致富和新型农业经营主体发展壮大的双赢。

2. 依托贫困地区的地缘条件,实施资产盘活工程

(1)实施"四区融合"的土地保障政策,推进贫困地区"村改居"工程。"村改居"就是依托贫困地区,尤其是皖北地区的地缘优势,结合原有村庄多、小、散的实际,在充分尊重农民意愿的前提下,推进村庄合并,建设新型农村社区。"村改居"后,废弃村庄要适时复垦,融入农业园区;腾出的建设用地首先用于农村社区建设,结余部分纳入集体储备,折股分配给农民,使农民变股东。集体储备的土地既可以入市流转用于城镇建设,也可以用于集体建工业园区,所得收益按股分红。"村改居"的核心是"四区融合",即农民生活在社区(农村社区或城镇社区),工作在园区(农业园区或工业园区);保障是土地政策,即要立足于打赢脱贫攻坚战的大局,制定允许贫困地区农村集体利用其储备土地建工业园区,以及土地入市交易、股权转让、继承和抵押等相关政策。

(2)实施灵活的土地保障政策,推进多元化的宅基地资产盘活模式。①用政策撬动"打捆"式移民搬迁扶贫工程。要加快推进贫困山区宅基地登记发证工作,统计出单门独户或几户一村居住的家底,包括坐落、占地面积、四至等。要做到规划先行,实施"打捆"式(分批次)推进移民搬迁扶贫工程。要制定包括宅

基地有偿退出、住房安置和就业安置等保障政策，确保搬迁群众“搬得出、稳得住、能致富”。②制定宅基地二次开发利用政策，激活退出宅基地资产。如就地改造空置农房，打造“岭上人家”“石门土屋”和“农家小院”等，以及在符合规划的前提下，允许退出的宅基地就地入市、调整入市和改造入市等。③退出宅基地的农户，可以用扣除安置用地的结余一次性拿补偿，也可以入股分红。

3. 依托贫困地区资源条件，用“地随人走”政策助推均衡发展

我省贫困地区具有丰富的宅基地资源和富余的农村劳动力资源，这既是贫困的根源，更是发展的财源。实现化“根源”为“财源”的路径是实施省域内异地城镇化战略，即通过缩减贫困地区的农业人口提高其城镇化率，将缩减的农业人口导入皖中和沿江地区城市群，提高其城市首位度，其中的难题是城镇建设缺地，破解方略是实施“地随人走”政策。因此，我省要积极争取“地随人走”的政策。实施“地随人走”的政策：(1)能大大激活贫困地区宅基地资产，解决发展资金问题；(2)能实现土地指标的合理漂移，解决城镇建设用地指标问题；(3)能增加耕地面积，促进土地流转，解决谁来种地的问题；(4)能解决市民化的农民彻底脱贫问题，实现均衡发展。

2016 年 10 月，在省政协十一届十八次常委会议暨坚决打赢脱贫攻击战专题协商会上发言

2016 年安徽省政协十一届十八次常委会议暨坚决打赢脱贫攻击战专题协商会会场

75. 关于农村集体经营性建设用地入市的若干问题与建议*

（2016 年）

2014 年 12 月，习近平总书记主持召开的中央全面深化改革领导小组第七次会议，决定在全国 33 个县（市、区）进行农村土地制度改革试点，其中农村集体经营性建设用地入市被确定为改革的三大内容之一。但实际工作中，因没有对该类用地的界定标准，在全国两次土地调查及年度变更调查中，都没有对该类土地进行单独调查和统计，导致其界限模糊，家底不清，入市难度大。

我省建设用地面积为 160.32 万公顷，其中城市、建制镇、村庄、采矿用地、风景名胜及特殊用地面积分别为 15.87 万、21.47 万、113.58 万、6.45 万和 2.96 万公顷，即农村集体经营性建设用地信息缺失，主要被涵盖在村庄和采矿用地之中。因此，改革要按照习总书记的讲话精神，鼓励地方、基层、群众解放思想、积极探索，鼓励不同区域进行差别化试点，善于从群众关注的焦点、百姓生活的难点中寻找改革切入点，推动顶层设计和基层探索良性互动、有机结合。为此建议：

---

* 本文为本人在安徽“省政协农村土地改革和金融服务对口协商会”上的发言。之前，省政协调研组先后赴安徽省肥西县、庐江县、金寨县等地，以及山东省济南市、枣庄市等地调研。农村集体经营建设用地入市的最大障碍是界定不清、家底不明、产权模糊等，若能处置得体，入市所得最有利于用于发展壮大集体经济。出席本次会议的有中共安徽省委副书记信长星、副省长方春明、政协副主席徐立全和童怀伟。会上，立全副主席赞誉我为“明星委员”，长星副书记称我为“首席专家”。

1. 精准识别农村集体经营性建设用地，启动该类土地的界定工作

(1)地类识别。农村集体经营性建设用地应具备生产经营性质，包括正在生产经营的土地、存量土地和增量土地。正在生产经营的土地是那些利用集体建设用地依法兴办的各类企业用地；存量土地主体是过去，尤其是计划经济时代的人民公社(1980年后改为乡)所在地的生产经营性用地，后来随着“撤区并乡”和“扩权强镇”等行政区划大调整，导致这类土地已弃用、闲置；增量土地是第三轮乡镇土地利用总体规划允许建设区内的规划建设用地。

(2)地类定界。正在生产经营的土地，已办理用地手续的，依据其土地证书确定用地范围，多占的土地视为违法占地，应依法清退，纳入存量管理。该类存量土地的特点：①量大，为入市的潜力所在；②布局集中，主要布局在原公社或乡政府所在地的集镇；③入市成本低；④单宗地面积较大，便于开发利用。如巢湖市原崛山乡政府所在地的五爪岗村，集中布局了原供销社、农具厂、拖拉机站、信用社、屠宰场以及办公用地等，现均处于弃用状态，且与村庄融为一体，难以区分。若对其进行现场识别，只能解决“中心”概念，必须通过现场定界与测绘，才能解决“边界”概念。因此，要尽快推进该类土地的定界工作。增量土地不使用仍属于现状地类，无需定界；若使用，要严格按照规划，依法履行用地程序，现场定位、定界。

2. 尊重历史，正视现实，建立两种农村集体经营性建设用地登记制

对农村集体经营性建设用地确权、登记与发证，是集法律、政策、公平于一体的工作，若操作得当，则有利于社会和谐，加速城乡

一体化进程；若操作失当，会造成对土地资产的平调，引发新的社会矛盾。因此，提出两种登记制的方案：

(1)属地登记制。对正在生产经营的土地，采用属地登记制，即依据权属渊源和坐落等，按照乡镇集体、村农民集体经济组织或村民委员以及村内两个以上农村集体经济组织或村民小组对土地所有权的占有状况，由县级人民政府登记造册，核发证书。这类土地入市后的收益，属于所有权价格的部分归各所有权主体所有，主要用于发展壮大集体经济、建设公益性公共设施和基础设施等；属于使用权价格的部分归土地使用者享有。

(2)代理登记制。改革开放以来，我国行政区划调整频繁，尤其是乡、镇和村，如前述的岬山乡，于 1992 年划归柘皋镇管辖，现柘皋镇由原柘皋镇、岬山乡、分路乡和板桥乡组成，若按《中华人民共和国土地管理法》第 10 条和第 11 条的规定，理应将坐落在五爪岗村的集体经营性建设用地所有权归属原岬山乡农民集体所有，但因该乡已撤销，即所有权主体不存在；若归属五爪岗村集体所有，显然有失公平；但若简单地将其所有权确认为柘皋镇所有，必将侵害原岬山乡农民集体的权益。因此，对这类土地可以尝试代理登记制，即土地所有权归镇政府，由县级人民政府登记造册，核发所有权证书，其上要载明土地入市后的收益主要用于原乡(镇)发展壮大集体经济等。

3. 政府筑平台，权属为基础，创新农村集体经营性建设用地储备制度与经营方式

(1)建立三级储备制度。以乡(镇)为单位建立农村集体经营性建设用地储备中心，利用登记造册的三级所有权统计成果，分设乡(镇)、行政村、村民小组三个户头，储备各自名下的该类土地。储备中心的职责是：负责向社会发布信息，在符合规划和用途管制

前提下，遵循与国有土地同等入市、同权同价的原则，制定、公布和实施该类土地入市方案。

（2）推行两种经营方式。①储备土地股份化。将储备的农村集体经营性建设用地，采取“确权不确地”的方式作股量化到户，组建土地股份制实体（如合作社、集体资产股份公司等）。该实体不仅全程参与和监督储备土地入市的各项事务，而且经股东授权，经营该类土地入市后所得收益，主要用于发展壮大农村集体经济，增加农民财产性收入，实现资源资产化、资产股份化。②储备土地集聚化。依据规划，将储备的农村集体经营性建设用地，通过整治复垦成耕地，与现代农业园区融合，发展现代农业；腾出的建设用地指标首先用于建农村社区，其次用于发展村镇产业，结余指标通过入市用于城镇建设。

2016 年 12 月 14 日，在安徽省政协农村土地制度改革与金融服务界别协商会上发言

2016 年安徽省政协农村土地制度改革与金融服务界别协商会

后　记

我是一个农民的儿子,在中国共产党的教育和培养下成长为一名大学教授。所以,我衷心地感谢中国共产党的教育与培养,坚决拥护共产党的领导,始终与中共中央保持一致;感谢民革中央、安徽省政协和中共安徽省委统战部对我的培养、帮助、关爱和支持;感谢安徽农业大学对我的教育、培养、关爱和支持;感谢民革安徽省委领导和同人对我的关爱和支持。《献策"三农"》,虽然凝结了本人的心血和汗水,但离不开安徽农业大学经济管理学院的领导、同事、各界朋友、全省所有民革党员,以及各民主党派朋友的鼎力支持,在此一并谢忱。

特别感谢法律出版社的支持和帮助,才能使《献策"三农"》及时出版,以如此精美的装帧和高质量的编排呈现给我的读者。

图书在版编目(CIP)数据

献策"三农" / 於忠祥著. —北京:法律出版社,
2017.5
ISBN 978-7-5197-0781-1

Ⅰ.①献… Ⅱ.①於… Ⅲ.①三农问题—研究—中国
Ⅳ.①F32

中国版本图书馆 CIP 数据核字(2017)第 074224 号

献策"三农"
XIANCE "SANNONG"

於忠祥 著

策划编辑 韩满春
责任编辑 韩满春
装帧设计 马 帅

出版 法律出版社
总发行 中国法律图书有限公司
经销 新华书店
印刷 固安华明印业有限公司
责任校对 杨昆玲
责任印制 陶 松

编辑统筹 学术·对外出版分社
开本 A5
印张 13
字数 291 千
版本 2017 年 5 月第 1 版
印次 2017 年 5 月第 1 次印刷

法律出版社/北京市丰台区莲花池西里 7 号(100073)
网址/www.lawpress.com.cn
投稿邮箱/info@lawpress.com.cn
举报维权邮箱/jbwq@lawpress.com.cn
销售热线/010-63939792
咨询电话/010-63939796

中国法律图书有限公司/北京市丰台区莲花池西里 7 号(100073)
全国各地中法图分、子公司销售电话:
统一销售客服/400-660-6393
第一法律书店/010-63939781/9782
西安分公司/029-85330678
重庆分公司/023-67453036
上海分公司/021-62071639/1636
深圳分公司/0755-83072995

书号:ISBN 978-7-5197-0781-1
定价:50.00 元